증권기사 100% 활용하기

개인투자자의 길잡이

김형철 지음

한국경제신문

Copyright ⓒ 2000, 김형철

이 책은 한국경제신문 출판법인 한경BP가 발행한 것으로
본사의 허락없이 임의로 이 책의 일부 혹은 전체를 복사하거나
전재하는 행위를 금합니다.

머리말

『어떻게 하면 주식투자로 돈을 벌 수 있죠?』『주식투자를 하고 싶어도 주식의 주자도 모르니….』『어떤 종목을 사서 언제 팔아야 좋을지….』

경제신문에서 일하다 보니 주위 사람들과 독자들로부터 이런 문의나 상담을 받을 때가 많다. 그럴 때마다『그런 걸 알면 제가 왜 이런 자리에 앉아 있겠습니까?』하고 반문하면서 웃어넘기곤 한다. 이러한 대화는 특히 우리 주식시장이 1,000포인트 시대에 들어서면서 두드러지고 있다.

이것이 바로《증권기사 100% 활용하기》를 내게 된 동기다.

이 책은 독자들의 주식투자에 대한 센스(감)를 키우는 데 가장 큰 비중을 두고 있다. 주식투자는 소리만 안 날 뿐이지 처절한 싸움이다. 이런 싸움에서 이기기 위해서는 실력을 쌓는 수밖에 없다. 주식에 대한 기초지식은 물론, 정보력·분석능력·판단력·결단력 등을 갖춰야 한다. 주식시장과 주가는 때로 논리로는 설명할 수 없는 방향으로 움직이기도 한다. 이런 경우에는 무의식적으로 반응하는 동물적인 감각이 필요하다. 냉엄한 밀림의 법칙이 작용하는 증권시장에서 기민하게 대응하지 못하면 패배자로 전락할 수밖에 없기 때문이다. 독자들은 이 책을 읽어가는 동안 실전주식투자에 필요한 감을 터득하게 될 것으로 확신한다. 주식투자의 감을 키운다는 면에서 초보자들뿐만 아니라 기존의 투자자들에게도 큰 도움이 될 것으로 기대한다.

  이 책의 또 다른 특징은 신문의 증권기사를 효과적으로 읽는 비결을 소개하고 있다는 점이다. 증권시장의 움직임, 그리고 돈과 직결되는 증권기사를 어떻게 읽으면 좋은지 실례를 들어 풀이해주고 있다. 성공적인 투자자가 되기 위해 갖춰야 할 예비지식은 물론, 투자대상과 투자척도를 비롯해 주식매매시점 등에 대해 증권기사를 예로 들어 구체적으로 설명하고 있다. 이와 함께 주가를 좌우하는 외국인 투자자, 기관투자가, 펀드 매니저들의 동향과 선물시장의 흐름 등 주가를 좌우하는 재료들을 체계적으로 다루고 있다. 이 책을 쓰는 데는 경제기자로서 20여 년 간 증권·금융·산업 등 경제현장을 취재한 경험이 밑거름이 됐다. 그만큼 경제나 증권지식이 없는 사람들이라도 누워서 편히 쉬면서 읽어도 머리에 쏙쏙 들어갈 정도로 쉽게 돼 있다.

  이 책은 또한 최근 국민적 관심사로 부상한 코스닥 시장을 비롯, 뮤추얼 펀드를 중심으로 한 간접투자, 공모주청약, 증권저축, 사이버 증권거래 등으로 돈을 버는 요령을 체계적으로 정리했다. 결국 이 책은 증권을 체계적으로 배울 수 있는 교과서이자 종합적인 재테크 지침서 성격을 띠고 있다. 따라서 주식이 무엇인지 몰라 실전에 나서지 못하는 왕초보나 증권공부를 하려는 대학생, 주식투자로 돈을 벌어보려는 샐러리맨과 주부들에게 꼭 읽어보도록 권하고 싶다.

  이 책을 내기까지는 자료를 챙겨주고 조언을 아끼지 않은 〈한국경제신문〉 편집국 및 독자 서비스국 동료들의 노고가 컸다. 특히 증권부 허정구 차장, 홍찬선 기자, 김태철 기자와 수도권 독자팀의 엄태덕 씨, 독자지원팀의 정복녀 씨, 〈한경 Business〉의 박영암 기자에게 고마움을 전한다.

  끝으로 21세기에는 독자들이 더 알찬 투자성과를 거두게 되기를 기대한다.

2000년 1월
〈한국경제신문〉 독자서비스국장 김형철

차 례

머리말 • 3
21세기 증시 테마 • 17

제1장 기본을 익혀야 증권이 보인다

이게 바로 주식 • 27
　주주가 큰소리 치는 이유 ································ 30
　주식도 가지 가지 ····································· 33
채권을 알면 주식이 쉽다 • 36
　돈 되는 채권들 ······································ 38
　왜 전환사채인가 ····································· 40
　신통한 투자 잣대―채권수익률 ··························· 42
　채권지수란 ··· 44
증권기사가 잡히는 주식의 기초 • 45
　주식시장 언제 열리나 ································· 45
　좋은 증권회사, 나쁜 증권회사 ··························· 46

매매주문 이렇게 낸다 ·········· 47
매매호가를 알아두자 ·········· 48
주가등락에도 제한이 있다 ·········· 48
주식결제 방법 ·········· 49
관리·감리종목이란 ·········· 49
매매거래가 정지되는 이유 ·········· 50
주식마다 액면이 다르다 ·········· 51
증자와 감자 왜 하나 ·········· 52
액면분할과 주가 ·········· 54
액면분할의 장점 ·········· 55
반드시 챙겨야 할 기업공시 ·········· 60

제 2 장 증시의 체온계 주가지수 입문

주가지수 입문 • 69

주가지수 어떤 게 있나 ·········· 70
서울증권시장의 주가지수 ·········· 71
한경다우지수 선정기준 ·········· 72
해외증시의 주요 주가지수 ·········· 74

제 3 장 주가를 움직이는 힘

경기와 주가 • 79

경기순환의 특징 ·········· 80
경기변동과 주가 ·········· 81
경기예측 어떻게 하나 ·········· 82
기업경기실사지수 ·········· 84

돈과 주가 • 88
    공개시장 조작 ·· 90
    통화량과 주가 ·· 91
금리변동과 주가 • 92
물가와 주가 • 98
    물가는 왜 변동하나 ·· 99
    인플레이션 ·· 100
    물가와 주가 ·· 101
환율변동과 주가 • 102
    환율변동 요인 ·· 103
    환율변동의 파급효과 ·· 104
    환율변동과 주가 ·· 105
미국경제와 주가 • 108

제 4 장 증권기사 제대로 읽는 요령

증권기사 재미있게 보는 방법 • 113
    스크랩하는 습관을 길러라 ·· 114
    단편적인 뉴스를 큰 흐름으로 엮어라 ···························· 115
    기본적인 경제통계는 외워라 ·· 117
    증권면보다 앞서 읽어야 할 기사 ·································· 119
    1면, 3면에서 흐름을 잡아라 ·· 119
    금융면 찬찬히 뜯어봐야 ·· 121
    산업면을 잘 챙겨야 한다 ·· 122
한경 증권면의 구성 • 125
    증권1면 ·· 125
    증권2면 ·· 127
    증권3면 ·· 128

월요판 증권면 구성 ·················· 128
　　　주말 지면 ·························· 129
시세표는 정보의 보고 • 130
　　　주식시세표 보는 방법 ················ 131
알아두어야 할 증권용어 • 136
주가움직임 관련 용어 • 139

제 5 장　백전백승 주식투자전략

분수에 맞는 투자를 하라 • 145
집중적인 분산매매 • 151
　　　나눠 사고 나눠 팔기 ················ 152
목표수익률을 정하라 • 154
인연을 찾아라 • 157
세상의 변화를 읽어라 • 160
주목! 기관투자가 • 164
　　　커지는 기관투자가 영향 ·············· 167
　　　태풍의 눈―외국인 투자자 ············ 168

제 6 장　주식 무엇을 보고 투자하나

재무제표 꿰뚫어보기 • 173
　　　대차대조표 ························ 174
　　　손익계산서 ························ 176
　　　이익잉여금 처분계산서 ················ 178
　　　현금흐름표 ························ 178

기업내용 파헤쳐보기 • 180
 수익성 분석 ·· 181
 안정성 분석 ·· 182
 성장성 분석 ·· 184
 활동성 분석 ·· 185

선진 투자지표 활용하기 • 186
 기업가치/세금·이자지급 전 이익 ··································· 187
 투하자본 이익률 ··· 190
 배당수익률 ·· 191
 경제적 부가가치 ··· 192
 자기자본이익률 ·· 193
 주가수익비율 ··· 194
 주당순자산가치 ·· 196

제7장 주식 살때와 팔때

증권분석 어떻게 하나 • 205
기술적 분석 • 207
 도표분석 ·· 208

다우 이론 • 210
 강세시장 ·· 210
 약세시장 ·· 211

거래량과 주가 • 215
 거래량을 통해 시장흐름을 읽는다 ································· 217
 거래량 분석방법 ··· 217
 투자심리선 ·· 218

제8장 힘 안 드는 간접투자 ABC

간접투자 — 펀드 전성시대 • 223
수익증권과 투자신탁 • 226

    주식형 수익증권 ·· 226
    공사채형 수익증권 ·· 227
    기준가격 ··· 228
    리스크란 무엇인가 ··· 230
    리스크는 기대목표의 진폭 ······························ 232
    투자신탁이란 무엇인가 ···································· 234

뮤추얼 펀드로 돈 버는 비결 • 236

    뮤추얼 펀드란 ·· 236
    뮤추얼 펀드의 나라 미국 ································ 238
    뮤추얼 펀드 평가기관 ······································ 244
    한국의 뮤추얼 펀드 ·· 245
    투자시 고려사항 ··· 247
    펀드 매니저 고르는 요령 ································ 249
    잘 나가는 펀드 매니저들 ································ 250

제9장 주식선물 · 옵션 거래 읽기

주식 선물거래 • 271

    선물거래란 ·· 273
    매매제도 ··· 275
    계약금액 ··· 276
    주식선물거래표 보는 방법 ······························ 277
    선물거래방법 ··· 278
        1) 헤지 거래 / 278

2) 차익거래 / 280
　　3) 스프레드 거래 / 281
주식 옵션 거래 • 287
프로그램 매매 • 293
　　미결제 약정 ··· 294

제10장　코스닥 시장에서 노다지 캐기

　　정부의 코스닥 육성정책 ·· 299
　　전용 펀드의 등장 ··· 300
　　코스닥 시장 인기 ·· 300
　　어떻게 투자하나 ·· 301
　　투자 유의사항 ··· 303

부 록

「티끌 모아 태산」 증권저축 • 315
　　근로자 증권저축 ·· 316
　　근로자 장기증권저축 ·· 317
　　세금우대 증권저축 ··· 317
　　비과세 근로자우대 증권저축 ·· 318
　　일반증권저축 ·· 318
큰돈 되는 공모주 청약 • 320
사이버 투자로 돈 버는 비결 • 327
　　사이버 주식거래의 매력 ·· 329
　　이용방법 ··· 330

표

- 유가증권의 분류 / 34
- 액면분할종목 현황 / 56
- 한경다우지수 채용종목 / 73
- 세계 각국의 주요 주가지수 / 75
- 투자성향 체크리스트 / 146
- 기관·외국인 주식매매동향 / 165
- 대차대조표 / 175
- 손익계산서 / 177
- 봉도표 / 209
- 증시의 장기 사이클 국면별 특징 / 212
- 투자참고 종목 / 216
- 종합주가지수와 거래량 추이 / 218
- 주식형 수익증권과 뮤추얼 펀드 비교표 / 237
- 펀드 규모별 장·단점 비교 / 263
- 간접투자상품 체크 리스트 / 266
- 주요 주식형 뮤추얼 펀드 판매현황 / 267
- KOSPI 200 종목 / 272
- KOSPI 200 선물·옵션 거래제도 개요 / 275
- 선물거래소 회원사 명단 / 283
- 주가지수 옵션 거래제도 / 291
- 코스닥 시장 등록요건 / 302
- 코스닥 종목 업종별 분류표 / 306
- 1999년도 신규 상장주식 주가동향 / 321
- 공모주 배정 절차 / 325
- 증권사 웹 사이트 주소 / 330
- 사이버 주식거래 5대 주의점 / 332

그림	경기순환도/81
	경기변동과 주가/82
	통화량 변화와 주가/90
	금리와 주가/94
	선물·옵션/274

기사로 배우기	액면분할·증자종목「테마주 각광」/57
	액면분할 고가우량주 주목/58
	불성실 공시 소급 과징금/64
	늑장·번복·코스닥 불성실 공시 피해 늘어/65
	주가「폭등」한국증시 저금리 등 매력/85
	2분기 9.8% 고성장/86
	「주가 거품론」뜨거운 찬반 논쟁/94
	금리 속등, 주가 32포인트 폭락/96
	증시에「엔고」가세, 54P 급등 1,000육박/105
	자동차·반도체 업종「엔고 수혜」/106
	ROIC 높은 종목 사라/197
	주가조정기엔「기업가치」따져야/198
	상장사, EVA 크게 개선/200
	수익증권 환매신청은「금요일」에/260
	주식형 펀드 규모 어떤 것이 유리한가/261
	수익률만 보고 펀드 고르면 낭패/264
	증권 길라잡이—「이젠 간접투자 시대」/264
	한국선물거래소 23일 개장/281
	고수익·고위험 선물 초보자 길라잡이/284
	옵션: 재테크 수단 초보자 길라잡이/289
	옵션: 콜·풋 두 종류/291
	프로그램 매수가 주가 낙폭 줄여/294
	프로그램 매수 폭등 견인차/295

코스닥 시장 성장성 높다/303
달라진 공모주청약제도/323
사이버 증권—집 · 사무실서 주식투자 척척/331
주식거래 수수료 제로 시대/333

21세기 증시 테마

증권시장에 일대 지각변동이 일어나고 있다. 그것은 한 마디로 증권시장의 구조적 탈바꿈이다. 이러한 변화의 소용돌이는 국제통화기금(IMF) 경제위기 속에서 숨돌릴 새 없이 몰아치고 있다. 그것도 동시다발적이다.

한국 증권시장의 구조변화는 주가움직임을 보면 잘 알 수 있다. 지난 1998년 9월 23일 287포인트까지 떨어졌던 서울증시 종합주가지수는 2000년 1월 4일 1,059.04선까지 올랐다. 외환 대란 속에서 대기업들이 줄줄이 쓰러지고 중소기업들의 연쇄 부도로 마비 상태에 빠졌던 IMF 직후의 상황과 비교하면 기적과 같은 변화가 일어난 것이다. 사실 1998년 하반기까지 쏟아져 나온 증권시장 악재 요인들은 손꼽을 수 없을 정도로 많았다. 증권회사와 종합금융회사 폐쇄조치(1월 3일), 55개 퇴출기업 명단 발표(6월 18일), 한남투자신탁 영업정지처분(8월 14일), 러시아 모라토리움 선언(8월 17일) 등이 이러한 예에 속한다.

그러나 우리 증권시장은 이러한 비관적인 분위기와 수많은 악재를 딛고 일어나 경이적인 성장가도로 들어섰다. 주식을 사기 위해 증권회사에 대기 중인 고객예탁금 잔고가 10조 5,000억 원(1999년 12월 3일 현재)에 달하고 있다. 지난 7월 이후 국내는 물론 해외의 지대한 관심사였던 대우그룹 사태에도 불구하고 증권시장은 활화산 같은 힘을 뿜어내고 있다.

최근 1년 사이에 주가가 가파르게 상승했으나 수익을 많이 올렸다는 일반투자자들은 의외로 많지 않은 것 같다. 그것은 시장 참가자들이 바뀌었을 뿐 아니라 증권시장을 둘러싼 국내외 환경이 급변했는데도 투자자들이 과거의 잣대로 행동한 탓이다. 투자자들이 이러한 실패를 되풀이하지 않기 위해서는 IMF 관리체제 이후 시장에서 일어난 변화와 그 변화를 몰고 온 원인들을 되새겨보는 작업이 필요하다. 이를 토대로 투자전략을 새롭게 짜고 행동으로 옮겨야만 21세기의 승자가 될 수 있다.

새로운 현상들

IMF 관리체제 이후 경제에 대한 관심이 높아지고, 실업문제가 범국민적인 과제로 떠오르면서, 가계나 노후 보장을 위해 재산증식에 관심을 갖는 사람들이 급격히 늘고 있다. 이러한 과정에서 주식투자가 대표적인 재산증식 수단이라는 인식이 확산되고 있다. 여기에 증권투자를 전문으로 하는 뮤추얼 펀드의 대거 등장과 경제의 개방화로 인한 외국인 투자자들의 참여가 주가를 부추겼다.

그러면 왜 새로운 참가자들이 증권시장으로 속속 모여들고 있는 것일까?

가장 큰 요인은 저금리체제 정착이라 할 수 있다. 지난 1998년 초 35%대까지 치솟았던 콜 금리가 1999년에는 5~6%선까지 떨어졌다. IMF 직후 한때 30%대까지 급등했던 회사채 수익률도 8~9%대로 내렸다. 이렇게 되자 은행권에 있던 대기성 자금들이 고수익을 노리고 대거 증권시장으로 몰려들었다. 1999년 상반기 6개월 동안 주식형 수익증권은 무려 25조 원이나 증가했다. 이러한 추세를 감안하면 하반기 중에 추가 유입된 돈이 30조~40조 원에 달할 것으로 추계된다. 풍부한 돈이 증시활황의 밑거름이 되고 있다.

둘째, 기업들의 이익이 급격히 개선되고 있는 점도 투자를 부추기는 요인으로 꼽힌다. 12월 결산 상장기업들의 1999년도 순이익은 12조~15조 원에 달할 것으로 추산된다. 반도체 호황으로 순이익이 7조 원에 달했던 1994년 실적보다 두 배나 늘어난다는 계산이 나오고 있다. 이는 금리하락으로 기업들의 이자 부담이 큰 폭으로 줄어든데다 인력감축 등 구조조정 효과가 나타난 때문으로 풀이된다.

셋째, 기업들이 가치경영에 주력함으로써 투자척도도 수익성 위주로 바뀐 점을 들 수 있다. 과거에는 문어발식 사업 확대가 성장성의 잣대처럼 비치기도 했으나, 대우그룹의 좌초 등을 계기로 투자수익률을 중시하는 경영으로 바뀌고 있고, 증권시장에서도 그런 기업들의 주식을 높이 평가하기 시작했다.

넷째, 외국인들의 증시 영향력이 급격히 커지고 있다. IMF 관리체제 이후 금융·증권시장이 개방되고 한국경제에 대한 국제 평가기관들의 평가가 호전되면서 해외 자금들이 대거 증권시장으로 유입되고 있다. 이들은 국내 기관투자가나 일반 개인투자자와는 달리 성장성이 높은 우량주식을 개발해 엄청난 투자수익을 올리고 있다. 외국인들은 기업의 가치분석에 바탕을 둔 새로운 투자지표를 앞세워 주식사냥에 나서고 있다. 새 투자지표는 혁명적이라 할 만큼 위력을 발휘하고 있다. 국내 기관투자가들도 이들의 투자기법을 도입했다. 여기에 뮤추얼 펀드들이 유능한 애널리스트와 펀드 매니저를 동원해 기존 투자신탁회사들의 아성에 도전하고 있다. 뮤추얼 펀드는 주식을 발행해 투자자로부터 자금을 모집한 후 그 돈을 전문적인 운용회사에 맡겨 그 수익을 투자자에게 나눠주는 투자회사다.

다섯째, 부동산 거품이 가라앉은 이후 시중 부동자금들이 부동산시장으로 옮겨가지 않는 것도 특이한 현상 중 하나다. 과거에는 주가상승-소비증가-경기활성화-물가불안-부동산가격 상승의 사이클을 그렸다. 그러나 최근에는 그러한 움직임이 나타나지 않고 있어 부동자금들이 증시 안에서 맴돌고 있다.

이러한 증권시장의 역학관계 변화로 투자 패턴이 달라지고 있다. 먼저 주가 차별화 현상이 두드러지고 있다. 잘 나가는 회사와 그렇지 못한 회사 간의 주가가 갈수록 벌어진다. 부익부 빈익빈이다. 기업의 내재가치와 성장성이 있으면 기관투자가들은 계속해서 그 주식을 산다. 기업은 주가가 오르니 유상증자를 통해 증권시장에서 쉽게 자금을 조달할 수가 있고, 그렇게 되니 재무구조가 좋아져 다시 기업의 수익성이 호전된다. 선순환이 일어난다.

그룹 간에도 차별화가 일어나고 같은 업종 간에도 되는 종목만 된다. 과거에는 대형주-중소형주-금융주-건설주 등으로 순환매가 일어났으나, 최근에는 이런 등식이 맞아떨어지지 않는다. 그러다 보니

SK텔레콤, 삼성전자, 포항제철 등은 귀족주로 통할 정도로 고가권에서 움직이고 있다. 주가 하락국면에서는 잘 내리지 않고 상승국면에서는 다른 종목보다 더 큰 폭으로 오르곤 한다. 그래서 좋은 종목을 쌀 때 사서 오를 때까지 기다리는 투자 패턴이 강해지고 있다. 결국 시장분위기에 휩싸인 단타매매보다는 중장기 투자전략이 더 큰 투자수익을 올릴 수 있는 시대가 된 것이다.

2000년 증시 테마

움직이는 물체는 같은 방향으로 움직이려는 속성을 갖고 있다. 뉴턴의 관성의 법칙이다. 주식시장도 마찬가지다. 한 번 움직이기 시작한 주가는 같은 방향으로 움직이려는 경향이 있다. 이러한 주식시장의 생리를 감안할 때 밀레니엄의 주식시장도 상향곡선을 그릴 것이라는 게 증권분석가들의 공통적인 견해인 것 같다. 결론적으로 말하면 새천년을 여는 2000년의 종합주가지수는 1999년보다 50% 정도 오른 1,500선이 될 것이라는 전망이 지배적이다. 삼성증권은 1,400선, 현대증권은 1,600선, 대우증권은 1,300선 이상을 점치고 있다.

종합주가지수가 최저 1,300에서 최고 1,600선을 기록할 것이라는 비교적 밝은 전망을 내놓고 있는 것이다. 물론 이러한 분석은 6% 이상의 경제성장(GDP 기준)과 저금리 추세, 대우사태의 원만한 해결, 미국경제의 연착륙 등을 감안한 수치다. 무엇보다도 저금리로 기업들의 수익성이 급격히 좋아지고 있다. 2000년 4월 열릴 국회의원 선거도 주식시장에는 호재로 작용할 가능성이 있다. 부동자금들이 갈 곳이 마땅치 않다는 것도 증시에는 보탬이 된다. 결국 돌발적인 악재가 발생하지 않는 한 주식시장은 증자물량을 소화해내면서 재상승을 시도할 가능성이 크다.

그렇다고 3저 호황으로 통했던 1985~88년과 같은 묻지마식 투자로는 성공을 거두기가 힘들다. 주식시장에서는 선진투자기법으로 무장한 외국투자자들과 전문투자자들인 펀드 매니저들의 세력이 급격히 확대되고 있는 까닭이다. 따라서 같은 업종이라도 옥석을 가려서 하는 선별투자가 더욱 뚜렷해지고, 외면당하는 업종이나 종목은 철저히 소외당할 소지가 있다. 그렇다면 주식시장에서 새 밀레니엄의 테마는 무엇일까?

첫째로는 앞에서 말한 관성의 법칙대로 지난 1999년의 인기업종들이 당분간 시장을 선도할 가능성이다. 그것은 인터넷·정보통신, 신기술 관련주들이다. 또 많은 투자자들이 코스닥 시장으로 옮겨가고 벤처기업을 주축으로 한 새로운 유망기업들이 속속 코스닥 등록을 추진하고 있기 때문이다. 이와 관련해 콘텐츠 등 신산업관련 주식들의 성장전망도 밝은 편이다. 정보통신·인터넷의 뒤를 이어 시장에 떠오를 종목은 역시 소프트웨어(텍스트) 제작업체들이다. 제일기획 등은 이 분야를 강화해 성장잠재력을 키워가고 있다. 시공테크 등 인테리어 업체도 투자자들로부터 지속적인 사랑을 받을 소지가 있다.

둘째는 구조조정관련 주식들이다. 김대중정부는 이제 집권 후반기로 접어들게 됐다. 이제는 재벌기업 등 기업들의 구조조정 문제로 더 이상 씨름할 수 있는 시간적인 여유가 없다. 기업들과의 대립적 관계보다는 기업들을 다독이며 경제를 살리는 쪽에 정책의 우선 비중을 둘 가능성이 높다. 이렇게 되면 지금까지 구조조정을 마무리해 획기적으로 원가를 절감하고 생산성을 높인 그룹이나 기업들이 각광을 받을 수 있다. 삼성전자 등은 인력감축과 같은 구조조정의 성과가 가시화되면서 매년 순이익이 5,000억 원 이상 늘 것으로 전망되고 있다.

셋째는 일본의 엔화강세로 반사이익을 거두는 실적 호전주들이다. 물론 1999년 하반기 이후 달러화에 대한 원화환율이 하락(원화가치 상승)하고 있는 게 변수이긴 하다. 하지만 1엔당 10원 이상의 환율이 유지되기만 하면, 우리 기업들은 수출경쟁력을 유지할 수 있을 것으로 보인다. 엔화강세로 반사이익이 기대되는 종목은 자동차·반도체·조선·철강관련주들이다.

넷째는 한국을 대표할 수 있는 우량기업들이다. 세계의 기업들과 어깨를 겨눌 수 있는 경쟁력을 갖춘 기업들을 주목해야 한다. 이들 기업은, 외국인 투자자들이 자본참여를 원하거나 주식투자 한도까지 계속해서 사들이는 종목들이 해당된다.

마지막으로 신소재 및 환경관련 기업을 주목할 필요가 있다. 환경관련 사업수요는 앞으로 2~3년 사이에 수십조 원에 달할 전망이다. 신약개발 관련업체도 인기주로 뜰 가능성이 있다. 최근 에이즈 치료약 개발을 재료로 일부 제약주가 급등한 것도 이러한 가능성을 뒷받침해 주고 있다. 중장기적으로 신약개발 가능성이 큰 업체에 눈을 돌릴 필요가 있다는 말이다.

第1장

기본을 익혀야 증권이 보인다

이게 바로 주식

　최근 들어 주식에 관심을 갖는 사람들이 부쩍 늘어나고 있다. 회사원들은 물론 가정주부나 학생, 연금생활자에 이르기까지 증권시장 쪽으로 눈을 돌리고 있다. 고객예탁금 형태로 증권시장에 편입되어 있는 자금이 약 10조 원에 달한다는 게 이 같은 현상을 잘 반영해주고 있다.
　많은 사람들이 증권시장에 관심을 갖게 된 데는 그럴 만한 배경이 있다. 우선 IMF 관리체제로 정치나 사회문제보다는 경제문제가 초미의 관심사로 대두됐다는 점이다. 구조조정 한파로 인해 실업자가 대량 발생하고 연금생활자가 급증하면서 돈버는 일, 즉 재테크에 대한 욕구가 커지게 됐다. 특히 은행 예금금리가 큰 폭으로 떨어지면서 주식투자에 매력을 느끼는 계층이 늘고 있다. 이러한 분위기를 반영하듯, 신문이나 텔레비전에서도 매일 증권정보나 주가를 주요 뉴스로 다루고 있다. 어느 새 주식이 우리 곁으로 바짝 다가와 있는 것이다.
　그렇지만 아직도 주식에 대해 잘 모르는 사람들이 많은 것 같다.

심지어는 주식투자를 하는 사람들 가운데도 주식의 본질이나 생리를 모르는 사람도 꽤 있는 듯하다.

 물론 주식투자자들 가운데는 주식이 무엇인지 몰라도 투자하는 데에는 별 지장이 없다고 생각하는 분들도 있을 것이다. 주식을 사고 파는 정도라면 높은 수준의 지식이 없어도 가능한 일이다. 그렇다 해도 그런 자세로 주식투자에 나서는 사람들은 대개의 경우 좋은 투자 성과를 올리기 어렵다. 주식투자에서 성공하려면 적어도 주식이란 대체 어떤 것인지는 알고 투자에 나서야 한다. 급할수록 돌아가라는 격언은 주식투자에도 들어맞는 말이다.

 주식을 쉽게 이해하기 위해서는, 주식을 갖게 되면 무엇을 얻을 수 있는지 따져보면 된다. 먼저 떠오르는 게 배당이다. 주식을 발행하는 주체는 회사다. 다시 말하면 주식발행을 자본조달의 원천으로 삼는 주식회사다. 주식회사는 매년 경영실적을 대차대조표와 손익계산서라는 형태로 정리해 발표한다. 이익을 내면 그 이익 중 일부를 주식 보유자인 주주에게 분배한다. 이게 배당이다. 회사는 이윤추구를 목적으로 하는 조직이다. 이 같은 목적을 갖고 있는 이상 이익을 내지 못하고 배당도 못하는 회사는 자격 미달이다. 바꿔 말해 배당금이 있기 때문에 주식을 보유한다는 게 의미 있는 일이라고 말할 수 있다.

 다음으로는 신주의 인수다. 많은 회사들은 지속적인 성장을 추구한다. 성장을 위해서는 설비확충 등 투자가 이뤄져야 한다. 이를 위해 돈이 필요하다. 갖고 있는 돈으로 충당하지 못하면 외부로부터 조달하지 않으면 안 된다. 이 경우 은행차입이나 사채발행 이외에 주식을 새로 발행하는 것도 한 가지 방법이다. 이것을 증자라고 한다.

 이 때 신주발행가격이 시가와 거의 같은 수준이라면 신주가 주주 이외의 사람들에게 할당돼도 기존주주들은 별다른 불평을 할 수 없다. 그러나 신주를 시가 이하로 제3자에게 배정한다면 어떻게 될까? 주주들은 강하게 반발하고 신주인수권을 자기들에게 달라고 요구할 것이다. 왜냐하면 시가를 밑도는 가격으로 신주가 발행되면 지금까지 발행됐던 주식 값이 떨어지기 때문이다. 이 경우에는 신주를 인수해야만 신주와 구주를 포함한 주식의 가치가 유지된다. 따라서 시가를 밑도는 가격으로 신주를 발행할 때에는 신주인수권을 주주에게 주는 게 원칙이다.

회사는 영속하는 것으로 여겨지고 있다. 그러나 회사에도 흥망성쇠가 있어 무수한 회사들이 간판을 내리고 역사 속에서 사라져 갔다. 회사의 실적이 나빠 청산하기로 했다고 가정하자. 회사의 대차대조표를 보면 알 수 있듯이, 왼쪽의 차변에는 여러 가지 자산이 기재돼 있다. 오른쪽의 대변에는 자산에 대응하는 형태로 부채와 자본이 표시돼 있다. 자산을 모두 돈으로 바꿔 부채를 갚고 나면 자본에 상응하는 돈이 남게 된다. 이것을 잔여재산이라 한다. 개별주주는 출자비율에 상응하는 잔여재산을 분배받을 권리가 있다.

현실적으로는 자산이 모두 장부가격으로 환금되지는 않는다. 몇십 년 전부터 보유한 땅이라면 장부가를 웃도는 값으로 팔 수 있다. 기계 등은 고물처럼 취급될지도 모른다. 따라서 잔여재산이 실제로 얼만큼 될지 확실하지 않지만, 회사가 해산될 경우에는 자산에서 부채를 빼고 남은 재산을 청구할 권리가 있다.

이렇게 볼 때 주식이란 그 소유자인 주주에게 여러 가지 권리가 주어지는 것이라고 할 수 있다. 다만, 최초에 말한 이익배당청구권이든 잔여재산분배권이든 재산권적인 권리다. 그렇다면 주주의 권리는 이것밖에 없을까? 물론 아니다. 주식회사를 지배하는 사람이 누구인지 따져보면 알 수 있다. 회사를 운영하는 사람은 사장을 비롯한 경영진이다. 하지만 경영자라 해서 반드시 회사의 주인은 아니다. 경영자는 주주총회에서 선임된다. 주주가 회사의 주인이다. 경영자는 어디까지나 주주로부터 경영권을 위탁받았을 뿐이다.

주주총회의 결의사항에는 임원선임 이외에 결산서 승인, 회사의 목적인 정관 변경 등이 있다. 회사 운영상 중요한 사항은 주주가 결정하게 돼 있다. 따라서 주주에게는 반드시 주주총회 통지서가 송부된다. 주주는 총회에 직접 나가든가, 위임장을 제출하는 형태로 의결권을 행사하면 된다. 주주에게는 경영참가권이 있기 때문이다.

많은 개인투자자들은 극히 적은 주식을 보유하고 있다. 경영참가권이라고 하지만 그다지 피부에 와 닿지 않을 것이다. 현실적으로 대부분의 상장기업들은 대주주나 은행 등 기관투자가들이 50% 이상의 주식을 갖고 있다. 하지만 최근에는 미국이나 일본 등 외국투자자들이 경영참가를 목적으로 주식투자에 나서고 있을 뿐만 아니라, 의결권을 적극적으로 행사하려는 움직임도 나타나고 있다.

경영참가권에는 의결권 말고도 여러 가지 권리가 있다. 예를 들면 임원이 회사에 손해를 입혔다고 판단되는 경우에는 주주 전체를 대표해서 소송을 낼 수 있는 주주대표소송제가 있다. 또 주주총회에 의제를 제안할 수 있는 권리를 비롯해 장부열람청구권도 있다. 주식회사인 이상 주식이야말로 힘의 원천인 셈이다.

주주가 큰소리 치는 이유

주식을 이윤증권이나 물적 증권 또는 지배증권이라고도 한다. 이윤증권은 주식의 이익배당청구권으로서의 측면에, 물적 증권은 잔여재산청구권으로서의 측면에 착안한 것이다. 지배증권은 경영참가권으로서의 특징을 강조한 것으로 볼 수 있다. 유가증권으로서 주식의 가치는 이러한 권리로부터 생기는 것이다. 주가는 기본적으로 주식의 가치에 따라 결정된다고 한다면, 앞서의 관계에서 본 주식의 가치와 권리의 관계를 살펴보는 게 좋을 것 같다.

주식투자의 목적은 무엇인가? 이 문제를 따져보자.『배당 목적도 있지만 역시 시세차익이 주요 목적이다.』아마도 이런 대답이 튀어나오지 않을까? 그런데 시세차익을 얻는다는 것은 주주의 권리는 아니다. 어디까지나 결과일 따름이다. 그렇다면 주식은 왜 값이 오르는 것일까?

주식시장을 관찰해보면 1주당 이익이 높은 수준이면서 이익이 증가추세에 있는 종목의 주가가 오른다. 바꿔 말하면 장래에 이익배당을 많이 할 것으로 기대되는 종목이 주식시장에서 인기를 끈다. 이게 바로 이윤증권으로서의 주가 형성이다.

회사가 반영구적으로 존재하는 것을 전제로 한 이윤추구 조직이라 한다면, 주식은 이윤증권으로서 주가를 형성한다.

주가움직임은 재미있다. 어떤 국면 또는 개별 종목에 따라서는 물적 증권이나 지배증권으로서 주가 움직임이 복잡해진다.

그렇다면 물적 측면은 어떤 경우에 적용될까? 불황으로 실적이 악화돼 배당 전망이 보이지 않는 상황을 가정해보자. 이윤증권으로서의 가치는 거의 없다. 그렇다고 해서 주가가 0에 가까워진다거나 하지는 않는다.

언제까지나 불황이 계속되는 게 아니고 시간이 흐르면 경기회복과 함께 실적이 좋아질 것이라는 기대감이 작용하기 때문이다. 또

회사가 보유자산을 평가하려는 움직임도 빼놓을 수 없다. 청산하더라도 대변의 순자산에 해당되는 금액은 주주 몫으로 남기 때문이다. 1주당 순자산이 그 회사의 해산가치다. 실적이 나쁜 회사의 주가가 이 수준까지 떨어지면 더 이상 떨어질 여지가 없다고 말한다.

또 실적은 보잘것 없지만 시가가 장부가격을 크게 웃도는 자산을 많이 갖고 있는 회사의 경우는 어떤가? 이 회사의 주식이 다른 회사의 주식보다 비싸다면, 이는 물적 증권으로서의 주가 형성이라고 할 수 있다.

다만, 회사의 자산이 어느 정도의 가치를 갖고 있는지 분명하지 않고, 회사의 자산가치를 확인하는 것도 쉬운 일은 아니다. 실적이 악화된 경우 불량재고가 쌓이는 등 상상 이상으로 자산구조가 나빠지는 것은 흔한 일이다.

또 재평가할 수 있는 자산이 어느 정도 있다 해도, 그것이 잘 활용되지 않으면 주주에게는 실익이 없다. 주식을 물적 증권으로 평가하는 것은 극히 한정된 국면일 때만 적용하는 게 옳을 것이다.

끝으로 지배증권으로서의 주가 형성을 보자. 앞에서 회사를 이윤추구를 위한 조직으로 규정한 바 있다. 이것은 바꿔 말하면 자본에 대한 보수를 되도록 많게 하려는 것이다. 경영자원을 효과적으로 사용해 실적을 올려 주주로부터 받은 자본에 대해 충분한 보수를 주는 회사가 우량회사다. 이런 회사의 주가는 당연히 높게 형성된다.

반대로 경영자원을 잘 활용하지 못해 실적이 나빠지고, 자본에 대해 충분한 보수가 주어지지 않는 회사는 어떻게 될까? 주식을 팔아치우는 주주가 많아 당연히 주가는 떨어지게 된다.

그래서 경영자가 경영자원을 효율적으로 사용하지 못하고 실적이 좀처럼 개선되지 않으면 외부로부터 경영자를 바꾸려는 움직임이 생기게 된다. 현재의 무능한 경영자를 바꾸면 실적이 좋아져 주가도 오를 것이라는 판단에서다. 경영진을 바꾸려면 주식을 매집해 지배권을 갖지 않으면 안 된다. 주식매집이 이뤄지면 주가는 오르게 마련이다.

기업매수가 주식 공개매수라는 형태로 많이 이뤄지는 미국에서는 경영권 취득과 주가의 관계가 직결돼 있다. 예를 들면 현재 주당 가격이 30달러 수준의 기업에 대해 1주당 40달러로 공개매수전이 펼쳐지면 주가는 즉시 40달러선까지 오른다. 이 주가 상승은 지배증권으로서의 주가 형성이라고 할 수 있다. 그러나 물적 증권과 마찬가지로 지배증권적 성격을 갖는 주식에 대해서도 과대평가하는 것은 금물이다. 경영을 지배하는 것은 어디까지나 주가를 올리기 위한 것이다. 경영지배 자체가 목적인 경우는 그다지 많지 않다.

주식도 가지 가지

주식은 주주에게 주어지는 권리의 내용에 따라 보통주·우선주·후배주 등으로 분류할 수 있다. 본래 주주들에게는 주주평등의 원칙에 따라 각 주식에 대해 평등한 권리와 의무가 부여된다. 하지만 자본주의체제가 발전하면서 기업의 자본조달을 더욱 쉽게 하기 위해 권리 내용이 다른 주식들이 나오게 됐다.

보통주
보통주는 의결권·배당청구권·잔여재산분배청구권 등 각종 권리를 균등하게 누릴 수 있는 주식이다. 보통주는, 우선주가 소정의

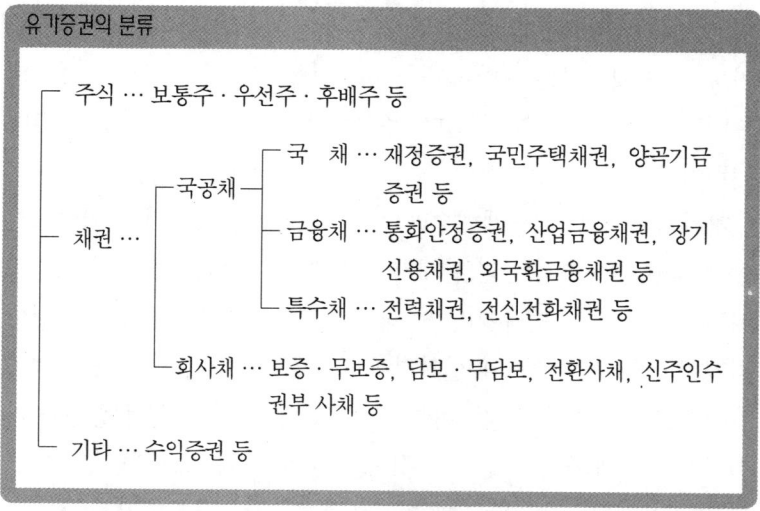

배당을 먼저 받은 후 나머지 이익에 대해 배당을 받을 수 있다. 그러나 의결권을 갖고 있기 때문에 경영권이 분리될 때에는 보통주가 매집의 표적이 된다.

우선주

우선주는 이익배당이나 잔여재산 분배 때 보통주보다 우선적인 대우를 받을 수 있는 주식이다. 회사에 따라서는 신주인수권이나 의결권 등에 대해 우선적인 권리를 주는 경우도 있으나 이익배당 때 우선권을 주는 게 일반적이다. 기업들은 우선주를 발행할 때 일정한 배당률을 제시하는 게 보통이다.

우선주는 다시 누적적 우선주와 비누적적 우선주로 나뉜다. 누적적 우선주란 전년도에 약속한 배당을 못 한 경우 당해 연도에 전년도 부족분까지 합쳐 우선적으로 배당금을 주는 주식이다. 비누적적 우선주란 전년도 배당 부족분을 가산하지 않는 우선주다.

후배주
후배주는 이익배당의 참가 순서가 보통주 다음인 주식이다. 보통주에 일정한 배당을 한 후 잔여이익이 있을 때만 이익배당을 받을 수 있는 주식이다. 우리나라에서는 아직 발행되지 않는 주식이다.

채권을 알면 주식이 쉽다

　채권은 국가나 지방자치단체 또는 기업 등이 일반인들로부터 자금을 조달하기 위해 발행하는 유가증권이다. 국가나 공공단체가 도로·학교 등을 만들거나, 기업이 공장·빌딩을 짓기 위해서는 돈이 필요하다. 이에 필요한 자금을 세금이나 자기 돈만으로 충당할 수 없다면 다른 사람들의 돈을 꾸지 않으면 안 된다. 이 때 불특정 다수로부터 돈을 빌리는 것이다. 채권이란, 쉽게 말하면 돈을 빌리는 사람이 빌려주는 사람에게 발행해주는 일종의 차용증서다. 그러나 공신력이 높은 정부나 금융기관, 일반회사가 발행하는 유가증권인 까닭에 개인 간의 채권·채무관계에서 발행되는 차용증서와는 성격이 전혀 다르다. 그만큼 법적인 제한과 보호가 따른다.
　채권은 사모채를 제외하면 일반에게 판매된다. 1만 원, 10만 원, 100만 원 등 일정 금액을 하나의 단위로 여러 사람들에게 판매함으로써 많은 돈을 끌어모은다. 채권발행자는 개개의 채권에 대해 같은 조건으로 일정 시점에 일정한 비율의 이자를 지급해야 한다. 원금도 일정 기간에 갚아야 할 의무가 있다.

채권을 산 사람은 원금과 이자를 받을 권리를 취득한 만큼 돈이 필요할 때는 만기 전이라도 제3자에게 채권을 팔 수가 있다. 다른 투자자들은 자기가 원하는 조건에 맞으면 이런 채권들을 사려 한다. 발행시점뿐 아니라 발행 후에도 유통시장에서 채권을 살 수 있다.

팔고 싶은 가격과 사고 싶은 가격이 일치하면 매매가 성립된다. 사려는 사람이 많아 값이 올라가면 채권수익률은 떨어진다. 반대로 매물이 많아 값이 떨어지면 채권수익률은 올라간다.

상장주식의 경우에는 증권거래소에서 거래되는 게 원칙인 데 비해, 채권은 증권회사 등을 통한 장외거래가 대부분이다.

필요한 돈을 조달한다는 점에서는 채권발행도 은행차입과 마찬가지다. 그러나 은행차입의 경우에는 예금자→은행→자금조달자라는 형태의 자금흐름이 된다. 대차관계는 예금자와 은행, 은행과 자금조달자 간에 생긴다. 이에 비해 채권발행의 경우 대차관계는 투자자와 자금조달자 간에 성립된다. 이 때문에 은행차입을 간접금융, 채권발행을 직접금융이라고 한다. 직접금융 수단으로는 유상증자 등 주식발행도 있다.

넓은 의미의 유가증권은 창고증권·화물증권과 같은 상품증권, 수표·어음과 같은 화폐증권, 채권·주식과 같은 자본증권으로 구별할 수 있다. 채권은 자본증권의 하나인 주식과 대비해보면 그 특성이 분명해진다.

주식은 주주의 권리를 나타낸 것인 데 비해, 채권은 채권자의 권리를 나타낸 것이다. 주주는 회사의 결산결과에 따라 배당이 달라진다. 물론 유상증자 등 신주발행 여부에 따라 투자수익률도 다르다. 회사가 이익을 많이 내고 성장을 계속하면 많은 배당과 함께 높은 시세차익을 남길 수 있다. 만약 회사가 망하면 주식은 한낱 휴지

조각으로 변할 위험이 있다. 그러나 채권은 회사의 실적에 관계없이 일정한 이자를 받을 수 있다. 그리고 채권발행자가 소정의 원리금을 지급하지 않으면 채권자는 소송을 할 수 있다.

돈 되는 채권들

채권의 분류방법에는 여러 가지가 있다. 일반적으로는 발행주체에 따라 공공채와 민간채권으로 나눈다. 채권 형태별로는 이부채 · 할인채 · 전환사채 · 신주인수권부 사채 등으로도 분류할 수 있다. 또 원리금 상환기간에 따라 장기채권 · 중기채권 · 단기채권 등으로 구분하기도 한다.

발행주체별 분류
- 국채—국가가 발행하는 채권이다. 징발보상채권 · 도로국채 · 양곡기금증권 등이 있다. 국가에서 발행하는 만큼 신용도가 가장 높다.
- 지방채—각 지방자치단체에서 발행하는 채권이다. 서울특별시나 부산직할시 등에서 발행하는 지하철공채 · 상수도공채 등이 있다.
- 특수채—산업은행이 발행한 산업금융채, 주택건설촉진법에 의거해 주택은행이 발행하는 국민주택채권, 주택은행이 주택은행법에 의거해 발행하는 주택채권 등이 있다. 이 밖에도 한국전력이 발행하는 전력채권이 있다.
- 금융채—특수채권 중에서 은행이 발행한 채권을 금융채라 부

른다.
- 회사채—사업법인인 주식회사가 발행하는 채권을 가리킨다.
- 외국채—외국정부 또는 외국법인이 발행하는 채권이다.

형태별 분류
- 이부채—채권의 권면 위에 이자표가 붙어 있어 이자 지급일마다 이를 떼어주고 이자를 받을 수 있는 채권을 가리킨다.
- 할인채—액면금액에 상환기일까지의 할인액인 이자를 미리 공제한 금액으로 발행되는 채권이다.
- 전환사채—이부채로서 이자를 받을 뿐 아니라 일정한 조건에 따라 발행회사의 주식으로 전환할 수 있는 권리가 주어진 회사채다. 주식으로 전환할 수 있는 권리는 신주인수권리증으로 표시된다. 만약 사채를 갖고 있는 사람이 신주인수권리를 행사해 주식을 취득하더라도 사채권자로서의 지위에는 변함이 없다. 한때 전환사채와 신주인수권부 사채를 신종사채로 부르기도 했으나 최근 들어 많은 기업들이 발행해 보편화됐다.

담보 또는 보증에 따른 분류
채권은 원리금 상환이 생명이라 해도 과장이 아니다. 이에 따라 이를 보증할 장치가 있느냐 여부에 따라 채권을 분류하기도 한다.
- 담보부 사채와 무담보부 사채—발행자가 채무불이행의 위험성을 낮추기 위해 담보를 설정하고 발행한 채권이다. 이에 대해 발행자의 신용이 확실하다고 판단되면 담보를 제공하지 않고 채권을 발행하는데 이를 무담보 채권이라고 한다.
- 보증부 사채와 무보증부 사채—원금상환과 이자지급에 대한

제3자의 보장 여부에 따라 보증부 사채와 무보증부 사채로 구분 한다.

상환기간에 따른 분류

채권은 상환기간에 따라 장기·중기·단기채 등으로 분류한다. 다만, 나라마다 분류기준이 통일돼 있지 않다.

우리나라에서는 보통 1년 이하인 채권을 단기채, 2년 이상 5년 미만을 중기채, 5년 이상을 장기채라 한다. 그러나 미국이나 유럽 등지에서는 10년~20년물을 장기채권이라 한다.

공모채와 사모채

불특정 다수인을 대상으로 발행되는 채권을 공모채라 한다. 이에 비해 대상자를 한정해 발행되는 채권을 사모채 또는 비공모채권이라 한다.

왜 전환사채인가

IMF 금융위기가 진정되고 저금리 기조가 이어지면서 수익률이 높은 전환사채(convertible bond : CB)가 투자 대상으로 인기를 끌고 있다. 전환사채란 일정 기간이 지난 후 일정한 가격에 주식으로 바꿀 수 있는 권리가 주어진 채권이다. 투자자는 주식으로 전환하기 전까지는 회사채 이자를 받을 수 있다. 즉 주가가 미리 정해진 전환가격을 밑도는 경우에는 채권으로 갖고 있으면 회사채 이자를 받게 된다. 그만큼 주가하락에 따른 위험부담이 적다. 그러다가 주가가 오르면 발행회사의 주식으로 전환해 매매차익과 배당수익을 올릴 수 있다.

전환사채는 보통 발행 후 3개월부터 주식으로 전환할 수 있다. 전환 여부는 투자자가 결정한다. 전환사채의 만기도 다른 회사채와 같이 1, 2, 3년이다. 전환기간 3개월, 전환가격 1만 원 조건인 전환사채에 투자했다고 가정하자. 3개월 후 발행회사의 주가가 5,000원 올랐다면 주식으로 전환해 그만큼의 이익을 챙길 수 있다.

전환사채 발행정보는 증권회사의 단말기나 〈한국경제신문〉 증권면 「기업공시」란을 통해 얻을 수 있다. 기업들은 금융감독원과 증권거래소를 통해 미리 공시한다. 공시 후 1주~1개월 후에 전환사채 공모를 한다. 전환사채를 사려면 신분증과 도장, 돈을 갖고 증권회사나 종합금융회사 창구로 가면 된다.

다른 금융상품과 마찬가지로 전환사채 투자 때에도 유의할 점이 있다. 바로 전환가격과 주가전망이다. 전환사채를 주식으로 전환하는 데는 최소한 3개월이 걸린다. 또한 전환가격도 시가보다 10% 이상 높게 설정한 경우가 일반적이기 때문에 주가가 떨어지면 주식으로 바꿀 수 없다. 따라서 주가가 내재가치보다 낮게 형성된 종목 또는 주식시장이 상승기류를 탈 것으로 판단되는 경우에 투자하는 것이 바람직하다. 이와 함께 보증 유무, 수익률, 신용도, 발행조건 등을 꼼꼼히 따져볼 필요가 있다.

전환사채 수익률은 표면금리와 만기보장 수익률로 표시된다. 표면금리는 매년 결산기에 지급되는 이자다. 만기보장 수익률은 만기까지 보유할 때 발행기업이 보장해주는 금리다.

신통한 투자 잣대 — 채권수익률

　채권수익률(bond yield)이란 채권의 투자성과를 측정하는 데 일반적으로 사용되는 지표다. 채권에 투자했을 때 일정 기간 발생된 투자수익을 투자원금으로 나누어 산출한다. 1년 뒤에 1,000만 원을 받는 조건으로 현재 900만 원어치의 국공채를 산 투자자가 있다고 치자. 수익률로 따지면 11.11%가 되는 셈이다. 물론 이것은 세금을 내기 전의 수익률이다. 이 지표는 채권시장의 가격구조를 이해하는 데 가장 중요한 요소이기도 하다. 채권수익률은 채권의 가격을 나타내는 잣대다. 현재의 투자액에 대한 미래가치의 증가율로 볼 수 있다. 다른 상품의 이자율이나 할인율과 같다고 생각하면 이해가 쉽다. 채권수익률이 어음할인율과 같은 것이라면, 채권수익률이 올랐다는 것은 곧 채권 값이 떨어졌다는 말과 같다. 반대로 채권수익률이 떨어졌다면 채권 가격은 올랐다는 얘기다.
　채권은 액면금액에 대해 일정 기일에 이자가 지급된다. 채권에 붙어 있는 이표를 잘라 발행기관에 제시하면 이자가 지급된다. 이러한 금리를 표면금리라고 한다.
　채권수익률은 여러 가지 요인에 따라 변동된다. 외부적으로는 시중 자금사정과 중앙은행의 통화정책에 따라 달라진다. 내부적으로는 회사의 사정에 따라 움직인다.
　일반적으로 자금사정이 나빠 채권 발행물량이 많아지면 채권수익률은 올라가고 채권 값은 떨어진다. 예컨대, 정부부문에서 국공채를 많이 발행하면 민간부문이 자금압박을 받아 채권수익률이 높아지는(채권가격 하락) 크라우딩 아웃(crowding out) 현상이 나타난다.

채권의 액면금액은 1만 원이지만 실제로 채권의 권면에 표시되는 권면금액과는 다르다. 채권거래량은 유통시장에서 매매된 수량을 액면금액으로 나타낸 것이다. 거래대금은 거래실적을 실제 거래금액으로 나타낸 것이다. 즉 1만 원당 얼마로 표시된 매매가격에 거래량을 곱해 구한다. 채권의 거래량과 거래대금은 주식의 경우와 같이 자금수급 동향을 나타내는 지표로 이용된다. 금융완화 시기에는 여유자금을 이용하기 위한 채권수요가 증가해 거래가 늘어난다. 그러나 금융긴축기에는 수요가 감소해 채권거래량도 줄어든다.

채권시장과 주식시장과는 밀접한 관계가 있다. 보통 시중 자금사정이 나빠지면 채권수익률이 올라간다. 물론 월말 등 자금성수기에는 채권수익률이 상승하는 게 일반적인 현상이다. 그런데 특별한 자금성수기도 아닌데 채권수익률이 올라가는 추세라면 금융시장에 이상이 생긴 것으로 파악할 수 있다. 이렇게 되면 주식시장도 나빠진다는 징후로 볼 수 있다. 〈한국경제신문〉의 증권종합면에는 주식시황과 함께 채권시황 기사가 실리는데 눈여겨보아야 한다. 특히 〈한국경제신문〉 5면의 경제지표 중 국고채수익률표를 꼼꼼히 챙겨보면 채권수익률 변화를 통해 주식시장의 흐름을 미리 읽을 수 있는 통찰력이 생긴다. 채권은 투자시점의 금리로 수익률이 산정되는 까닭에 금리가 떨어지는 추세에 있을 때 좋은 투자대상이 된다.

채권시장은 일반적으로 기관투자가 등 법인들에 의해 움직인다. 그만큼 거래단위가 크다. 또한 주식과는 달리 거래소를 통한 거래보다는 증권회사 등 장외에서 거래되는 경우가 많다. 상장된 채권은 만기까지는 소멸되기 때문에 채권물량이 일정하지 않다. 또 상장된 채권의 호가가 있다 해도 거래소 시장을 통해 주문을 내면 거래되지 않는 경우가 비일비재하다. 이럴 때는 증권회사에 찾아가 매매를 부탁하면 된다. 개인투자자들이 채권투자를 하려면 소액채권상품을 이용하거나 투자신탁회사 등의 공사채형 수익증권을 통해 간접투자하면 된다. 채권은 값이 내리더라도 만기까지 갖고 있으면 약정 이자는 받을 수 있는 안전한 상품이다.

채권지수란

채권지수란 채권시장 전체의 투자수익률을 보는 지수다. 주식시장 전체의 투자수익을 알려주는 지표인 종합주가지수와 대비하면 이해하기가 쉽다. 이 채권지수와 개별 투자채권수익률과 비교하면 그 성적을 알 수 있다. 채권수익률은 현재의 이자율 수준이 앞으로도 유지될 것이라는 가정에서 출발한다. 한 마디로 예상수익률이지 확정수익률은 아니다. 따라서 매일매일 기간이 경과할 때마다 채권에서 나오는 총수익이 얼마나 되는지 가늠하고 채권을 평가할 수 있는 기준치 역할을 하는 채권지수를 활용할 필요가 있다.

채권지수는 다음과 같은 방식으로 산출한다.

$$\text{채권지수} = \frac{P_{a1} + P_{a2} + \cdots + P_{an}}{P_{b1} + P_{b2} + \cdots + P_{bn}} \times 100$$

P_a = 대표종목의 비교시절 가격
P_b = 대표종목의 기준시절 가격
1, 2 ··· n : 대표종목

증권기사가 잡히는 주식의 기초

주식투자는 어느 정도의 자금만 있다면 누구라도 할 수 있다. 그러나 머니 게임인 주식투자에서 누구나 돈을 먹을 수 있는 것은 아니다. 기회도 많지만 도처에 위험요소가 깔려 있기 때문이다. 그래서 성공적인 주식투자자가 되기 위해서는 어느 정도의 기본지식을 갖춰야 한다. 물론 그 지식이란 경제·증권 분야의 지식이다. 이와 함께 최소한도의 정보 수집·가공능력도 필요하다.

주식시장 언제 열리나

주식을 자유롭게 사고 팔 수 있는 시장이 주식시장이다. 증권시장으로 통하기도 하는데, 증권시장은 주식뿐 아니라 채권이 포함되는 시장을 가리킨다. 일반 불특정 다수의 사람들은 증권거래소를 통해 주식을 거래할 수 있다. 증권거래소를 통해 주식을 매매하려면 일정한 자격요건, 즉 기업공개 및 상장요건 등을 갖춰야 한다.

주식시장은 매주 월요일부터 금요일까지 닷새 간 열린다. 증권시장이 개방되면서 외국인 투자자들이 해외 주요 증권시장처럼 주말에는 쉬자고 요청해 토요일에는 휴장하게 됐다.

주식시장은 오전과 오후 두 차례에 걸쳐 장이 선다. 오전 장을 전장이라 하는데 오전 9시~낮 12시까지다. 오후 장을 후장이라고 하며, 오후 1시~3시까지 2시간 동안 연다. 하루 5시간의 장이 서는 셈이다. 일요일과 국경일 등 법정 공휴일, 근로자의 날은 시장이 열리지 않는다. 주식시장은 매년 1월 3일 문을 여는 것을 원칙으로 한다. 이를 개장이라고 한다. 주식시장은 이 날만큼은 전장만이 선다. 연말에는 3일 동안 거래를 하지 않는다. 이를 폐장이라 한다. 단, 공휴일은 제외한다.

좋은 증권회사, 나쁜 증권회사

주식투자를 하려면 증권회사를 선택한 후 계좌를 터야 한다. 계좌를 개설하는 것은, 전문용어로는 매매거래 설정계약을 맺는다고 한다. 이 때 도장·주민등록증·현금 또는 주권·채권 등을 가져가면 된다. 증권회사는 증권 카드나 통장을 교부해준다.

전국에는 30개 증권회사, 1,200개 지점이 있다. 은행들의 경우는 대개 어느 은행의 서비스가 좋고 어떤 특징이 있는지 알려져 있다. 하지만 증권회사라 해도 큰 회사인지, 외국계 증권회사인지, 지점장이 누구인지 등에 따라 분위기가 천차만별이다. 고객에 대한 서비스 내용도 다르게 마련이다. 부도로 문을 닫을 수 있는 위험한 회사도 있을 수 있다. 투자자 보호기금에서 고객들의 돈을 보호해주는 장치가 있지만, 거래 증권회사가 부도 나면 예탁자금 등 투자자금 인출에 시간이 걸리는 등 큰 불편이 따를 수 있다. 그만큼 계좌를 트기 전에 증권회사를 신중하게 골라야 한다는 얘기다. 자신이 없을 경우에는 친지들로부터 소개를 받는 편이 안전하다. 아직까지는 대형 증권사나 소형 증권사 간에 수수료 차이가 크지는 않다. 그러나 서비스 내용 면에서는 큰 차이가 날 수 있다. 주식투자에 필요한 참고자료나 조사자료를 제때 보내주는 회사가 있는가 하면, 그렇지 않은 회사가 있다. 간접투자의 경우도 만기일 전에 친절하게 투자상담을 해주는 곳이 있는가 하면, 기일이 지나도 아무런 연락을 해주지 않는 증권회사가 있다. 이런 불이익은 거액 투자자보다는 소액 투자자들이 당하는 경우가 많다. 따라서 어느 증권회사, 어느 직원과 거래를 하느냐에 따라 투자수익률이 달라진다.

매매주문 이렇게 낸다

주식 매매주문 요청은 거래하는 증권회사로 접수된다. 증권회사가 투자자를 대신해 매매주문을 할 수 있도록 증권거래법에 규정되어 있다. 이들 주문 정보는 증권거래소로 집결돼 처리된다. 증권거래소에서는 앞에서 말했듯이 전장·후장과 함께 시간외 매매가 있다. 후장 매매 10분 전부터는 후장 동시호가라 하여 모두 같은 시간대에 주문이 들어온 것으로 간주된다. 가격과 수량 기준에 따라 주식매매가 체결된다는 말이다. 후장이 끝난 뒤 30분 간은 시간외 매매가 이뤄진다. 시간외 매매는 종가로만 이뤄지며 단주도 매매대상이다. 단주란 최소한의 거래단위인 10주 미만의 단수 주식을 가리킨다. 시간외 매매대상 종목인 단수 주식은 전달의 거래일 중 주가가 5만 원 이상인 날이 50% 이상이고, 최종 매매일 주가가 5만 원 이상인 주식으로 한정된다. 5만 원을 밑도는 단수 주식은 증권거래소를 통하지 않고 증권회사를 통해 살 수 있다.

매매호가를 알아두자

주식을 사고 팔려면 가격과 수량을 확실하게 제시해야 한다. 이를 호가라 한다. 다시 말하면 매매대상인 종목의 가격, 매도인지 매수인지를 밝혀야 한다. 호가의 기본단위는 가격대별로 달라진다. 5,000원 미만인 주식의 기본호가는 5원, 예를 들면 4,000원짜리 주식이라면 4,015원, 3,995원식으로 5로 나눠져야 한다. 5,000원 이상 1만 원 미만 종목의 호가단위는 10원, 5만 원 미만은 50원, 10만 원 미만은 100원, 50만 원 미만은 500원, 그리고 50만 원 이상은 1,000원이다. 수익률로 거래되는 채권의 경우에는 호가단위가 소수점 둘째 자리다.

매매수량 단위는 주식과 수익증권 모두 10주다. 10주, 20주, 30주 등 10의 배수여야만 한다. 액면가액이 10만 원 미만인 소액채권은 호가단위가 1,000원이다.

주가등락에도 제한이 있다

주식시장은 자유경쟁시장인 까닭에 원칙적으로 가격형성에 인위적인 제한을 하는 것은 바람직하지 않다. 그러나 급격한 주가변동에서 야기되는 혼란을 막아 투자자를 보호하기 위해 하루 동안 오르내릴 수 있는 가격의 등락폭을 정해놓고 있다. 이를 가격변동폭 제한이라 한다. 증권거래소는 원래 주식의 전일 종가를 기준으로 12% 범위 내에서 오르내릴 수 있도록 했으나, 1998년부터 15%로 확대했다. 그만큼 이익폭도 커지고 손해위험도 커졌다고 할 수 있다. 전일 종가가 1만 원인 주식이라면 당일에 오를 수 있는 상한가는 1만 1,500원이고, 최대로 떨어질 수 있는 하한가는 8,500원인 셈이다.

주식결제 방법

하루에 매매거래가 성립되면 증권의 양·수도와 대금의 지급이 이뤄져야 한다. 이를 결제라 한다. 증권 결제에는 3일 결제와 당일 결제가 있다. 3일 결제란 매매가 체결된 날부터 3일째 되는 날 증권의 소유권이 바뀌는 것을 말한다. 흔히 보통거래라고도 하는데, 주식매매는 3일 결제가 일반적이다.

당일 결제는 소액채권 매매 때 주로 행해진다. 매매 당일 대금지급과 동시에 소유권 이전이 완료된다.

관리·감리종목이란

주식 초보자들이 투자에 들어가기에 앞서 반드시 알아두어야 할

종목이 있다. 관리종목과 감리종목이다. 관리종목이란 부도가 났거나 정리절차가 개시된 기업, 또는 3개 사업연도 연속해서 공인회계사로부터「부적정」이라는 감사의견을 받은 기업의 주식을 일컫는다. 이런 주식은 상장폐지라는 사형선고 직전의 종목이다. 감리종목은 주가가 급등해 투자자들의 주의를 촉구하기 위해 만들어진 장치다. 최근 6일 동안의 주가상승률이 65% 이상이고 3일째 종가가 최근 30일 동안 최고인 주식이 그 대상이다. 이런 종목들은 주로 작전세력들이 붙어 있는 탓에 투자위험도 크다.

매매거래가 정지되는 이유

증권거래소는 이 밖에도 투자자 보호와 시장안정을 기하기 위해 주식매매를 정지 또는 중단시킬 수 있다. 관리종목은 지정 하루 전부터 매매거래가 정지된다. 위조 또는 변조된 주식이 발견되거나 주식의 병합이나 분할을 위해 발행회사가 주권 제출을 요구하는 경우에도 매매가 정지된다. 이 밖에 무상증자 비율이 비정상적이거나 주가가 터무니없게 형성될 때도 주식거래가 정지된다.

주식매매 중단조치는 주가가 일정 범위 이상 폭락할 때 발동된다. 종합주가지수가 10% 이상 떨어져 1분 이상 지속되면 모든 주식의 매매가 30분 간 중단된다. 거래중단은 하루에 한 번만 취해진다. 주가가 다시 폭락해도 시장은 계속 열린다.

주식마다 액면이 다르다

『우리 회사는 이번에 10% 배당을 한대…』 결산기가 되면 회사원들 간에는 이런 얘기를 많이 한다. 액면이 5,000원인 주식이라면 1주당 500원의 배당금이 돌아간다는 말이다. 1,000주를 갖고 있는 투자자라면 50만 원의 배당금을 받게 된다.

액면이란 주식의 원래 가치다. 회사창립 때 1주에 대해 주주가 불입한 금액이다. 이처럼 액면이 있는 주식이 액면주다. 액면금액은 주권에 기재돼 있다.

우리나라의 주식은 100%가 액면주식이다. 누구나 자유롭게 사고 팔 수 있는 상장기업 주식이나 코스닥 주식이라면 모두 액면주식이다. 730개 상장종목 가운데 액면가가 5,000원인 주식이 686개 종목으로 가장 많다. 다음으로 500원짜리 주식이 37개 종목, 1,000원짜리 주식이 4개, 2,500원짜리가 2개, 100원짜리가 1개 종목이다 (1999년 6월 말 기준). 최근에는 상법 규정에 의거해 액면분할을 하는 기업들이 늘어 액면가가 다양해지는 추세다.

그렇다면 액면의 의미는 있는 것인가? 신주가 액면으로 발행되는 액면할당증자가 주류를 이뤘던 때는 그 나름대로의 의미를 갖고 있었다. 그러나 시가발행증자가 주류를 이루는 최근에는 그 의미가 크게 퇴색됐다. 또 액면에 대해 몇 % 정도의 배당을 한다는 것 자체에 투자자들은 큰 의미를 두지 않게 됐다. 증권시장에서 실제 주식을 산 시세와 유리된 액면가를 기준으로 한 배당수익률은 사실 의미가 없기 때문이다.

증권거래소는 증권시장을 통해 사고 팔 수 있는 최소한의 거래단위를 규정해놓고 있다. 일반주식의 경우 최소 거래단위는 10주다.

그러나 후장이 끝난 후인 오후 3시 10분~3시 40분까지의 시간외 매매에서는 시가 5만 원 이상인 주식은 1주 단위로도 거래할 수 있다. 시간외 매매는 그 날의 종가로 이뤄진다. 일반적으로 투자단위에 미달하는 일반 단주의 경우에는 그 날 종가로 각 증권회사를 통해 사고 팔 수 있다. 최소한의 거래단위에 미달하는 단주는 증자를 하거나 액면분할을 할 경우에 발생한다. 증권업계는 상장기업들에 대해 주식액면 단위를 낮추도록 권고하는 경우가 많다. 투자단위를 낮추면 개인투자자들이 증가하기 때문이다. 〈한국경제신문〉은 매일매일 증권면의 주식시세표에 거래단위를 기재하고 있다.

증자와 감자 왜 하나

회사는 끊임없이 확대성장을 꾀한다. 바꿔 말하면 자본축적이 진행된다는 얘기다. 회사 규모에 비해 매우 높은 이익을 올리면 배당이나 임직원 상여금을 주고도 자금이 많이 남는다. 이렇게 되면 외부자금을 끌어들이지 않고도 충분히 투자 여력이 있다.

그러나 이런 회사들은 그렇게 많지 않다. 확대성장을 위한 투자를 하려면 외부로부터의 자금조달이 필요하다. 은행차입이나 사채발행 등 부채에만 의존해 자본과 부채의 균형이 나빠지면 경영의 안정성이 깨질 우려가 있다. 차입금 이자와 사채에 대한 이자 부담으로 적자를 낼 우려가 있는 것이다. 역시 자산의 확대에 상응하는 자기자본의 충실화가 불가피하다. 자기자본을 손쉽게 늘리는 데는 증자가 제일이다. 증자란 간단히 말하면 자본금을 늘리는 것이다. 증자는 신주발행을 수반한다.

물론 회사는 자본금을 늘리기만 하는 게 아니다. 흔하지는 않지만 자본금을 줄이는 경우도 있다. 업적부진 상태가 장기화하고 적자가 누적되면 사업규모를 축소해야 하는 사태에 직면한다. 이런 때는 자본금을 줄일 필요가 생긴다. 이게 바로 감자다. 감자에는 자본항목의 변경에 그치는 형식적인 감자와 자본금의 감소와 동시에 자산도 감소하는 실질적인 감자가 있다. 형식적인 감자는 자본계정이 자본금·자본준비금보다 적어지는 결손 해소 등에 이용된다. 실질적 감자는 사업부문의 분리에 따르는 과대자본금의 시정 등을 겨냥해 이뤄진다.

증자에는 몇 가지 형태가 있다. 예를 들면 신주발행가격을 정하는 수준에 따라 나눠진다. 우선 유통시장에서의 주가와 거의 비슷한 수준으로 정하는 시가발행증자가 있다. 이에 대해 주가가 어느 수준에 있든 5,000원이나 1,000원 등 액면가로 발행하는 액면증자가 있다.

또 신주를 기존주주에게 인수시키거나, 아니면 불특정 다수의 일반인들로부터 모집하는 데 따른 분류방법도 있다. 이것은 반드시 발행가의 차이에 따라 자동적으로 결정된다.

주가를 훨씬 밑도는 값으로 신주를 발행하면 증자 후 주식가치가 떨어지게 된다. 즉 기존주주가 아닌 제3자에게 신주를 할당하는 것은 기존주주의 권리를 침해하는 것이다. 액면증자는 기존주주들에게 할당해주지 않을 수 없다. 말하자면 1주당 0.3주의 비율로 배정하는 방식이 주주할당증자다. 따라서 액면증자는 액면할당증자라고도 한다. 일반대중들로부터 모집하는 공모증자는 시가발행증자인 경우가 많다.

이러한 증자방식 말고도 특정 제3자에게 신주인수권을 주는 제3

자 할당증자가 있다. 이 방식은 다음과 같은 사정이 있을 경우 행해진다. 우선 상장기준 유지 등을 위해 증자 필요성이 있기는 하나 업적 부진으로 통상적인 증자가 어려운 경우다. 또 제휴선에 주식을 갖게 하는 경우, 특히 주식매집에 대항하기 위해 많이 행해진다. 신주발행가격은 주가추이를 관찰하면서 그때 그때의 상황을 보아 결정한다.

액면할당증자는 신주를 액면으로 사도 구주의 가치가 그만큼 내리기 때문에 주주가 갖고 있는 주식의 주가가 올라가는 것은 아니다. 하지만 성장기에는 보유주식을 늘리면 회사의 이익이 늘어나는 만큼 주가가 올라 좋은 결과를 얻는 경우가 많다.

액면분할과 주가

증시에서는 액면분할 종목에 대한 투자자들의 관심이 높다. 액면분할이란 한 장의 증권을 여러 장의 소액 증권으로 나누는 것을 뜻한다. 자산이나 자본의 변동 없이 기존에 발행된 주식을 일정 단위로 세분화해 발행주식 수를 늘리는 것을 가리킨다. 예를 들어보자. 액면가가 5,000원짜리인 주식이라도 주식시장에서는 10만 원을 웃도는 종목이 많다. 이렇게 되면 소액투자자들은 이런 주식을 살 엄두를 못 내게 된다. 이런 점을 감안해 이 증권을 액면가 1,000원으로 바꾸면 기존 주식 1주당 5주씩으로 불어나게 된다. 그만큼 주식시장에서 유동성이 좋아지게 된다.

현행 상법은 1주의 금액이 5,000원 이상으로 균일해야 한다고 규정함으로써 액면발행만을 인정하고 있다. 액면주식은 회사의 재산을 확보할 수 있는 장점이 있다. 하지만 이 액면주식은 회사의 자본으로 납입한 사실만을 나타낼 뿐 시가와는 별 관계가 없다. 미국의 경우에는 무액면 주식이 보편화돼 있다. 그래서 액면분할 대신에 주식분할이란 말을 사용한다.

정부는 이 같은 액면주식의 한계와 결점을 개선하기 위해 1997년 10월 액면분할제도를 도입했다. 5,000원 이상으로 돼 있는 주식액면을 각 기업들의 사정에 따라 자유롭게 선택할 수 있는 길을 열어준 것이다. 단, 최저금액은 100원으로 정했다. 이 같은 조치는 물론 증권시장 안정대책의 일환으로 발표된 것이다.

액면분할의 장점

액면분할의 장점은 여러 가지가 있다.

첫째, 소액 개인투자자들의 주식투자 수요를 유발하는 효과가 있다. 개미군단으로 통하는 소액투자자들은 귀족주로 통하는 고가의 우량주를 사고 싶어도 좀처럼 실행에 옮기기가 어렵다. 돈도 부족할 뿐 아니라 보유할 수 있는 주식 수가 적어 투자 의욕이 희박해지는 탓이다. 하지만 이러한 고가 우량주식을 여러 개로 분할하면 부담 없이 주식을 사게 할 수 있다.

둘째, 상장기업으로서는 주식발행이나 회사채발행을 통한 자금조달이 쉬워진다. 주식이 몇몇 대주주나 기관투자가에게 편중되지 않고 일반투자자에게 분산돼 있다면 그만큼 효율적인 자금조달을 할 수 있다.

셋째, 기업의 가치가 제대로 평가된다. 단위당 주가가 지나치게

액면분할종목 현황 (단위 : 원)

종목명	액면가	11.22종가	종목명	액면가	11.22종가
미래산업	100	9,100	대양금속	500	2,620
한국타이어	500	4,750	영원무역	500	2,650
삼성화재해상보험	500	59,600	평화산업	500	3,250
삼성화재해상보험(1우)	500	33,300	케드콤	500	4,060
대상	500	4,085	신성이엔지	500	10,250
대상(1우)	500	3,300	계양전기	500	3,120
대상(2우B)	500	5,170	계양전기(1우)	500	3,060
LG화재해상보험	500	7,440	티비케이전자	500	2,260
삼영무역	500	3,670	티비케이전자(1우)	500	2,400
부광약품공업	500	6,700	영보화학	500	5,140
혜인	500	2,980	성미전자	500	17,300
디아이	500	7,690	성미전자(1우)	500	11,300
한국화장품	500	2,250	성미전자(2우B)	500	36,200
신흥	500	7,340	태경산업	500	2,015
대덕산업	500	13,650	한별텔레콤	500	5,190
대덕산업(1우)	500	8,400	한별텔레콤(1우)	500	5,100
대덕산업(2우B)	500	19,850	광전자	500	9,300
덕성화학공업	500	4,245	한국카본	500	7,590
덕성화학공업(1우)	500	3,070	메디슨	500	15,200
덕성화학공업(2우B)	500	9,770	메디슨(1우)	500	7,980
신라교역	500	5,300	KNC	500	4,230
삼영전자공업	500	11,800	하이트론씨스템즈	500	6,800
동부화재해상보험	500	5,250	기라정보통신	500	11,650
비티아이	500	2,600	한섬	500	5,210
선도전기	500	5,400	다우기술	500	36,500
홍창	500	7,700	공화	500	5,420
코리아써키트	500	12,700	세원중공업	500	3,060
코리아써키트(1우)	500	6,770	우신산업	500	6,000
한일이화	500	8,200	유성금속	500	1,600
대덕전자	500	15,900	SJM	500	9,000
KEP전자	500	4,845	한국단자공업	500	14,200
율촌화학	500	4,140	한국합섬	500	3,500
한솔CSN	500	11,400	팬택	500	19,200

동양전원공업	500	6,500	삼화전자공업	1,000	23,700
한국고덴시	500	5,280	일진전기공업	1,000	5,390
케이씨텍	500	10,250	코리아데이타시스템	1,000	26,500
콤텍시스템	500	14,000	SK증권	2,500	7,880
대상사료	500	3,430	SK증권(1우)	2,500	6,400
대상사료(1우B)	500	7,000	대웅제약	2,500	10,300
샘표식품	1,000	8,200	진양	2,500	3,120
서흥캅셀	1,000	15,150	문배철강	2,500	7,050
광동제약	1,000	2,280	한미약품공업	2,500	14,050
일진	1,000	6,900			

높게 형성되면 유동성이 떨어져 기업의 실제 가치에 비해 저평가되는 경향이 있다. 그러나 액면분할로 주식분산도가 높아지면 수익성과 성장성이 적절하게 반영돼 주가수준이 높아진다.

넷째, 주주 수가 늘어나는 만큼 기업의 대외 이미지가 좋아진다. 제조업체의 경우 이들 주주는 곧 소비자인 까닭에 단골 소비자로 만들기가 쉽다.

이 같은 장점으로 인해 액면분할을 하는 기업들의 주가는 오르는 경향이 강하다. 특히 강세장에서는 액면분할이 호재로 작용해 주가가 급등한다. 1999년 액면분할과 관련된 콤텍시스템, 다우기술, 광전자, 팬택, 한국타이어 등 대부분 종목들의 주가가 크게 올랐다는 게 이 같은 사실을 뒷받침해주고 있다.

액면분할·증자종목 「테마주 각광」— 테라 등 단기급등 보여

액면분할과 증자를 동시에 실시하는 종목들이 코스닥 시장에서 새로운 테마주로 각광받고 있다. 코스닥 종목의 특성상 유상증자 할인율이 높아 시세차익이 큰데다 액면분할로 인한 가격상승까지 기대할 수 있기 때문이다.

실제로 액면분할과 유상증자를 동시에 실시한 테라, 유일반도체, 두인전자 등은 주가가 단기급등하는 양상을 보이고 있다. 유일반도체의 경우 최근 보름 동안 무려 세 배 가까이 뛰었다. 주가가 2만 7,000원대에서 8만 3,000원대로 급상승한 것이다. 테라는 2,500원대에 머물던 주가가 단숨에 7,000원대에 올라섰다. 두인전자도 1만 3,000원대에서 2만 7,000원선으로 상승했다.

주가가 급상승하자 올 하반기까지 모두 10여 개 업체가 유상증자와 액면분할을 동시에 실시하는 방안을 검토 중이다. 최근 액면분할을 결의한 경덕전자는 9일 유상증자를 발표했다. 아일인텍은 오는 12일 예정된 주주총회 안건으로 유상증자와 액면분할을 상정할 계획이다.

인터링크시스템은 이 달 중순께 이사회와 주주총회를 열어 유상증자와 액면분할 실시 여부를 최종 결정할 예정이다.

텔슨정보통신은 오는 9~10월께 이를 결정할 방침이다.

(1999. 6. 10, 김태철 기자)

액면분할 고가우량주 주목 — 분할실시 42개 평균 12.43% 올라

활황장세가 지속되는 가운데 액면분할종목이 늘어나 관심을 끌고 있다. 5일엔 삼성화재의 액면분할 신주가 상장됐다. 이 날 현재 삼성화재를 포함한 액면분할종목은 모두 44개. 현대증권도 조만간 액면분할을 실시할 예정인 것으로 알려졌다.

액면분할이란 주권에 적힌 액면가(5,000원)를 1,000원, 500원 등으로 낮추는 것을 말한다. 주로 고가주들이 실시한다. 액면가 5,000원인 주식(시가 10만 원, 상장주식 수 100만 주)을 액면가 500원으로 10분의 1로 쪼갠다고 하자. 시가는 10분의 1인 1만 원으로, 상장주식 수는 10배인 1,000만 주로 늘어난다.

10만 원짜리가 1만 원으로 낮아지고 상장주식 수가 늘어나니 거래하기에 한결 수월해지는 것이다. 주가가 높아 사고 싶어도 사지 못했던 소액투자자들에겐 액면분할이 더 없는 희소식일 수밖에 없다.

◆ 액면분할주 주가추이

5일 증권거래소가 액면분할을 실시한 종목 42개(SK증권과 삼성화재는 제외)의 액면분할된 신주상장일 전후 각각 30일 간의 주가를 비교한 결과를 보면 더욱 그렇다.

액면분할 전 30일 간 주가는 14.60%가 상승했다가 액면분할 후 30일 동안 2.94% 하락했다. 액면분할신주 상장일 주가와 7월 2일 현재 주가와 비교하면 다시 12.43%의 오름세를 탔다. 다우기술이 무려 344.06%의 상승률을 기록했다. 다음으로는 콤텍시스템 221.38%, 광전자 196.55% 등의 순이다.

◆ 액면분할주 회전율 추이

액면분할 후 거래량도 크게 늘어난 것으로 나타났다. 유동성이 풍부해졌다는 얘기다. 거래량을 상장주식 수로 나눈 비율인 회전율의 경우 액면분할 전 30일 간 32.64%에서 분할 후 30일 간 67.04%로 높아졌다. 총상장주식 수의 32.64%가 거래되다가 액면분할에 힘입어 67.04%로 거래량이 늘어난 것이다.

비티아이, 광동제약, 신성이엔지의 회전율은 두 배 이상 높아졌다.

◆ 액면분할주 투자요령

우선 경제신문에 게재되는 액면분할 예정기사나 액면분할관련 공시부터 꼼꼼히 챙겨야 한다. 적기에 매입해놓아야 높은 수익률을 올릴 수 있기 때문이다. 액면분할 가능성이 높아진 현대증권은 5일 상한가를 기록했다. 액면분할신주가 상장되기 직전 구주권 제출로 매매거래가 며칠 간 정지된다는 점도 유념해야 한다. 역시 공시를 통해 체크할 수 있다.

증권전문가들은 『대개 액면분할은 고가이고 우량한 종목들이 실시하지만, 특히 외국인이나 투자신탁회사 등 국내 기관투자가들이 선호해 편입할 만한 종목을 노리는 게 더 유리할 것』이라고 말한다. 투자신탁회사의 경우 주식형 수익증권으로 시중자금이 꾸준히 몰려들고 있어 액면분할 종목 중에서도 재무구조가 우량하고, 실적개선이 예상되며, 시가총액이 비교적 큰 종목에 우선적인 관심을 두기 때문이라는 것이다.

(1999. 7. 6, 김홍열 기자)

반드시 챙겨야 할 기업공시

주식투자는 흔히 머니 게임으로 통한다. 주식투자가 게임인 이상 그 참가자들에게는 의무적으로 지켜야 할 게임의 법칙이 있다. 하지만 이것은 원칙론이자 당위론일 뿐 시장에서는 완벽하게 지켜지지 않는 경우도 있다. 이게 바로 불공정거래 행위다. 상장기업의 대

증자공시

△LG상사=우리사주조합원의 실권으로 유상증자 신주배정비율을 주당 0.2948주에서 0.3158주로 변경했음.

기업공시

△삼화전자=전원공급용 코어부문에 2백50억원을 투자키로 결의.

△우성타이어=유형자산에 대한 회계처리기준을 정률법에서 정액법으로 변경, 올 회계연도 감가상각비가 감소할 것으로 예상됨.

△풀무원=두부제품에 GMO성분이 검출됐다고 발표해 기업이미지를 손상한 한국소비자보호원에 대해 1백6억원의 손해배상청구소송을 제기했음.

△현대중공업=삼호중공업에 3백억원을 보증키로 해 보증잔액이 9천6백20억원으로 늘어났음.

△대우통신=최대주주가 대우전자에서 (주)대우로 변경됐음.

△현대종합상사=인천제철주식 85만2천주를 66억4천만원에 매각함.

△삼애실업=조비 3만9천주, 로케트전기 5만4천주, 동성제약 5만주, 신신금고 2만8천주를 각각 투자목적으로 취득함.

△경인전자=미국의 디스플레이 리서치 래보러터리사에 2백만달러를 출자함.

△현대시멘트=텔슨전자 주식 22만9천주를 56억원에 매각함.

△삼성전자=미국의 코닝과 합작으로 설립한 삼성코닝마이크로옵틱스에 32억원(지분율 49%)을 출자함.

△현대전자=12월28일 오전 9시에 현대전자 영빈관에서 임시주주총회를 개최함. 안건은 주식매입선택권(스톡옵션)부여 승인을 위한 정관변경임.

주주나 경영자 등이 그들만의 내부정보를 이용해 주식을 매매함으로써 일반투자자들에게 피해를 주는 일이 일어나곤 한다. 증권투자에서 중시되는 것 중 하나가 정확한 정보다. 기관투자가나 거액투자자들에 비해 소액투자자들은 정보입수 능력이 크게 뒤진다. 그래서 시장에 나도는 소문만 믿고 주식거래를 하다가 낭패를 보는 경우도 많다.

상법과 증권거래법은 투자자 등 이해관계자들을 보호하기 위해 기업의 내용을 정확히 공시하도록 의무화하고 있다. 이게 바로 기업공시제도다. 즉 유가증권발행 및 유통에 대해 일반투자자들이 판단할 수 있도록 회사의 영업상태, 재무상황, 경영정보를 의무적으로 공개하도록 하는 제도다. 공시는 그 내용이 정확해야 할 뿐 아니라 최신 자료여야 한다.

〈한국경제신문〉 증권2면의 기업공시란에는 상장기업들의 각종 기업공시 기사가 실려 있다.

시장관련 기업공시

1) 유가증권신고서

상장법인은 유가증권의 모집 또는 매출시 유가증권신고서를 증권 관계기관에 내야 한다. 이 신고서에는 회사의 개황, 사업내용, 재무상황, 모집과 매출방법, 자금용도, 기타 사항 등이 기재된다. 이 신고서는 일정 기간이 지나야 효력이 생기며, 효력발생 후 3일이 지나야 유가증권의 모집·매출을 할 수 있다.

2) 사업설명서

사업설명서는 신고효력이 발생한 유가증권을 모집 또는 매출할 경우에 발행인이 투자 대중에게 교부하기 위해 작성하는 공시서류다. 사업설명서는 유가증권신고서에 기재된 내용과 다른 내용을 표시하거나 기재사항을 빠뜨려서는 안 된다. 이 사업설명서는 발행회사의 본점·지점·증권거래소 등에 비치하고 일반인이 볼 수 있게 해야 한다.

3) 유가증권발행 실적보고서

신고의 효력 발생 후 유가증권을 발행한 기업은 지체 없이 청약비율, 배정방법, 기타 참고사항 등을 기재한 유가증권 발행 실적보고서를 제출해야 한다.

유통시장 관련 기업공시

1) 정기공시
(1) 사업보고서—금융감독위원회에 제출해야 하는 유통시장의 주된 공시자료가 사업보고서다. 이 사업보고서에는 회사의 개황, 사업내용, 재무에 관한 사항, 감사의견 등이 기재돼 있어야 한다. 이 보고서는 사업연도 경과 후 60일 이내에 제출해야 한다.
(2) 반기보고서—반기보고서는 사업연도가 1년인 상장법인의 경우 사업연도 개시 6개월 동안의 사업내용을 기재한 것이다. 사업보고서와 함께 유통시장의 주요 공시자료다. 상장기업은 반기결산일로부터 45일 이내에 증권거래소 등에 제출해야 한다.

2) 수시공시
(1) 증권거래법상의 신고 의무—상장법인은 다음과 같은 사유가

발생한 경우 그 사실 또는 이사회 결의내용을 지체 없이 신고해야 한다. 발행어음의 수표가 부도로 되거나 은행과의 거래가 금지된 때, 영업활동의 일부 또는 전부가 정리된 때는 신고해야 한다. 또 재해로 인해 막대한 손해를 입은 때, 영업의 일부 또는 전부를 양도할 때, 상장 유가증권에 관해 중대한 영향을 미칠 소송이 제기된 때도 신고해야 한다.

(2) 상장규정상의 신고 및 공시
① 신고 의무사항 : 사업목적 변경, 자산재평가, 주권 액면분할 또는 병합, 타법인 출자 등에 관한 이사회 결의가 있은 때는 의무적으로 신고해야 한다.
② 직접공시 의무사항
— 발행한 어음 또는 수표가 부도 나거나 은행과의 거래가 정지 또는 금지된 때
— 영업활동의 일부 또는 전부가 정지된 때
— 증자 또는 감자에 관한 이사회 결의가 있은 때
— 상장 유가증권에 중대한 영향을 미칠 소송이 제기된 때
— 특별한 사유로 인해 조업을 중단하거나 조업을 계속할 수 없을 때

3) 특수한 경우의 공시
(1) 공개매수—주식을 공개매수할 경우에는 이에 앞서 공시해야 한다. 공개매수란 회사의 지배권을 획득하거나 강화할 목적으로 매수기간, 가격, 수량 등을 공개적으로 제시하고 불특정 다수의 주주로부터 주식을 매수하는 행위다.
(2) 안정조작—주가의 안정을 도모함으로써 모집이나 매출을 원활하게 하기 위한 안정조작에 앞서 이 같은 계획서를 거래소

등에 제출해야 한다.

4) 시장조성

모집 또는 매출한 유가증권의 수요와 공급을 원활히 하기 위해 당해 유가증권 상장 후 일정 기간 수급을 조절하는 게 시장조성이다.

불성실 공시 소급 과징금 — '98결산보고서 등도 적용

지난 달부터 시행된 공시위반 과징금제도가 1998년 결산 재무제표 공시자료에까지 소급 적용되는 것으로 나타나 상장기업과 공인회계사들이 바짝 긴장하고 있다. 9일 금융감독원에 따르면 4월 1일 이후 제출 또는 보고된 유가증권신고서나 기타 공시내용에서 허위기재나 중대 사항 누락 등이 발견되면 정부는 해당기업에 최고 5억 원의 과징금을 부과할 수 있다.

정부는 그 동안 불성실 공시기업에 대해 유가증권 발행을 일정 기간 제한하는 등의 조치만 취해왔으나, 징계가 너무 가볍다는 비판에 따라 과징금을 부과할 수 있도록 증권거래법을 개정했다.

금융감독원 관계자는 『유가증권신고서를 제출할 때 최근 사업연도의 재무제표와 공인회계사의 회계감사보고서를 첨부해야 하며, 첨부 자료에서 허위기재가 발견되더라도 과징금을 부과할 수밖에 없다』고 밝혔다. 예컨대, 12월 말 결산 기업이 주식이나 채권공모를 위해 유가증권신고서를 제출하려면 1998년 12월 말 결산 손익계산서나 대차대조표를 첨부해야 한다. 그러나 공시위반 과징금제도 시행(4월 1일) 이전에 작성된 재무제표일지라도 유가증권신고서 심사과정에서 허위기재 등이 적발되면 과징금 대상이 된다는 것이다.

금융감독원 관계자는 『공인회계사는 공시 주체자가 아니더라도 회계감사보고서에 문제가 있으면 과징금을 물어야 한다』고 덧붙였다.

상장사들은 이에 대해 『과징금제도 시행 전에 만들어진 재무제표로 인해 최고 5억 원의 과징금 조치를 당하는 것은 금융감독원의 지나친 형식논리로 문제가 있다』고 반발하고 있다.

불성실 공시 때 과징금 조치를 당할 수 있는 공시의 종류는 ▲기업의 증권공개매각 ▲M&A와 관련된 공개매수신고 ▲경영실적 등이 들어 있는 사업보고서 ▲합병 및 영업 양수도 신고 ▲기타 상장기업의 주요

경영사항 등이다. (1999. 5. 10, 양홍모 기자)

늑장·번복·코스닥 불성실 공시 피해 늘어 — 거래소의 2배

코스닥 시장의 공시제도가 제 기능을 못 하고 있다. 액면분할, 은행거래 정지, 특별이익 발생 등 주가에 결정적인 영향을 미치는 사안들이 지연공시되기 일쑤다. 심지어는 증자결의 → 증자결의 취소 → 증자결의 취소를 취소하는 공시를 잇달아 내는 사례까지 발생했다.

코스닥 등록기업의 이 같은 불성실 공시는 투자자들의 손실로 곧바로 이어진다는 점에서 이를 방지할 수 있는 방안이 조속히 마련돼야 한다는 지적이다. 거래소 시장에 비해 가뜩이나 정보가 부족한 상황이어서 불성실 공시로 인한 피해는 더욱 크기 때문이다.

특히 시장참여자의 90% 이상인 일반투자자의 경우 투자판단을 공시에 의존하다시피 해 하루 빨리 공시제도를 재정비해야 한다는 목소리가 높아지고 있다.

◆ 실태

8월 초 현재 불성실 공시(수시공시)로 지적을 받은 건수는 85건에 이른다. 이는 같은 기간의 거래소 시장의 44건과 비교해 거의 두 배에 이르는 수치다.

거래소 상장법인(관리종목 제외)이 730개, 코스닥 등록법인이 340개에 불과한 것을 감안하면 불성실 공시 건수는 산술적으론 네 배 이상 된다는 의미다.

불성실공시의 지정 사유는 90% 이상인 77건이 지연공시로 나타났다. 예컨대, 라이텍산업의 경우 은행거래 정지를 뒤늦게 보고했다가 지난 5월 13일 제재를 받았다. 동호전기는 액면분할 결의를, 대아건설은 유상증자 결의를 하고도 늑장을 부리다 불성실 공시 기업으로 지정됐다. 비티씨정보통신도 지난 달 초 유무상 증자를 지연공시한 이유로 경고를 받았다.

공시내용을 번복한 경우도 더러 있다. 협동금속은 올 초 무상증자를 결의했다가 취소해 하룻동안 거래가 정지됐다. 이 회사는 거래정지 후 다시 무상증자 결의 취소를 취소해 상습적인 불성실공시 기업으로 지정돼 다시 이틀 간 거래가 정지되기도 했다.

지난 4월 등록취소를 결의했던 남성정밀은 지난 달 말 등록취소를 취소 결의했다. 대륙제관은 무상증자를 실시하고도 증자사실을 보고하지 않아 중과실 신고의무 위반으로 각서를 제출하는 해프닝을 연출하기도 했다.

◆ 개선책

코스닥 기업의 불성실 공시는 대부분의 경우 공시에 대한 이해부족 탓도 있지만, 고의로 늦게 공시하는 게 아니냐는 의혹도 제기되고 있다. 공정거래를 위한 공시가 거꾸로 투자자들에게 손실을 입히는 경우도 적지 않다는 지적이다. 따라서 먼저 등록기업에 대한 지속적인 공시제도 교육이 시급한 실정이다.

또 액면분할, 증자, 등록취소 등 다분히 의도성이 있는 사안은 거래정지 이외에도 심리에 착수해 주가조작 사실이 발견되면 형사고발 조치해야 한다고 전문가들은 말하고 있다.

코스닥 시장의 현행 공시규정은 거래소에 준하고 있다.

액면분할, 증자 등 주가 영향력이 큰 사안에 대해 거래소와 같이 하룻동안 거래정지를 시키고 있으며, 등록취소 번복 등 결의 번복 기업에 대해서는 사안에 따라 2~3일 간 거래정지 제재를 취한다. 또 상습적으로 불공정 공시를 일삼는 기업은 투자유의 종목에 편입시키고 있다.

(1999. 8. 12, 김태철 기자)

제 2 장

증시의 체온계 주가지수 입문

주가지수 입문

지구상에 수많은 인종이 있듯이, 증권시장에는 수많은 주식들이 있다. 그 주식들은 산업의 흥망성쇠와 경기변동에 따라 명멸하곤 한다. 시장에서는 주식의 수요와 공급에 따라 주가가 시시각각 움직인다. 종목에 따라 거래량도 다르고 주가도 천차만별이다.

주식시장에서는 건실한 회사인데도 주가가 오르지 않거나 내용이 신통치 않은 종목인데도 주가가 뜨는 일이 다반사로 일어난다. 하지만 그 내막을 들여다보면 반드시 이유가 있다. 주식투자는 미인 투표와 같이 자신의 생각보다는 다른 사람들의 생각이 중요하다. 그래서 주식시장 전체 움직임과 개별종목의 주가수준 등을 객관적으로 평가할 수 있는 투자지표가 필요하다. 이러한 투자지표는 일반투자자들에게는 투자판단과 의사결정의 주요 기준이 되며, 정부나 금융감독원 등 관계기관들에게는 시장관리 및 정책결정의 참고자료가 된다.

주가지수란 주식시장에서 형성되고 있는 주가수준을 종합적으로 나타내는 지수다. 이것은 기준시점의 주가수준을 100으로 잡고 비교시점의 주가수준을 대비시켜 지수화한 지표다. 이 지수는 몇 가지 중요한 의미를 담고 있다. 우선 일정 시점의 경제활동을 평가하는 기준 역할을 한다. 이를 통해 경기를 예측하고 투자성과를 판단할 수 있다. 이와 함께 과거의 주가 발자취뿐 아니라 미래의 주가향방을 점칠 수 있는 가늠자 역할을 한다. 주가지수는 또 개별종목의 수익성 및 위험성을 측정할 수 있는 기준이기도 하다.

주가지수 어떤 게 있나

주가지수는 여러 가지 방법으로 산출할 수 있다. 따라서 같은 시장 안에서도 여러 가지 주가지수가 있다. 각 지수는 나름대로의 특성과 한계가 있다. 이러한 한계를 극복하기 위해 새로운 지수들이 개발되곤 한다. 이들 지수는 표본으로 채택되는 주식, 가중치 부여 방법, 평균치의 계산방법 등에 따라 차이가 난다.

표본선택은 주식시장에 상장된 수많은 종목 중에서 어떤 종목을 어느 정도 표본으로 선정할 것인가의 문제다. 모든 주식을 표본으로 선정하는 것보다는 시장의 흐름을 대변할 수 있는 대표종목들을 표본으로 선정하는 게 효율적일 수 있다. 미국 뉴욕증권시장의 다우(Dow) 평균은 30개 종목을 채택하고 있다. 일본 도쿄증권시장의 닛케이다우는 225개 종목의 평균주가를 대표적인 지수로 채택하고 있다.

주가지수는 가중치를 매기는 방법에 따라서도 달라진다. 주가, 거래량, 시가총액 등 어느 쪽에 비중을 두느냐에 따라 지표는 달라진다. 어느 쪽에 비중을 두든 시장흐름을 잘 대변할 수 있어야 한다는 점이 중요하다.

마지막으로 표본에 포함된 주식의 중요도를 따지는 평균법 등에 따라 지수는 달라진다.

서울증권시장의 주가지수

우리나라는 1964년 1월 4일부터 다우존스식 수정주가 평균을 지수화한 수정주가 평균지수를 발표했다. 주가흐름에 대한 종합적이고 연속적인 가격지표의 필요성이 제기된 결과다. 그러나 이 지수는 증권시장의 규모가 급격히 커지면서 제 기능을 못 한다는 문제점이 드러나 1971년 말 폐지됐다. 1972년 1월 4일부터 채용종목을 확대개편한 데 이어 1979년부터는 다시 매년 조정했다. 그러나 주가지수의 연속성을 살릴 수 없다는 비판이 제기돼 1983년부터는 시가총액식 주가지수로 바꿨다. 다우존스식 주가평균은 다우존스식 수정주가 평균을 지수화한 것으로, 기준시점의 수정주가 평균에 대한 비율로써 나타낸다. 기준시점은 1983년 1월 4일이다. 종합주가지수의 보조지수로서 시장부별 지수, 산업별 지수, 자본금규모별 지수로 구분해 발표하고 있다.

시가총액식 주가지수는 일정 시점에서 채용된 전 종목의 시가총액이다. 다시 말하면 개별종목 주가에 상장주식 수를 곱한 개별종목의 시가총액을 합한 금액을 100으로 하고 비교시점의 시가총액을 지수화한 것이다.

$$주가지수 = 비교시점의\ 시가총액 \div 기준시점의\ 시가총액 \times 100$$

하지만 유무상증자, 신규상장, 합병, 전환사채의 주식으로의 전환, 채용종목 교체, 상장폐지 등으로 시가총액이 변동하는 경우에는 기준 시가총액을 수정한다. 주가지수의 연속성을 유지하기 위해서다.

$$수정시가총액 = 구\ 시가총액 \times (수정\ 전일의\ 시가총액 \pm 수정액 \div 수정\ 전일의\ 시가총액)$$

시가총액식 주가지수는 다우존스식보다 시장의 대표성이 높다. 상장주식 수를 가중치로 사용하고 있어 시장의 흐름을 더 정확히 반영해주기 때문이다. 하지만 이 지수도 한계가 있다. 자본금이 큰 종목의 주가변화에 영향을 받기 쉬운 탓이다.

한경다우지수 선정기준

〈한국경제신문〉은 1983년부터 한경다우지수를 발표하고 있다. 증권거래소의 시가총액식 주가지수(현재의 종합주가지수)의 결점을 보완해 투자자들이 참고하도록 배려한 것이다. 기준시점은 1980년 1월 4일, 채용종목은 80개였다. 그러나 한경다우지수도 경제의 발전과 함께 산업구조의 변화와 그에 따른 주식시장의 업종별 부침을 제대로 반영하지 못하는 한계가 노출됐다. 건설·운수창고업종이 퇴조한 반면, 조립금속·기계장비업종의 비중이 높아졌다.

한국전력과 같은 대형주들이 등장하기도 했다. 이에 따라 〈한국경제신문〉은 변화된 시장여건을 잘 반영할 수 있도록 한경다우지수를 개편했다. 개편의 기본적인 방향은 연속성을 최대한 살리면서 대표성을 높이는 데 두었다.

지수산출의 기준시점은 1990년 1월 3일로서 기준지수는 100이다. 전체 주식시장에서 차지하는 업종별 비중을 감안해 업종별 종목 수도 조정했으며, 되도록 업종별 대표종목을 채용했다.

채용종목도 80개에서 70개로 줄이는 한편, 제조업과 비제조업의 구성비율을 7 대 3으로 나눴다. 그리고 제조업 49개 종목, 비제조업 21개 종목을 채용했다.

이 같은 대원칙 아래 다음과 같은 종목선정 기준을 마련했다.

① 1990년 1월 3일 현재 상장된 종목, ② 우선주·신주를 제외한 보통주, ③ 시가총액 기준으로 산업별 채용종목 수 결정, ④ 산업 내에서 시가총액이 큰 순서로 채용종목 선정.

한경다우지수 채용종목(70개)

조흥은행	한빛은행	삼양사	유한양행	제일은행	국민은행	하이트맥주
고려아연	대우중공업	대림산업	동아건설	동아제약	현대건설	삼성화재
삼성물산	한화	한일철강	대동공업	제일제당	동국제강	대한전선
동양시멘트	아남반도체	한국유리	코오롱	LG전자	동양화학	서울은행
금호산업	쌍용양회	현대증권	대한항공	대신증권	LG화학	SK
쌍용차	대우	인천제철	한솔제지	오리온전기	고합	대우통신
현대차	포항제철	풍산	삼성전자	LG투자증권	동원산업	SK케미칼
LG전선	인천정유	삼성SDI	센추리	대우증권	대우전자	굿모닝증권
동양종금	삼성전기	신원	한화석화	대창공업	삼성중공업	쌍용정유
금호석유	현대정공	삼성항공	삼보컴퓨터	신한은행	한국전력	SK텔레콤

해외증시의 주요 주가지수

다우존스 공업주가평균

다우존스 공업주가평균(Dow-Jones Industrial Average)은 미국의 다우존스사가 발표하는 주가지수다. 공업주 30개 종목을 대상으로 다우수정법에 의거해 산출된다. 이 지수는 1895년 5월의 12개 종목에서 1926년에는 20개 종목으로 늘어났다. 1928년에는 다시 30개 종목으로 늘려 오늘에 이르고 있다.

이 주가지수는 당초 산술평균법을 사용했지만 1928년부터는 항상제수 수정방법으로 바꿨다. 주식분할이나 유무상증자 때 주가의 연속성을 유지할 수 없었기 때문이다. 항상제수란 주가 단층이 생기기 전의 주가평균과 생긴 후의 주가평균을 같게 하기 위한 지수다. 이 항상제수는 주가평균을 산출한 최초의 시점에서는 채용종목 수와 같다. 그러나 주식분할, 유무상 증자에 따른 권리락, 채용종목 변경 등의 요인으로 수정하기 때문에 채용종목 수와 다른 수치로 나타난다.

이 주가평균은 채용종목 수가 적어 시장 전체의 움직임을 제대로 반영하지 못한다는 단점이 있지만, 오랜 전통을 갖고 있어 뉴욕증권시장의 가장 대표적인 주가지수라는 평을 듣고 있다.

S&P주가지수

S&P주가지수(Standard & Poor's stock price index)는 미국의 유명한 투자정보회사인 S&P사가 뉴욕증권시장에서 발표하는 주가지수다. 주가지수로 종합 500종목, 공업주 400종목, 공공주 40종목, 철도주 20종목과 업종별 주가지수도 있다. 1941~42년의 평균을

10으로 한 지수다. 상장주식 수의 비중을 감안한 시가총액식 방식으로 산출한다. 다우평균 주가지수와 더불어 미국의 주식시장을 대표하는 지수다.

세계 각국의 주요 주가지수

국 명	지 수 명	가 중 치	채 용 종 목	기준시점
한 국	종합주가지수 한경다우지수	상장주식 수 주가	증권거래소 전 종목 증권거래소 70종목	1980.1.4=100 1990.1.3=100
미 국	다우존스공업평균 S&P500 NYSE종합주가지수	주가 상장주식 수 상장주식 수	NYSE공업주 30종목 NYSE, AMEX 및 장외시장 500종목 NYSE 전 종목	1928.10.1=240.01 1941~43=10 1965.12.31=50
영 국	FT-30 FT-SE 100	주가변동률 상장주식 수	런던거래소 30종목 런던거래소 100종목	1935.7.1=100 1984.1.3=1,000
일 본	닛케이평균주가 TOPIX	주가 상장주식 수	도쿄거래소1부 225종목 도쿄거래소1부 전 종목	1949.5.16=176.21 1968.1.4=100
프 랑 스	CAC-제너럴 CAC040	상장주식 수 상장주식 수	파리거래소 240종목 파리거래소 40종목	1981.12.31=100 1987.12.30=1,000
독 일	FAZ DAX	상장주식 수 상장주식 수	프랑크푸르트거래소 100종목 프랑크푸르트거래소 30종목	1987.12.31=1,000 1958.12.31=100
캐 나 다	TSE	상장주식 수	토론토거래소 300종목	1975=1,000
스 위 스	CSI 스위스은행지수	상장주식 수 상장주식 수	취리히거래소 25종목 취리히, 제네바, 바젤거래소 436종목	1959.12.31=100 1958.12.31=100
이탈리아	MIB BCI	주가 상장주식 수	밀란거래소 전 종목 밀란거래소 전 종목	1985.1.1=1,000 1972.12.31=100
홍 콩	항셍지수	상장주식 수	홍콩거래소 33종목	1964.7.31=100
싱가포르	STI	상장주식 수	싱가포르거래소 30종목	1966.12.31=100
대 만	가권	상장주식 수	타이완거래소 전 종목(은행, 보험주 제외)	1966.12.31=100

닛케이다우 주가평균

〈일본경제신문〉이 발표하는 일본의 대표적인 주가지수다. 도쿄증권거래소에 상장돼 있는 시장 제1부 종목 중 225개 종목을 표본으로 다우 방식에 의거해 산출한 주가지수다. 원칙적으로 종목의 교체가 없다. 그러나 이 지수는 시장흐름과 괴리가 있다는 문제점이 지적돼 1982년부터는 채용종목을 500개로 확대한 닛케이다우 500종목 주가평균도 발표하고 있다.

제3장

주가를 움직이는 힘

경기와 주가

우리는 일상생활 속에서 경기가 좋다거나 나쁘다는 말을 자주 듣는다. 경기란 한 나라의 총체적인 경제상태를 말한다. 경기가 좋다는 것은, 국가경제가 잘 돌아가고 있다는 얘기다. 바꿔 말하면 생산·소비·투자활동이 활발한 상태다. 기업활동을 예로 들어보자. 경기가 좋을 때는 물건이 잘 팔린다. 수출도 잘 되고 국내 판매도 왕성하다. 공장에는 노는 기계가 없을 만큼 바쁘게 돌아간다. 자연히 기업들은 이익을 많이 낸다. 돈 사정이 풍부해진 회사들은 공장을 새로 짓고 연구·개발투자도 늘린다. 종업원들에게는 보너스 등 더 많은 보수가 지급된다. 주머니 사정이 넉넉해진 소비자들은 저축을 늘리지만 씀씀이가 헤퍼진다. 소비가 늘어나는 것이다. 이게 이른바 호황국면이다. 반대의 상황이라면 불황이다.

경기도 물결처럼 일정한 사이클이 있다. 언제나 좋을 수만은 없는 게 경기다. 달이 차면 기울고 기울었다가는 다시 차는 것과 비슷하다. 경기호황의 종착역은 정점이다. 생산활동이 위축되고 소비도 줄어들어 경기는 뒷걸음질친다. 나빠질래야 더 이상 나빠질 수 없는 곳이 저점(바닥)이다. 이렇게 되면 경기는 점차 회복세로 돌아서게 된다. 이게 바로 경기순환이다. 경기는 이처럼 회복→호황→후퇴→불황의 물결운동을 되풀이한다.

경기순환은 크게 소순환, 중순환, 대순환으로 나뉜다.

소순환은 단기적인 경기변동이다. 약 40개월을 주기로 하는데, 단기 2년, 장기 4년의 파동이다. 이것이 바로 키친(Kitchin) 파동이다. 중순환은 대략 10년을 주기로 한 경기변동으로서, 상승 5년, 하강 5~6년이다. 이것을 C. 저글러(C. Juglar) 파동이라 한다. 대순환은 25년의 경기상승과 25년의 하강 등 50년이 주기인 장기파동이다. 이는 N. 콘트라티에프(N. Kondratieff)의 장기파동이다.

이러한 세 가지 파동은 장기파동 속에서 중기·단기파동을 포함해 순환을 되풀이하곤 한다.

경기순환의 특징

- 회복기—기업은 공장가동을 줄이고 종업원을 해고한다. 실업자가 늘어나 사회적인 문제로 된다. 정부는 경기를 부양시키기 위해 고속도로, 고속철도, 항만공사 등 사회기반시설 투자활동을 늘린다. 기업의 생산활동을 부추기기 위해 돈을 풀고 금리인하 정책을 쓴다.
- 호황기—금리인하 등 금융긴축 완화 영향으로 기업의 생산활동이 활기를 띤다. 가계소득이 늘어남에 따라 소비도 증가한다. 기업들은 설비투자를 늘린다. 물가도 올라간다. 정부는 경기과열을 막기 위해 금리를 인상하고 금융긴축에 들어간다.

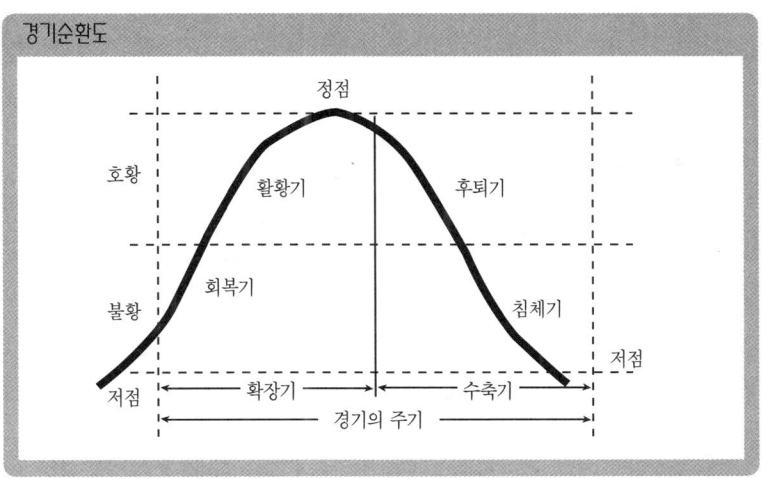

- 후퇴기―내수판매 호조로 원부자재의 수입이 급증해 무역수지가 나빠진다. 재료비·인건비 등의 상승으로 상품값 인상압력이 커진다. 정부는 금리를 인상하고 기업들은 설비투자를 줄인다.
- 불황기―경기가 나빠지는 탓에 기업은 생산을 줄이고 급여를 삭감한다. 호주머니가 가벼워진 가계는 소비를 줄인다. 기업들의 자금수요가 줄어든다. 정부는 경기를 부추기려고 대대적인 금융완화정책을 편다. 이런 과정을 통해 경기는 다시 회복기조로 들어서게 된다.

경기변동과 주가

투자자가 주식투자로 얻을 수 있는 소득은 크게 세 가지다. 배당

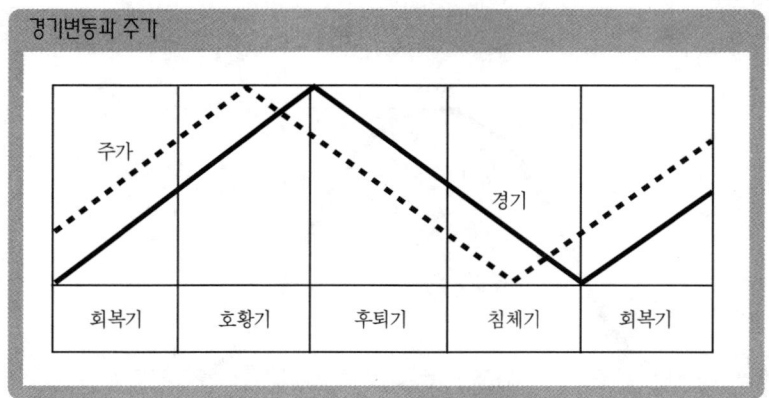

금과 무상주, 시세차익이다. 이는 궁극적으로 해당 기업의 경영성과에 좌우된다. 상장기업의 경영성과는 매출액증가율, 순익증가율, 재무구조개선, 신제품개발, 신시장개척 등 다양한 형태로 나타난다. 하지만 기업의 경영성과에 가장 큰 영향을 미치는 변수는 경기라 할 수 있다.

주가는 경기에 선행한다는 말처럼 경기와 주가는 아주 밀접한 관계가 있다. 경기가 바닥에 이르기 몇 개월 전에 오르던 주가는 내림세로 기운다. 반대로 경기가 바닥을 치기 몇 개월 전부터 주가는 바닥권에서 오름세로 돌아선다.

경기와 주가의 상관관계를 분석한 결과, 주가는 경기보다 5~6개월가량 앞서 움직인다는 것이 정설로 돼 있다.

경기예측 어떻게 하나

경기와 주가는 아주 밀접한 관계에 있다는 사실은 널리 알려져 있다. 주식투자자들은 경기흐름을 파악하고 예측할 수 있어야 돈을 벌 수 있다는 말이다. 경기의 흐름을 가장 쉽게 파악하려면 〈한국경제신문〉을 비롯한 경제기사를 읽으면 된다. 경제신문은 산업별 경기동향이나 각종 관련 지표들을 일반 종합지보다 더 자세히 다루고 있다. 이들 지표 가운데 가장 일반적인 것이 경기종합지수, 국내총생산(GDP), 기업실사지수(BSI) 등이다. 경기흐름을 파악하는 데 유용한 지표 가운데 하나가 경기종합지수(composite index)다. 경기종합지수는 경기동향을 민감하게 나타내는 총유동성, 건축허가면적, 기계수주액 등 26개 주요 부문의 경제지표로 산출한다. 이 지수가 전달보다 늘어난 경우에는 경기가 좋아지는 것으로 볼 수

국내총생산(GDP)

경기동향을 가늠할 수 있는 대표적인 경제지표 중 하나가 바로 GDP다. GDP란 한 나라의 모든 경제 주체가 일정 기간에 생산한 재화와 용역의 부가가치를 더해 구한 수치다. 이 통계는 각 부문의 생산활동뿐 아니라 소비 및 투자동향까지 살펴볼 수 있다. 다만, 당해 연도나 분기 종료 2개월 후께나 잡히는 까닭에 현재의 경기동향을 파악하기가 어려운 한계가 있다.

이러한 결점을 보완하려면 월별로 발표되는 각종 경제지표를 눈여겨보아야 한다. 수출입동향을 나타내는 지표로는 수출액 신용장(L/C) 내도액, 수입액 등이 있다.

투자활동지표로는 건축허가면적, 국내기계 수주액 등이 있다. 생산활동 관련 지표로는 생산자 출하지수와 제품 재고지수 등이, 소비활동관련 지표로는 소비재 출하지수 등이 있다. 출하지수란 제품이 팔려나가는 정도를 지수로 나타낸 통계다. 경기가 좋아지면 출하지수는 자연히 올라간다. 상품이 창고에 쌓여 있는 정도를 나타내는 게 재고지수다. 경기가 좋아지면 물건이 잘 팔리기 때문에 재고지수가 낮아진다. 결국 생산자 출하지수는 경기와 같은 방향으로 움직이지만 생산자 재고지수는 반대다.

있다. 반대로 이 지수가 떨어진 경우에는 하강한 것으로 해석할 수 있다. 이 지수를 통해 경기변동의 방향, 전환점, 진폭 등을 가늠할 수 있다.

재정경제부에서 발표하는 경기종합지수에는 선행종합지수, 동행종합지수, 후행종합지수 등 세 가지가 있다.

선행종합지수는 경기의 단기예측에 활용된다. 일반적으로 선행종합지수의 전환점이 기준순환점을 3~8개월 정도 선행하기 때문이다. 동행종합지수는 현재의 경기수준을 나타내는 지수다. 후행종합지수는 동행종합지수보다 3~6개월 정도 후행한다. 경기의 국면이나 전환점을 파악하기 위해서는 동행종합지수에서 추세치가 제거되고 순환변동치만 남은 동행지수의 순환변동치를 이용하면 편리하다. 경기순환과정에서 나타나는 정점과 저점을 기준순환일이라 한다. 이것은 경기가 바닥을 치고 회복되거나 상투를 치고 내려가는 전환점이라 할 수 있다.

기업경기실사지수(BSI)

경기에 대한 기업가의 판단과 전망 등을 설문조사를 통해 수치화한 것이 기업경기실사지수다.

한국은행을 비롯해 한국산업은행, 전국경제인연합회, 대한상공회의소 등에서 작성해 발표하고 있다. 지수는 전월 또는 전분기와 대비해 경기호전을 예상한 업체 수에서 악화를 예상한 업체 수를 뺀 다음, 이를 전체 응답 업체 수로 나누어 작성한다.

BSI=(상승 호전업체 수-하락 악화업체 수)÷전체 응답업체 수×100

100 이상이면 경기 확장국면, 100 미만이면 경기 수축국면으로 본다. 기업경기실사지수는 설비투자 및 고용수준 판단과 같은 주관적·심리적 요소까지 조사할 수 있다는 것이 장점이다. 그만큼 경기의 전환과 예측에는 효과적이다. 그러나 경기의 진폭이나 강도를 예측하는 데는 문제가 있다.

주가「폭등」한국증시 저금리 등 매력 —〈아시안 월 스트리트 저널〉의 시각

〈아시안 월 스트리트 저널〉은 19일자 1면 머리기사에서 경기회복세가 가시화됨에 따라 아시아 증시가 큰 폭으로 동반 상승하고 있다고 보도했다. 특히 우리나라의 경우 시중자금이 증시로 몰리고 있는데다 각종 경제지표가 회복될 기미를 보임에 따라 외국인들이 적극적으로 순매수에 나서고 있다고 설명했다.

다음은 우리 증시관련 보도 내용.

외국투자자들은 한국증시에 대해 대체로 낙관적인 견해를 나타내고 있다. 올 들어 투자환경이 크게 나아지고 있기 때문이다. 먼저 코소보 사태로 유럽증시를 이탈한 자금이 상승국면에 있는 미국 및 아시아 시장에 힘을 보태고 있다. 한국의 경우 저금리에 따른 금융장세로 매수여력이 풍부하다는 것도 호재로 꼽힌다. 특히 외국인들은 한국경제의 체질 개선에 주목하고 있다. 외국투자자들은 민간소비가 조금씩 살아나고 각종 경제지표도 회복세로 돌아설 기미를 나타내자 예상 경제성장률을 잇따라 상향조정하고 있다.

IMF는 지난 해 5.8% 마이너스 성장에서 올해 2% 플러스 성장으로 회복될 것으로 추정하고 있다. 그래스너 클라이워트 벤스의 수석 이코노미스트인 재프리 바커는 올 경제성장률을 4%선까지 높여 잡고 있다. 허약한 금융 시스템과 부진한 대기업 구조조정이란 악재가 여전히 남아 있지만, 경제구조의 개선은 이를 상쇄하고도 남을 것으로 기대하고 있는 것이다.

외국인들이 올 들어 한국증시에서 순매수에 나서는 것도 같은 맥락이란 설명이다. 그러나 조심스런 견해가 없는 것은 아니다. 유동성 증가로 당분간 종합주가지수가 상승세를 이어갈 것이라는 예상이 지배적이지만, 주가의 단기급등이 장기적으로는 부담이 될 것이라는 우려도 있다.

존 도즈워스 IMF 한국사무소장은 최근 기자회견에서 한국의 경제상황이 더 악화될 것이라는 비관론을 비치기도 했다. 증시활황을 뒷받침할 정도로 경제여건이 받쳐주지 못하고 있다는 얘기다. 실업률이 아직까지 높고, 큰 폭으로 늘고 있는 정부의 재정적자가 우리 경제의 발목을 잡을 것이라는 주장이다. (1999. 4. 20, 김태철 기자)

2분기 9.8% 고성장 ― 한은 발표, 3년 9개월 만에 최고

한국경제가 지난 2/4분기 중 9.8%의 성장률을 기록했다. 민간소비가 꾸준히 늘어나는 가운데 설비투자와 수출이 크게 확대됐기 때문이다. 전문가들은 이 같은 성장세가 지속될 경우 한국경제 성장률이 올해 8% 수준에 이를 것으로 보고 있다. 한국은행은 19일 발표한 「2/4분기 국내총생산」을 통해 지난 2분기 중 실질 GDP(1995년 가격 기준)는 107조 855억 원으로 작년 2분기(97조 4,925억 원)보다 9.8% 증가한 것으로 잠정 집계됐다고 밝혔다(〈한국경제신문〉 7월 12일자 1면 참조).

이 같은 성장률은 반도체 경기가 사상 최고수준을 기록했던 1995년 3/4분기(9.8%) 이후 3년 9개월 만에 가장 높은 수준이다. 한국경제는 1997년 5%의 성장을 기록한 뒤 외환위기를 맞아 작년에는 5.8% 뒷걸음질했었다. 그러나 올 들어 주가 및 부동산 가격 상승에 힘입어 자산소득이 늘며 소비가 크게 증가, 1/4분기 중 4.6%의 성장률을 나타낸 뒤 2/4분기에 가파르게 뛰어오른 것이다. 이에 따라 올해 상반기 중 성장률은 7.3%를 기록했다. 작년 상반기에는 마이너스 5.5%였다.

2/4분기 중 성장률이 높아진 것은 민간소비와 설비투자 등 내수가 빠르게 회복된데다 수출도 신장세가 확대됐기 때문이라고 한국은행은 설명했다. 민간소비는 승용차, PC, 가구 및 가전제품 등 내구재에 대한 가계지출이 크게 늘면서 작년 2분기에 비해 9.0% 증가했다. 설비투자는 운수장비 투자(66% 증가), 기계류 투자(32.3% 증가)가 크게 증가한 데 따라 37.2%의 증가율을 나타냈다. 설비투자는 작년에 38.5% 감소한 뒤 올 들어 지난 1/4분기 중 12.9% 증가했었다. 그러나 건설투자는 마이너

스 13.7%로 회복세가 여전히 더디다. 상품수출(물량 기준)은 반도체, 컴퓨터, 기계류 등 중화학 공업제품 수출이 호조를 지속한데다 경공업 제품도 증가세로 돌아서면서 18.8% 늘어났다.

 정정호 한국은행 경제통계국장은 『하반기에도 성장기조는 계속 유지될 것으로 보이며, 연간 최소한 7% 이상의 성장은 가능할 것』이라고 말했다. 한편 기업협동중앙회는 중소제조업체 1,308개를 대상으로 경영실태를 조사한 결과 2/4분기 중 경영상황 판단지수가 116을 기록, 전분기(96)보다 크게 호전됐다고 밝혔다.　　　　(1999. 8. 20, 이성태 기자)

돈과 주가

한 마디로 주식시장은 돈에 좌우된다. 아무리 좋은 재료가 있다 해도 돈이 없다면 좋은 기회를 살릴 수 없다. 그래서 주식시장에서는 주식을 살 수 있는 돈(현금)이 실탄에 비유된다. 돌고 돈다는 뜻에서 이름붙여진 돈. 이 돈은 경제학 교과서나 신문지상에서는 화폐 또는 통화로 불린다. 경제학적으로는 재화나 서비스의 대가로 지급되는 수단이다. 돈은 또 교환수단이자 미래에 대비한 가치의 저장수단이기도 하다.

돈을 얼핏 생각하면 지갑 속에 넣어 다니는 현금이나 수표만을 떠올리기 쉽다. 그러나 신용카드나 은행예금도 돈의 범주에 들어간다. 옛날에는 금·은·구리 등이 돈의 역할을 했다.

경제가 발전하면서 이러한 원시적 화폐뿐 아니라 여러 가지 통화가 속속 출현했다. 다양한 금융자산들이 이에 해당한다.

이러한 돈들은 너무 많아도 문제고 부족해도 골치다. 필요로 하는 재화와 서비스는 한정돼 있는데, 돌아다니는 돈의 양이 너무 많다면 돈의 가치가 떨어지고 물가는 오른다. 이러한 현상을 인플레이션이라 한다. 반대로 재화나 용역보다 통화량이 적으면 소비가 위축된다. 소비가 위축되면 설비투자도 줄어들어 생산이 감소한다. 이런 정도가 심해진 상태를 디플레이션이라 한다.

세계 각국은 통화량과 물가를 효율적으로 관리하기 위해 중앙은행제도를 만들어 통화정책을 펴고 있다. 우리나라의 한국은행을 비롯해 미국의 연방준비제도이사회(FRB), 영국의 잉글랜드 은행(The Bank of England), 독일의 분데스 방크, 일본의 일본은행 등이 모두 중앙은행이다.

통화량을 적정 수준으로 유지하려면 시중에 유통되는 돈의 규모를 정확히 파악해야 한다. 이를 위해서는 어디까지 통화로 볼 것인가 하는 기준이 있어야 한다. 중앙은행인 한국은행은 여러 가지 통화지표를 동원해 통화량을 조절한다.

통화지표에는 통화(M_1), 총통화(M_2), MCT, 총유동성(M_3) 등이 있다. M_1은 시중에 있는 현금에 은행의 요구불예금을 합친 것이다. 요구불예금이란 보통예금이나 당좌예금처럼 만기가 없고 예금주가 원하면 언제든지 찾을 수 있는 예금이다.

M_2는 M_1에 저축성 예금과 거주자 외화예금을 더한 것이다. 저축성 예금은 정기예금이나 정기적금처럼 만기가 장기에 걸쳐 있는 예금이다. 그러나 돈이 급한 경우에는 이를 중도 해약하면 현금화할 수 있기 때문에 통화지표에 들어간다.

MCT는 M_2에 은행의 양도성 예금증서, 금전신탁 수탁액을 합친 것이다.

M_3는 M_2에 비은행금융기관의 각종 예수금을 합친 가장 넓은 의미의 통화다. 비은행금융기관 예수금이란 은행의 신탁계정과 제2금융권의 모든 예금액을 가리킨다. 정부는 지난 1979년부터 M_2를

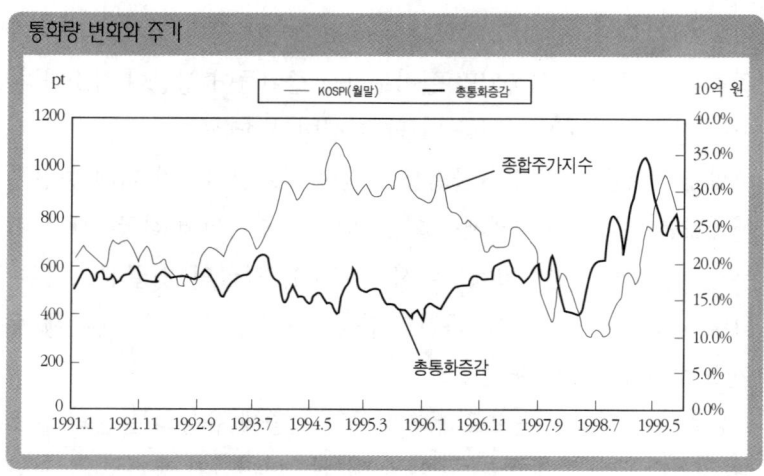

통화량 변화와 주가

중심 통화지표로 사용해왔으나, 점차 그 비중이 줄어들게 되면서 1996년부터는 M_2와 더불어 MCT를 중심으로 통화정책을 펴왔다. 하지만 IMF의 권유로 M_3를 중심 통화지표로 삼게 됐다. 이에 따라 결국 한국은행이 발행하는 통화(본원통화)가 통화량 산출의 중심 지표로 된 것이다.

공개시장 조작

한국은행은 시중에 돈이 넘치거나 부족하면 시장개입에 나선다. 한국은행이 갖고 있는 채권 등 유가증권을 은행 등 금융기관을 통해 팔거나 사들여 돈의 수위를 조절한다. 이러한 것을 공개시장 조작이라 한다.

통화량과 주가

통화량은 주식시장에 직접적인 영향을 미친다. 돈이 넘치면 이자율이 떨어지고 시설투자가 왕성해진다. 또 은행 등에서 빌린 돈의 이자율이 낮아져 수익성이 호전된다. 이렇게 되면 기업들은 배당금을 많이 줄 수 있게 된다. 이것은 곧 주식투자 유인이 된다. 이 같은 기대가 높아지면 주식시장에는 투자가 투자를 부르는 활황장세가 연출된다. 시중에 돈이 많이 풀려 금리가 떨어지고 특별한 투자수단이 없을 때는 주식시장으로 돈이 들어오게 마련이다. 이런 추세는 증권회사들의 고객예탁금 추이를 보면 잘 알 수 있다. 기업들의 경기가 나쁜데도 증시에 돈이 몰리면 돈에 의한 투자 게임인 금융장세가 빚어지기도 한다. 그러나 이러한 장세는 일종의 거품과 같은 것이어서 자칫 하면 큰 손해를 볼 위험성도 있으니 주의해야 한다.

반대로 통화량이 감소하면 기업의 돈 사정이 나빠지고 생산이 줄며 소비도 위축된다. 금리는 올라가고 기업들의 설비투자도 줄어든다. 결국 기업의 채산성이 나빠지고 주식시장에서는 다른 금융자산 쪽으로 자금이 이탈된다. 그 결과 주가는 약세로 기운다.

금리변동과 주가

　원래 주식가치는 1주당 이익이 많아지면 높아지고, 금리수준과는 역상관 관계에 있다. 1주당 이익을 E, 금리수준을 i, 주가를 P라고 하면 $P=f(E \div i)$라는 관계가 성립된다.
　고도성장 아래에서는 금리수준도 높아지지만 1주당 이익 신장이 이것을 웃돌아 주식투자가치가 높아진다. 저성장시대가 되면 1주당 이익의 신장세가 둔화되기 때문에 분모인 금리의 상승·하락에 따라 주가는 더욱 민감한 반응을 보이게 된다.
　또 고성장기·저성장기에 관계없이 정책적으로 금융긴축을 하는 경우에는 금리가 상승해 1주당 이익은 신장세가 둔화 내지는 감소한다. 따라서 주가는 하락하게 된다. 반대로 금융완화정책으로 바뀌면 금리가 내려가기 때문에 주가하락세가 멈추고 상승세로 돌아서게 된다. 이처럼 금리변동은 주가에 지대한 영향을 주기 때문에 금리와 주가와의 관계를 면밀히 검토할 필요가 있다.
　금리는 거시경제 변수들을 포괄하는 지표다. 금리는 경제성장률과 물가, 환율, 국제수지, 통화량 등을 반영한다. 보통 물가상승률과 경제성장률을 더하면 적정한 금리수준이라고 이해하면 된다. 물론 이 때 국제수지 등의 다른 변수도 감안된다.

 미국의 주가는 금리의 노예라 할 만큼 금리인하 상승에 따라 과민반응을 보이고 있다. 이 같은 현상은 1990년 중반 이후 확실히 나타나고 있다. 시장금리의 하나인 회사채수익률이 정점에 이르면 (회사채 값이 바닥) 곧 주가도 바닥을 치곤 했던 것이다. 미국은 지난 1998년 하반기 경기둔화를 우려해 세 차례의 금리인하 조치를 취했다. 이게 호재로 작용해 다우지수는 연일 사상 최고기록을 깨고 2000년 1월에는 1만 1,000대를 오르내리는 기염을 토했다.

 우리나라도 예외는 아니다. IMF 직후 시중의 돈은 씨가 말랐다는 말이 나올 만큼 돈사정이 어려웠다. 증권시장이 초토화되다시피 한 것은 당연한 결과였다. 그 후 환란이 수습되면서 시장 실세금리도 내림세로 돌아섰고, 정부는 인위적인 저금리정책을 썼다. 회사채수익률이 한 자릿수 이하로 떨어졌고, 은행정기예금 금리 역시 이와 비슷한 수준으로 내렸다. 1998년 하반기 이후의 증시활황은 금리하락 추이를 볼 때 이미 예정돼 있던 잔치였다고 할 수 있다.

 그렇다면 금리가 내리면 주가가 오르는 이유를 따져보자. 투자자 처지에서 보면 그 이유는 아주 간단하다. 정기예금이나 채권, CP 금리가 모두 떨어지기 때문에 예금상품들에 대한 투자 매력이 없어진다. 특히 명예퇴직자나 연금생활자 같은 금리생활자들은 요즘과 같은 저금리 아래에서는 살기가 어렵다. 자연히 위험을 각오하면서 수익률이 상대적으로 높은 주식시장으로 눈을 돌리게 된다. 금리가 낮아지면 기업들은 좋아진다. 대출금리가 내린 만큼 이자부담이 줄게 돼 수익성이 나아진다. 금리는 돈의 가치다. 그것은 곧 돈의 수요와 공급에 따라 결정된다. 금리가 낮다는 것은 그만큼 시중에 돈

금리와 주가

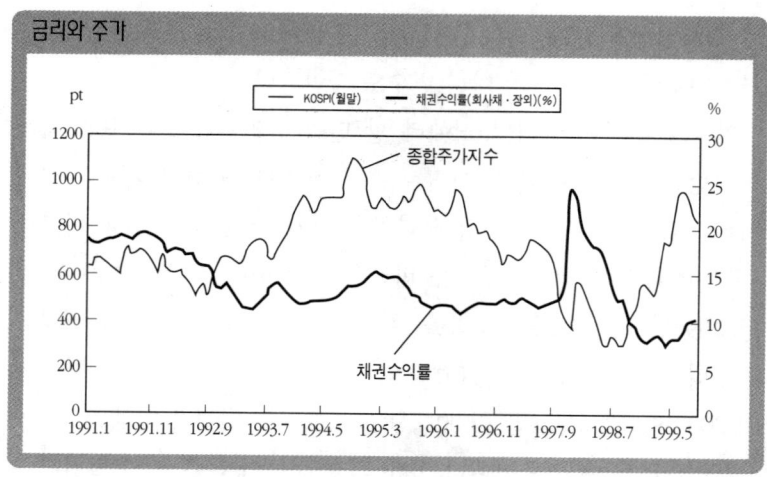

이 많아졌다는 뜻이다. 이것은 증시활황의 원천이랄 수 있다. 경기가 좋지 않은데도 증권시장이 호황이라는 것은 풍부한 돈에 의한 투자 게임이 이뤄지고 있다고 이해하면 된다. 그게 바로 경제신문 기사에서 자주 나오는 금융 장세, 유동성 장세다.

「주가 거품론」 뜨거운 찬반 논쟁 ─ 초저금리에 무임승차 장세

주가가 IMF 이전 수준을 완전히 회복, 종합주가지수 800선에 다가서면서 「적정주가」에 대한 논쟁이 뜨거워지고 있다. 현재의 주가는 과연 고평가된 상태인가, 저평가된 상태인가?

금리나 경제회복 속도 등에 비춰볼 때 아직은 고평가됐다고 보기 어렵다는 주장이 있는가 하면, 주가는 이미 기업가치 이상으로 이미 부풀려져 있어 위험하다는 지적도 만만치 않다. 대세상승론자들은 『저금리 등에 의한 금융장세가 앞으로 실적장세로 연결될 것이기 때문에 주가는 한 단계 추가상승(level-up)할 것』(김헌수 메릴린치증권 서울지점 조사담당 이사)이라고 설명한다.

반면 고평가론자들은 주가가 지나치게 속력을 내고 있다고 지적한다.

심지어는 주가가 저금리에 무임승차하고 있다는 평가도 있다.

　　정부 안에서도 시각이 엇갈리고 있다. 이규성 재정경제부 장관은 『최근의 증시활황은 과열이 아닌 것으로 본다』고 밝혔다. 그러나 박광태 국민회의 경제대책위원장은 『주가 등 경제지표 호전은 거품 요인이 있음을 부인할 수 없다』고 지적했다. 재정경제부 실무관료들도 「우려」를 나타내고 있다. 『너무 가파르게 오르면 떨어질 때 부작용이 큰 만큼 냉정하게 따질 것은 따져봐야 한다』(금융정책국 관계자)는 것. 『뜨거운 열기를 식히기 위해선 한빛・조흥은행의 정부지분을 장 내에서 매각하는 방안도 검토해볼 수 있다』(유지창 금융정책국장)는 견해도 있다.

　　주가는 미래의 기업가치를 한 발 앞서 반영한다는 점에서 기업의 수익력이 뒷받침되느냐가 관건이다.

◆ 금리・경제성장률・기업수익으로 본 주가

　　LG경제연구원은 주가수익비율(PER)과 시중실세금리(회사채수익률), 경제성장률 등을 종합적으로 감안할 때 현 주가는 고평가된 게 아니라고 분석했다. PER(27일 현재 12.6)의 역수, 다시 말해 주식으로부터 얻을 수 있는 수익률이 7.93%(단순 PER의 역수)로 회사채수익률(7.35%)을 약간 웃돌고 있다는 게 그 근거다. LG경제연구원은 가중 PER(22.6)를 사용해도 마찬가지라고 밝혔다. 통상 경제성장률과 비슷하게 움직이는 회사채수익률과 주가수익률 간 차이가 3.6%로 한국개발연구원(KDI)의 올해 경제성장 전망치 4.3%를 밑돌고 있어 그만큼 추가상승의 여지가 있다는 얘기다.

　　전진 LG경제 선임연구원은 『회사채수익률이 지난 3월 연 8.56%에서 최근 7.23%까지 떨어졌다』며 『이 같은 금리하락만으로도 주가는 종합주가지수 기준 178포인트의 상승요인이 발생했다』고 설명했다. 또 그는 『회사채수익률이 7.5% 수준을 유지하고 성장률이 4%이면 적정주가는 900선』이라고 덧붙였다.

　　김헌수 메릴린치증권 이사도 『기업의 구조조정과 경기회복 등으로 기업의 이익이 향후 2~3년 간 폭발적으로 증가할 것』이라며 『현재 주가는 상당히 저평가돼 있다』고 밝혔다. 그는 『경기회복 때 한국기업의 이익은 10~20% 늘어나는 데 그치는 게 아니라 최소한 50%, 평균 100~200% 증가한다』며 『올해 기업이익은 일부 경제연구소들이 추정하는 것보다 훨씬 증가할 것』이라고 분석했다. 동원경제연구소는 586개 상장사의 올해 순이익이 9조 3,000억 원으로 사상 최대를 나타내 실적 장세로 전환될 것이라는 조사자료로 이 같은 분석을 뒷받침했다. KDI도 최근 올해 성장률을 당초(2.2%)보다 높은 4.3%로 수정 전망했다.

(1999. 4. 29, 홍찬선 기자)

금리 속등, 주가 32포인트 폭락 — 회사채 상승

장기금리가 연일 오름세를 보이고 있다. 11일 채권시장에서 3년 만기 회사채 수익률은 연 8.29%를 기록, 전날보다 0.03%포인트 올랐다. 이는 지난 3월 말 이후 최고치다. 회사채 수익률은 지난 4일 7.91%를 나타낸 뒤 5일째 연속 상승했다. 3년 만기 국고채 금리도 전날 연 6.37%에서 연 6.57%로 뛰어오르며 4일째 오름세를 이어갔다. 그러나 하루짜리 콜금리는 연 4.75%로 안정세를 보였다.

채권시장 관계자들은 『금리가 바닥권을 지났다는 인식이 강하기 때문에 시장에 금리상승 기대심리가 팽배하다』고 설명했다.

경기가 빠른 속도로 회복되고 있는 것도 장기금리 상승을 부추기고 있다. 전문가들은 회사채 금리가 앞으로 연 8.5%를 넘을 수도 있을 것으로 전망했다. 그러나 한국은행은 『기업들의 자금수요가 크지 않기 때문에 회사채 금리상승이 제한적인 수준에 그칠 것』으로 분석했다. 한국은행은 지난 주 장기금리 상승을 용인하겠다는 내용의 5월 중 통화정책 방향을 발표했다.

한편 이 날 주가는 급락세로 돌변, 종합주가지수 800선이 무너졌다. 종합주가지수는 기관 및 일반인의 이익실현 매물과 경계매물이 쏟아지면서 전날보다 32.83포인트 폭락한 781.41에 마감됐다. 지난 6일 800선을 돌파한 지 나흘 만에 800 밑으로 되밀렸다.

이 날 주가는 장중 내내 보합권을 유지해오다 장 마감 무렵 선물급락세에 따른 프로그램 매도 물량(1,600억 원)이 대량으로 쏟아지면서 순식간에 급락세로 변했다.

시가비중이 큰 한국전력, 한국통신, 삼성전자 등 대형주가 일제히 폭락세를 보여 지수하락폭이 컸다.

증시전문가들은 『주가가 단기간에 급등한데다 금리상승세, 공급물량 부담(연내 40조 원, 본지 11일자 1면 참조) 등의 악재가 부각되자 이익을 실현하려는 투자자들이 한꺼번에 매물을 내놓았다』고 말했다.

정부가 900선 부근에서 2조 원어치의 증시안정기금 물량을 처분할 방침을 세우고 있다는 소식도 투자심리를 위축시킨 요인이었다.

(1999. 5. 12, 이성태 기자)

물가와 주가

우리는 해가 바뀔 때마다 물가가 상승해 걱정하는 사람들을 많이 본다. 그럴 때마다 정책당국자들은 여러 가지 통계수치를 제시하며 우려할 만한 수준이 아니라고 해명하곤 한다. 그러나 주부들은 「장바구니 물가」를 몰라도 너무 모른다며 한숨을 쉰다. 경제에 대한 전문지식이 없는 사람들도 물가에 관한 한 이처럼 촉각을 곤두세우고 있는 것이다. 그만큼 물가가 안정돼야 살림살이를 원활히 할 수 있다는 사실을 몸소 터득한 결과다.

물가가 오른다는 것은 돈의 값어치가 떨어진다는 뜻이다. 돈의 값어치가 떨어지면 종전의 금액으로는 똑같은 물건을 살 수가 없다. 이는 물건 값이 올랐다는 말이다. 1998년에 500원으로 살 수 있던 사과 한 개를 1,000원은 주어야 살 수 있다면 이는 분명 돈의 가치가 떨어진 것이다.

한 가지 상품뿐 아니라 여러 가지 상품들의 값을 통틀어 물가라고 한다. 경제학적으로는 재화와 서비스의 가격을 평균한 종합적인 가격수준이 물가다.

시장경제체제 아래에서는, 물가는 시장에서 결정된다. 시장은 공급자(판매자)와 구매자(수요자)가 만나는 곳이다. 상품의 가격은 수요와 공급에 따라 결정된다.

정부는 물가의 움직임을 정확히 재기 위해 물가지수를 낸다. 이 통계자료는 한 나라의 생산·소비·투자 등의 모든 경제활동 결과를 나타내는 기초자료다. 물가변동을 쉽게 파악하기 위해 어느 기준시점의 물가를 100으로 놓고 비교시점의 물가를 지수로 나타낸다.

물가는 용도에 따라 여러 가지가 있다.

생산자 물가지수는 공장 등에서 생산된 물건이 제1차 거래단계에서 형성되는 가격수준을 측정하기 위해 작성되는 물가지수다. 이를 도매물가지수라고도 한다. 여기에서의 도매는 도매상 등에서의 판매가 아니라, 대량거래가 이뤄지는 생산자단계의 판매를 가리킨다. 이게 바로 1차상품거래 가격이다.

소비자 물가지수는 소비자가 생활에 필요한 재화와 서비스 요금의 변동을 종합적으로 측정하기 위해 작성하는 물가지수다. 소비자 물가지수는 최종 소비단계의 가격변동을 측정하기 위해 산출한다.

물가는 왜 변동하나

수요와 공급

물가는 수요와 공급에 변화가 일어나면 움직인다. 일반적으로 공급보다 수요가 많으면 물가는 오른다. 반대로 수요보다 공급이 많으면 물가는 내린다. 과거 중동전쟁이 일어났을 때 석유파동이 일어난 것도 이런 이치 때문이다.

비용측면

물가를 변동시키는 중요한 요인 중에 비용요인이 있다. 원자재 가격, 환율, 임금, 이자, 세금, 부동산 임차료처럼 상품의 원가를 구성하는 항목이다. 이 가운데 원자재 값이 제일 중요하다. 자원이 부족한 우리나라는 대부분의 원자재를 해외에서 수입하고 있기 때문이다.

원자재를 들여오려면 미국 달러화나 일본 엔화 등 외국 돈으로 상품 값을 치러야 한다. 우리나라 돈인 원화를 외국 돈과 바꾸는 비율인 환율도 물가에 영향을 준다. 만약 1달러에 1,000원이던 환율이 1,500원으로 오르면(원화절하) 수입 원자재 값은 그만큼 오르게 된다. 원자재 값이 오르게 되면 연관된 다른 상품 값도 덩달아 뛰게 된다. 반대로 환율이 내리면 우리나라 돈 가치가 올라 물가가 떨어진다.

인플레이션

물가가 계속 올라 돈 가치가 떨어지는 현상을 인플레이션(inflation)이라 한다. 인플레이션하에서는 샐러리맨들이나 연금생활자들의 생활이 어려워지게 된다. 돈의 가치가 떨어져 재화와 서비스를 살 수 있는 능력이 약해지는 까닭이다. 물가가 오른다는 것은 결과적으로 실질소득이 줄어드는 효과가 있다. 실제로 32평 아파트 한 채 값이 1억 원에서 2억 원으로 올랐다면, 집없는 사람들의 처지에서는 1억 원을 도둑맞은 거나 마찬가지다.

반대로 수요가 태부족해 공급물량이 넘쳐난다면 경기가 나빠지고 물가도 하락한다. 이런 상태가 지속되면 디플레이션(deflation)이 온다.

물가가 떨어지면 초기에는 소비자들은 좋아한다. 그러나 이런 상태가 이어지면 생산된 물건이 팔리지 않고 기업들은 종업원들을 해고하게 된다. 실업문제가 심각해지고 경기는 불황으로 빠져든다.

물가가 뜀박질하면 경제에 두 가지 주름을 준다. 하나는 국산품의 수출가격이 외제보다 비싸진다. 이렇게 되면 수출시장에서 경쟁국들과 싸워 이길 수가 없다. 둘째는 국내 물가가 오르면 값싼 외제품의 수입이 늘어난다. 이 때문에 우리가 벌어들인 달러가 해외로 다시 새나가기 때문에 무역적자가 커진다. 무역적자가 커지면 외국에서 돈을 빌려와 그 구멍을 메워야 한다. 결국 IMF 사태도 무역적자 누적에 따른 달러 부족에서 빚어졌다 해도 지나친 말은 아니다.

물가와 주가

물가와 주가가 어떤 상관관계에 있는지 딱 잘라 말할 수는 없다. 주가는 어느 한 가지 요소로 인해 움직이기보다는 여러 가지 복합적인 요소에 따라 움직이기 때문이다. 다만, 1970~80년대의 소비자물가 상승률과 주가지수 상승률의 상관관계를 분석해보면, 한 가지 특징을 발견할 수 있다. 그것은 대체로 소비자물가가 안정돼 있을 때 주가가 오른다는 점이다. 지난 1985~88년에는 금리와 원유가 하락 등 3저 현상에 힘입어 주가가 큰 폭으로 올랐다.

환율변동과 주가

　국제경제, 지구촌경제, 글로벌 경제라는 말처럼 각국의 경제교류가 매우 빈번해지고 있다. 사람·물건·돈이 국경을 넘어 자유롭게 넘나드는 시대가 됐다. 그래서 국경 없는 경제라는 뜻의 보더리스 이코노미(borderless economy)라는 말이 유행어가 되고 있다. 사람·물건·서비스가 국경을 넘나들게 되면 달러와 같은 외국 돈이 필요하다. 세계에서 가장 많이, 그리고 넓게 쓰이는 국제적인 돈은 미국의 달러화다. 이러한 통화를 기축통화라고 한다.

　달러화의 용도는 광범위하다. 외국여행을 할 때, 유학을 할 때, 무역업을 할 때 외국 돈이 필요하다. 우리는 원화를 주고 달러화를 산다. 반대로 외국 돈이 필요 없을 때는 달러화를 우리 원화로 바꾸면 된다. 이런 업무는 주로 은행을 통해 이뤄진다. 이처럼 외국 돈과 외국 돈, 외국 돈과 우리 원화가 거래되는 시장을 외환시장(foreign exchange market)이라 한다. 그러나 이 외환시장은 동대문시장이나 남대문시장처럼 일정한 장소가 있는 게 아니다. 외국 돈을 팔고 사는 금융기관, 즉 은행과 같은 곳이다.

외환시장에서는 시시각각 환율이 고시된다. 환율이란 우리나라의 원화와 외국 돈을 바꾸는 교환비율을 말한다. 신문이나 방송은 매일매일 환율기사를 다루고 세계 주요 외환시장의 뉴스를 전한다.

환율변동 요인

우리나라는 1973년 고정환율제에서 변동환율제로 바꿨다. 고정환율제란 시장요소를 무시하고 1달러당 바꿀 수 있는 원화를 정책적으로 고정시키는 제도다. 이에 비해 변동환율제는 외환의 수요·공급변화에 따라 환율을 결정하는 시스템이다. 우리나라는 1990년 3월 이후 하루 중에 움직일 수 있는 환율변동폭을 두고 금융결제원이 이를 고시하는 식의 시장평균환율제를 실시해왔었다. 그러나 IMF 환란을 계기로 1997년 12월 16일부터 완전변동환율제로 바꿨다. 이에 따라 환율변동폭에 대한 제한이 완전히 없어졌다. 환율도 상품거래와 마찬가지로 수요·공급에 따라 결정되는 시대를 맞은 것이다.

그만큼 환율은 국내 외환시장뿐 아니라 국제 외환시장에서 수시로 출렁거린다. 환율이 바뀐다는 것은 돈의 교환가치가 바뀐다는 뜻이다. 환율이 1달러당 1,900원에서 1,200원대로 바뀌었다면 환율이 떨어졌다고 한다. 1달러를 사기 위해서는 종전에 1,900원을 주어야 했으나, 1,200원만 주어도 되니 원화 가격은 그만큼 올라간 셈이다. 이를 원화가 평가절상됐다고 한다.

반대로 1달러당 1,200원에서 1,900원으로 변했다면 이것은 환율이 오른 셈이다. 곧 원화가치의 평가절하인 셈이다. 환율과 원화가치는 반대로 움직인다고 이해하면 된다.

환율변동의 파급효과

환율이 상승하면 보통 수출이 늘어난다. 자동차 수출업체의 예를 들어보자. 승용차 한 대당 1만 달러에 수출하기로 미국업체와 계약을 맺었다. 계약 당시의 환율은 달러당 1,000원이었으나 그 사이 환율이 1,200원으로 올랐다. 수출업체가 이 돈을 은행에서 원화로 바꾸면 얼마가 될까? 계약 때의 환율로 치면 자동차 한 대당 1,000만 원인 셈이다. 하지만 그 사이에 환율이 200원 올랐으니 1,200만 원을 손에 쥐게 된다. 자동차 수출업체는 가만히 앉아 200만 원을 더 벌어들이게 된 셈이다. 이처럼 환율이 오르면(원화 평가절하) 수출 채산성이 좋아진다. 국내 업체들은 수출단가를 낮춰줄 수 있는 여유가 생기기 때문에 일본 등 다른 수출경쟁국보다 유리한 위치에 서게 된다. 그만큼 수출이 늘어나게 된다. 수출이 늘면 관련기업들은 설비투자를 늘리고 종업원도 더 많이 채용한다. 나라경제는 무역흑자 규모가 커져 활력을 갖게 된다.

환율이 상승하면 외국상품의 수입은 줄어든다. 앞에서의 수출업자를 수입업체의 입장으로 바꿔놓고 보자. 원·달러 환율이 1,000원에서 1,200원으로 올랐다면 종전 1만 달러 승용차를 1,000만 원에 수입했던 수입업자는 1,200만 원을 거래처에 주어야 한다. 그만큼 수입품의 국내 판매가격이 비싸져 국산품 수요가 늘게 된다. 다만, 외화부채 비중이 큰 업체들은 달러로 갚아야 할 원리금 부담이 커져 고전하게 된다.

반대로 환율이 내리면 수출감소로 달러화의 국내 유입이 줄고 달러화의 공급이 감소해 결과적으로는 달러화의 가치상승을 초래한다. 수입 측면에서는 수입이 증가하고 달러화에 대한 수요가 증가해 달러가치 상승효과를 가져다 준다. 이 때 달러 표시 외화부채가 많은 기업들은 한숨 돌리게 된다.

환율변동과 주가

환율변동과 주가와의 관계를 한 마디로 정의해 결론을 말하기는 어렵다. 주식시장은 워낙 복잡한 요인들이 얽혀 움직이기 때문이다. 다만, 환율변동의 파장을 기업별 또는 산업별로 따져보면 주가에 어떤 영향을 미칠 수 있는지 분석해낼 수는 있다. 환율이 오르면 원·부자재 수입 비중이 높은 업종들은 어려움을 겪게 된다. 통신기기, 컴퓨터 업체들이 이에 해당된다. 특히 원유, 원당, 대두, 옥수수, 제지, 식품업체들은 수입원가가 대폭 올라 채산성이 나빠진다. 이것은 곧 주가하락 요인이다.

그러나 조선·자동차·반도체·섬유업체들은 달러화 결제가 많아 이익이 많이 발생한다. 이는 주가 상승재료다.

증시에 「엔고」가세, 54P 급등 1,000 육박 ─ 1달러 = 115엔

주식시장이 대우 쇼크에서 완전히 벗어나 주가 1,000포인트 재탈환을 눈앞에 두고 있다. 엔·달러 환율이 달러당 115엔대로 떨어져 수출전선에 청신호가 켜졌고, 국내기관이 대거 「사자」에 나섬으로써 주가를 사상 두번째 상승폭까지 끌어올렸다. 주가지수선물 9월물 가격도 하루 상승폭으로는 사상 최대를 기록했으며, 코스닥 지수도 200 고지 회복을 향해 한 걸음 다가섰다. 회사채수익률도 9.03%로 떨어지는 등 자금시장도 안정을 찾았다.

29일 종합주가지수는 전날보다 54.25포인트(5.74%)나 오른 998.71을 기록했다. 이 날 상승폭은 지난 27일의 55.91포인트에 이어 사상 두번째다. 3일 동안 125.77포인트(14.4%)나 상승, 지난 23, 26일 이틀 동안의 하락폭(103.72포인트)을 웃돌아 추가상승에 대한 기대감을 높였다. 거래량은 3억 9,069만 주, 거래대금은 5조 7,038억 원이었다.

상한가 66개를 포함해 630개 종목이 상승한 반면, 떨어진 종목은 188개에 그쳤다. 엔화강세에 대한 기대감으로 현대전자, LG전자, 현대자동차, 삼성전기 등 수출관련 대형주가 무더기로 상한가를 기록해 지수상승폭을 늘렸다.

주가지수선물 9월물 가격도 전날보다 무려 8.55포인트나 올라 118.00을 기록했다. 이 날 선물 상승폭은 지금까지 사상 최대였던 지난 6월 7일의 7.50포인트를 경신한 것이다. 코스닥 지수도 전날보다 2.87포인트 오른 198.21을 기록, 200 고지 회복에 도전했다.

채권시장에서 회사채유통 수익률은 보합세였다. 대우증권 등 대우 계열사를 괴롭혔던 연계 콜이 (주)대우 등 일부 계열사로 집중됨으로써 대우문제가 계열사 분리매각으로 가닥을 잡아가고 있다는 점이 투자심리를 크게 안정시켰다.

이 날 도쿄 외환시장에서는 엔·달러 환율이 달러당 115.62엔(오후 3시 15분 현재)을 기록했다. 일본의 6월 중 산업생산지수가 전달보다 3%나 상승해 일본경제가 본격적으로 회복되고 있는 것으로 분석돼 엔화 강세가 이어지고 있다.

외환전문가들은 연말까지 엔화강세 추세가 이어져 달러당 110엔 밑으로 떨어질 것으로 전망하고 있다.   (1999. 7. 30, 홍찬선 기자)

자동차·반도체업종 「엔고 수혜」

일본 엔화강세가 일시적인 현상이 아니라 장기화될 것으로 전망되면서 반도체, 자동차, 조선업종이 큰 폭의 수혜를 입을 것으로 예상되고 있다. 2일 현대증권은 엔화강세로 삼성전자, 현대자동차, 삼성전기, 포항제철, 삼성중공업 등의 영업실적이 크게 호전될 것으로 예측했다.

현대증권은 일본의 6월 산업생산 증가율이 당초 예상치(1.7%)를 훨씬 뛰어넘은 3%선으로 나타난 반면, 미국의 2/4분기 GDP성장률은 1/4분기(4.3%)보다 크게 둔화된 2.3%에 그쳐 양국의 경기상황이 역전될 조짐이라고 밝혔다.

또 일본의 저금리기조는 경기회복에 따라 하반기에 수정될 것으로 예상돼 연말 엔화가치는 달러당 110엔대로 올라갈 것으로 분석했다. 현대증권은 엔화강세 기조가 장기화될 경우 삼성전자 등 반도체와 현대자동차 등 자동차 업종의 직접적인 수혜가 예상된다고 밝혔다. 또 삼성중공업, 현대중공업 등 조선업종과 포항제철 등 철강업종도 일본과 수출경쟁을 벌이고 있는 만큼 경쟁력이 높아질 것으로 예상했다.

실제 엔화가치가 달러당 124엔에서 110엔대로 올라갔던 지난 1992년 4/4분기의 경우 일본의 전자제품과 자동차 수출은 각각 7.7%와 4.6% 감소한 반면, 한국의 수출은 11.1%와 14.1%씩 증가한 것으로 조사됐다. 화공품은 일본제품이 3.5%, 금속제품은 2.6% 증가하는 데 그쳤으나 한국제품은 35.1%와 34.9%나 늘어났다.

현대증권은 개발도상국에 대한 수출비중이 높았던 지난 1992년 당시와는 달리 올 상반기 수출지역의 절반 이상이 일본과 경쟁관계에 있는 지역이라고 지적, 엔고에 따른 수혜가 당시보다 더 클 것으로 예상했다.

올 상반기 수출액 662억 달러 중 미국의 비중은 19.7%이며, 일본 10.9%, EU 8.3% 등 선진국에 대한 비중이 50.2%라고 현대증권은 지적했다. 현대증권은 수출관련주가 하반기 증시의 주도주로 부상할 가능성이 높다며, 특히 기술적으로 국제경쟁력을 갖춘 반도체, 전자부품, 자동차, 정보통신기기 생산업체가 유망하다고 설명했다.

(1999. 8. 3, 조주현 기자)

미국경제와 주가

소련을 비롯한 구공산권의 붕괴를 계기로 이데올로기를 앞세운 냉전체제가 종말을 고했다. 군사력을 바탕으로 한 자본주의와 공산주의의 대결은 일단 자본주의의 승리로 매듭지어졌다. 그 결과 자본주의의 기수인 미국은 유례를 찾아보기 힘든 초강대국의 자리를 차지하게 됐다. 자유시장을 바탕으로 한 자본주의경제에서는 냉엄한 밀림의 법칙이 작용한다. 강자만이 살아남는 적자생존의 원리가 지배한다. 그래서 부익부 빈익빈 현상이 심화된다.

자본주의와 공산주의 진영 간의 정치·군사 대결구도가 깨진 이후 전세계는 경제적인 주도권 쟁탈전을 벌이고 있다. 그것은 세계화나 글로벌화로 포장되고 있으나, 한 꺼풀 벗기고 들어가보면 그 안에는 경제력으로 세계를 지배하려는 힘의 논리가 둥지를 틀고 있음을 발견하게 된다.

한국은 IMF 관리체제 이행을 계기로 국경 없는 경제가 주는 아픈 교훈을 체험해야만 했다. 국가나 기업이나 외국과 싸워서 이길 수 있는 경쟁력을 갖추지 못하면 쓰러지게 된다는 사실을 실감하게 된 것이다. 우리 경제가 천국에서 지옥으로 내팽개쳐진 것은 고비용 저효율이라는 구조적인 부실 요인에 그 1차적인 원인이 있다. 이러한 불건전한 경제는 태국을 진원지로 한 동남아시아에「경제 강진」이 몰아치면서 모래성처럼 무너져 버렸다. 외환대란으로 불리는 이 IMF 지진 이면에는 미국 자본의 한국 길들이기라는 시나리오가 작용했다는 시각도 있다.

 태국·인도네시아·한국의 경제위기는 전세계에 악영향을 미쳤다. 일본이나 유럽 국가, 러시아는 물론 멕시코를 비롯한 중남미 국가들에게까지 일파 만파의 충격을 주었다. 이 과정에서 많은 금융기관과 기업들이 도산하거나 부실해졌으며, 주식투자자들은 막대한 손해를 감수해야만 했다. 세계의 시장이 하나의 그물처럼 연결돼 있다는 증거다.

 이제 국제적인 거액 자금들은 국경 없이 이 나라 저 나라를 넘나들게 됐다. 한 마디로 돈은 잠자지 않고 이윤이 많은 쪽으로 돌아다니고 있다. 24시간 세계의 금융시장을 돌아다닌다. 어떤 때는 미국 달러화로, 또 어떤 때는 엔화로 모습을 바꾸면서 주식투기 열풍을 일으키기도 한다. 서울의 외환시장이 열리는 것은 뉴욕시장 폐장 3시간 후다. 이 공백 시장에는 서울보다 1시간 정도 빠른 시드니 시장이 연계역할을 한다. 서울·도쿄·홍콩·시드니 시장 후에는 런던시장 개장 때까지 바레인이나 취리히 시장이 바통을 이어받는다. 주식이나 채권도 국경을 넘어 24시간 움직이고 있다. 미국이 거액의 재정적자를 메우기 위해 발행한 재무부채권(TB) 금리움직임을 전세계가 주목하고 있다. 미국의 금리추이는 바로 미국 주가에 영향을 미치고, 이것은 다시 전세계의 주가에 영향을 미치는 속성을 갖고 있는 까닭이다. 이게 바로 미국 증권시장 동향이 전세계의 증권시장에 연쇄 파장을 가져다 주는 주가동조화다.

〈한국경제신문〉은 금융면에 미국의 주가와 달러 환율을 비롯해 미국 재무부채권 수익률표를 매일 실어 투자자들에게 참고가 되도록 하고 있다.

미국 증권시장이나 외환시장 변화에 둔감하거나 무지한 투자자들은 이제 주식투자로 돈을 벌기가 어려워졌다. 미국 금리인상 전망 또는 미국의 경제동향에 따라 주가나 환율이 요동치는 날이 많아지고 있다. 1999년 5월 초 미국의 다우존스 지수가 사상 최고치인 1만 1,000대를 돌파하자 서울증시 주가도 800대를 돌파했다. 1999년 8월~9월에도 미국증시의 등락에 연동돼 국내증시가 일희일비하는 장세가 연출됐다. LG경제연구원의 조사에 따르면 한국증시는 미국증시나 홍콩증시의 움직임에 매우 민감한 반응을 보이는 것으로 나타났다. 다른 아시아 시장도 마찬가지다. 미국의 금리변화나 주가변화가 세계 전체에 큰 영향을 미치는 현실은, 세계를 움직일 수 있는 경제력과 정치적인 힘을 미국이 갖고 있다는 증거다. 또 무역 흑자국인 일본이나 중국, 유럽국가들이 막대한 돈을 미국의 증권에 투자하고 있는 것도 세계적인 주가동조화를 불러오는 한 요인이다. 미국의 세계 증시 지배력은 핫머니에 의해서도 나타난다. 국제 기관투자가들은, 미국이 아시아 등 신흥 개발도상국가에 투자하는 규모가 4,000억 달러에 육박하는 것으로 보고 있다. 1997년 한국의 외환위기는 바로 미국이 한국에 투자했던 돈들을 계속 빼내가고, 일본이 미국의 뒤를 따른 데서 빚어졌다는 분석도 설득력이 있다. 그만큼 주식투자자들은 외국투자자들의 움직임을 면밀히 살피면서 투자에 임하지 않으면 안 되는 시대에 살고 있다.

제4장

증권기사 제대로 읽는 요령

증권기사 재미있게 보는 방법

경제신문에는 하루에 수백 건의 경제기사가 실린다. 중소 벤처기업에서 유통·정보통신, 세계의 경제동향에 이르기까지 경제기사가 홍수를 이룬다. 그것도 경기·금리·환율·산업·기술·증권 등 형태가 다르다. 이런 정보의 바다, 정보의 홍수 속에서 꼭 필요한 정보를 얻는다는 것은 말처럼 쉽지 않다. 그래서 경제신문을 읽는 데에도 효과적으로 읽을 수 있는 요령이 있다. 『신문을 읽는 데 무슨 요령이나 비결이 있느냐?』고 반문하는 사람들이 있을지 모르나 분명히 있다.

경제신문을 읽는 독자는 나름대로 필요나 목적이 있다. 증권이나 부동산, 다른 재산증식에 대한 정보를 얻기 위해 경제신문을 보는 사람들도 있다. 그런가 하면 신입사원들을 중심으로 한 회사원들은 산업동향이나 기업정보, 해외산업이나 해외기업들의 정보를 입수하기 위해 경제신문을 본다. 대학생이나 학자들은 경제공부를 하거나 사례연구(case study), 부교재 등으로 활용하기 위해 〈한국경제신문〉을 본다.

매일 엄청난 경제정보가 실리는 〈한국경제신문〉을 무턱대고 첫 면에서 마지막 면까지 독파한다는 것은 거의 불가능한 일이다. 또 그런 방법은 바람직하지도 않다. 따라서 자기의 목적이나 필요에 따라 각 면을 골라 읽는 수밖에 없다.

스크랩하는 습관을 길러라

경제신문은 시사잡지나 스포츠 신문, 일반종합지 등과 같이 누워 뒹굴면서 보는 신문이 아니다. 다른 신문보다 딱딱할뿐더러 어려운 편이기 때문이다. 따라서 경제공부를 하지 않았거나 회사생활을 하지 않아 경제나 회사가 어떻게 돌아가는지 모르는 사람일수록 경제기사가 어렵다는 말을 한다. 그러나 경제신문을 3~6개월만 읽다 보면 생활에 필요한 정보가 많고 읽을수록 재미있고 쉬워진다는 사실을 깨닫게 된다. 경제신문의 기사는 대부분 경제의 주체인 가계·기업·정부에 대한 기사가 주류를 이루고 있기 때문이다. 즉 거의가 생산, 소비, 저축, 여가, 그리고 정부정책에 대한 기사들이다. 이러한 기사들은 거의 돈과 관계가 있다. 돈과 관계가 있는데 적당히 누워서 읽을 수는 없지 않은가.

따라서 경제신문을 맨 처음 대하는 주부나 학생들은 밑줄을 그으면서 꼼꼼하게 기사를 읽어야 한다. 독자들은 어려운 경제용어에 대해 해설을 해달라고 요구하지만, 그런 기사를 빈번하게 다루는 기자나 데스크로서는 매번 그렇게 할 수 없다. 그리고 지면 사정상 그렇게 못 하는 경우도 있다. 경제용어사전 정도는 한 권 사놓고 모르는 전문용어가 나올 때마다 찾으면 도움이 된다.

경제기사를 효율적으로 읽기 위해서는 스크랩하는 습관을 길러야 한다. 자기가 필요로 하는 정보를 여러 분야로 나누어 스크랩해 둔다. 매일 신문을 읽고 필요한 기사를 스크랩하다 보면 경제기사에도 일정한 트렌드(흐름)가 있다는 것을 알게 된다. 어떤 기사는 매주 또는 매달 반복해서 실리거나, 어떤 기사들은 분기나 반기 단위로 실린다는 사실을 깨닫게 된다. 이런 과정을 거치는 동안 경제 전반에 대한 지식을 얻게 되고 특정 분야에 대해서는 전문가에 가까운 지식과 정보를 갖게 된다. 이 정도가 되면 어떤 기사는 엉터리라거나 어떤 기사는 특종기사라거나 하는, 기사의 흐름을 꿰는 경지에까지 다다르게 된다. 어느 분야에는 어떤 기자가 제일 잘 쓴다는 판단이 설 만큼 전문가가 되는 것이다. 이런 정도가 되면 경제신문 읽는 게 재미있을 뿐 아니라, 그 경제 정보를 가공해 미래의 흐름이나 세상의 변화를 다른 사람보다 한 발 앞서 읽을 수 있는 안목이 생기게 된다. 이런 독자들은 그 경제신문의 정보를 활용해 주식투자 등 재테크로 돈을 벌 수가 있다. 그야말로 경제신문을 제대로 읽으면 경제공부도 하고, 돈도 벌 수 있는 일석이조의 효과를 얻을 수 있는 것이다.

단편적인 뉴스를 큰 흐름으로 엮어라

경제기사는 크게 둘로 나뉜다. 경제학에서 거시경제로 통하는 매크로 기사와 미시경제로 통하는 마이크로 기사다. 매크로 기사는 국제경제나 국내경제에 관한 기사다. 예를 들면 GDP나 GNP, 정부예산, 금융정책에 대한 기사다. 마이크로 기사는 중소기업이나 벤처기업, 대기업 또는 산업계의 움직임에 대한 기사들이다.

이런 기사들은 서로 아무런 관련이 없는 개별기사로 비칠지도 모른다. 그러나 이들 기사는 상호 밀접한 관련이 있다. 예를 들어보자. 경제신문에는 매일매일 기업활동이나 산업에 대한 기사가 실리고 있다. 기업 수익성이 호전되고 있다거나, 자동차 수출이 잘 되고 있다거나, 설비투자가 잘 안 되고 있다는 기사들이다. 이러한 기업이나 산업활동은 곧바로 은행의 부실채권 규모, 시중 자금사정, 환율, 국제수지 등과 연계된다. 한국은행이 재할인금리를 낮추면 기업들의 차입금 이자부담이 줄어 기업들의 수익성이 좋아지고, 이렇게 되면 다른 금융저축 수단보다 주식투자가 유리해져 증권시장에 호재로 작용한다. 이처럼 마이크로 경제와 매크로 경제는 서로 독립돼 움직이는 게 아니고 동전의 양면과 같이 불가분의 관계에 있다. 따라서 경제신문을 제대로 읽으려면 단편적인 기사를 전체적으로 엮어 큰 흐름을 도출해내는 노력이 필요하다. 즉 매크로 기사를 통해 개별기업이나 산업계의 변화를 꿰뚫어보고, 마이크로 기사를 통해 전반적인 금융이나 환율 등 매크로 정보를 도출해내는 것이다. 이처럼 상품과 돈은 유리돼서 움직이는 게 아니다.

〈한국경제신문〉에 난 하나의 기사만을 단편적으로 읽는 데 그친다면 경제 전체를 이해했다고 할 수는 없다. 외환시장에서 우리 원화 가치가 올랐는지 내렸는지 매일 보도되고 있다. 이런 원화가치의 변동 이면에는 그 수요를 변동시키는 기업들의 무역결제와 국제기관투자가들의 국내외 투자활동이 수반되고 있는 것이다. IMF 관리체제를 계기로 우리는 국내외 돈들이 국경없이 자유롭게 옮겨 다니는 시대가 됐다는 것을 경험했다. 기관투자가들의 돈뿐 아니라 개인투자자들의 돈도 더 높은 수익을 찾아 해외로까지 투자할 수 있게 됐다. 그만큼 경제활동이나 흐름을 제대로 읽기 위해서는 상품이나 돈의 흐름을 제대로 파악해야 하며, 그러기 위해서는 최소한도의 경제지식은 갖춰야 한다.

미국을 중심으로 한 국제금리 변화가 국내 외환시장과 증권시장에 어떤 영향을 미치는지, 환율변동은 산업에 어떤 영향을 미치는지, 주가와 채권수익률과는 어떤 연관성이 있는지 알아야 한다. 경제 전반을 이해하기 위해서는 산업활동과 금융을 같이 이해해야만 한다는 말이다.

기본적인 경제통계는 외워라

체온계의 눈금이 고장났다면 그 체온계는 아무런 쓸모가 없다. 경제신문의 기사에서 각종 통계수치가 없다면 그 기사는 알맹이가 없는 기사임에 틀림이 없다. 그만큼 경제활동에 관한 한 통계가 중요하다. 독자들이 경제신문기사와 친해지고 경제를 제대로 이해하기 위해서는 각종 경제통계에 익숙해져야 한다. 그 중에서도 필요한 통계들은 언제나 머리 속에 입력해두면 경제가 어디로 가는지를 금세 알 수가 있다. 예를 들면 1998년의 GDP가 얼마이고 그 해 연말 주가와 환율, 국고채 금리는 어느 수준이었는지 기억하고 있으면 현재 경제나 경기가 어느 국면에 와 있는지를 가늠할 수 있는 것이다. 주식투자자, 그 중에서도 반도체 관련 주식에 투자하는 사람이라면 미국 뉴욕주가는 물론, 일본이나 대만의 반도체 업계에 대한 통계수치까지 알고 있어야 한다. 이처럼 경제신문을 읽는 목표에 따라 필요한 통계를 몇 개 정도 외워두면 경제현상을 폭넓게 이

외국인투자 달러넘친다

모건스탠리등 금융안정기대 1주일새 1조 주식 순매수…원貨값 치솟아

외국인 주식투자자금이 물밀듯이 유입되고 있다. 대우사태와 투신 문제가 해결돼 주가전망이 밝아진 데다 원화가 강세를 나타내 환차익도 올릴 수 있기 때문으로 풀이된다. 국내기업들의 해외증권 발행이 감소, 유동시장에서 주식을 매입할 수밖에 없게 된 점도 외국인으로 국내유입을 가속시키는 요인으로 작용하고 있다.

외국인 주식투자자금의 유입확대로 주식시장은 상승세를 지속할 것으로 예상된다. 그러나 다른 한편에선 원화절상의 상승을 부추겨 수출기업의 국제경쟁력을 약화시키는 부작용을 낳을 것으로 우려된다. 또 통화관리를 어렵게 하는 등 거시경제운용에 문제점으로 작용할 소

지난달 28일부터 11월5일까지 1주일(거래일기준)동안 외국인의 주식 순매수 규모는 무려 1조2천4백38억원에 달했다. 10월 한달동안의 순매수보다도 훨씬 많은 규모다. 외국인 주식자금 유입이 가속화되고 있음을 알 수 있다. 지난 5월부터 9월까지 순유출을 기록했던 외국인 주식투자자금도 10월에는 5946억6백만달러가 순유입됐으며 이달에는 그 규모가 더욱 늘어날 것으로 보인다. 1월부터 10월까지 제조·건설투자형태로 유입된 외국인자금은 1백28억6천1백만달러에 달했다. 이는 작년 한해동안 유입액 85억1천만달러로 크게 웃도는 규모다.

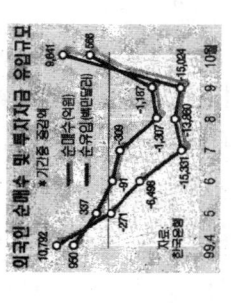

외평채 가산금리 연일최저치 행진

국제금융시장에서 한국정부가 발행한 외국환평형기금채권 가산금리가 최저치 수준으로 떨어졌다. 5일 한국은행에 따르면 4일(현지시간) 미국 뉴욕 증시에서 한국의 5년만기 외평채 가산금리(미국 재무채권 기준)는 지난날 보다 0.08%포인트 내린 1.45%를 기록했다. 이는 지난해 4월8일 발행이후 최저치다. 가산금리는 최근 1주일동안 0.25%포인트 떨어지는 급락세를 나타내고 있다.

홍찬선 기자 hcs@ked.co.kr

⇒3면에 계속

이성태 기자 steel@ked.co.kr

해하는 데 도움이 된다.

증권면보다 앞서 읽어야 할 기사

필자가 증권기자로 취재현장을 뛸 때의 일화 한 토막. 1면에 어떤 회사가 해외에서 전환사채를 발행한다는 기사를 크게 실었다. 머리기사 다음 가는 비중 있는 기사였다. 그런데 그 기사가 나간 날 아침 독자들의 전화가 걸려오기 시작했다. 일반 종합지에도 기사가 났는데 〈한국경제신문〉은 왜 그 기사를 싣지 않았느냐는 항의성 전화였다. 나는 독자 전화를 받고 크게 놀랐다. 밤 사이에 중요한 기사가 생겨 그 자리를 다른 기사로 바꿨나 의아해하면서 마지막판 신문을 찾아보니 그 기사가 1면에 그대로 있었다. 그 독자에게 1면 사이드 쪽을 보라고 했더니 그 때서야 그 기사가 있노라고 머쓱해하면서 전화를 끊었다. 기자들은 이런 문의 전화를 심심찮게 받곤 한다. 분명히 〈한국경제신문〉을 보는 증권투자자들인데도 신문을 건성으로 읽고 있다는 증거다.

1면, 3면에서 흐름을 잡아라

1면과 3면은 뉴스의 종합면이다. 그 날 또는 한 주, 한 달, 때로는 한 해의 흐름을 읽을 수 있는 중요한 기사를 다루고 있다. 편집국 데스크들이 가장 신경을 써서 기사를 선택하고 배열한다. 3면에는 1면의 기사를 보충해 해설하거나 별도의 중요한 기사를 심층 분석

달러수급 불균형 환율정책 딜레마

원貨값 연일상승 원인과 파장

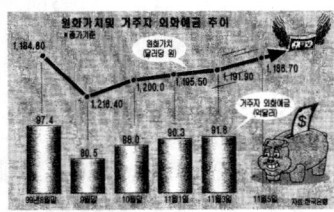

한동안 달러당 1천2백원대를 유지하던 원화가치가 급상승하고 있다. 이달 들어 외국인주식투자 자금이 폭발적으로 늘어난 때문이다. 또, 한국의 국가신용등급이 올라갈 것을 예상하고 미리 원화를 사들이는 외국투자자본의 움직임도 이같은 추세에 한 몫하고 있다.

이에대해 외환당국은 최근의 급속한 원화가치 상승은 바람직하지 않다는 입장이다. 5일에도 원화가치가 장중한때 1천1백80원대에 근접하자 외환당국이 강력한 개입의사를 밝히기도 했다.

◆원화가치 왜 오르나=무엇보다도 주식을 사들이는 외국자본이 많이 유입됐기 때문이다. 한국은행에 따르면 지난달 말부터 외국인들이 하루에 2억~3억달러씩 주식을 매수하고 있다. 이 자금이 국내 외환시장에 공급되면서 원화가치가 상승하고 있는 것이다. 한은 관계자는 "대우사태해결이 마무리단계에 접어든 것으로 보고 외국인들이 주식 순매수로 돌아서고 있다"고 말했다.

이와함께 역외선물환시장(NDF)에서 달러매도 원화매수가 강하게 일어나고 있는 것도 요인으로 풀이된다. 금융계에 따르면 최근 1주일 동안 NDF에서 하루에 1억~2억달러씩 달러를 팔고 원화를 사들이는 거래가 일어났다. 시중은행 딜러는 "외국투자자본의 움직임을 보면 뭔가 우리나라에 대형호재가 있는 것이 아닌가 하는 생각이 든다"고 말했다.

이와관련, 금융계에서는 미국의 신용평가기관인 무디스가 한국의 국가신용등급 상향조정을 위해 오는 10일 방한하는 것을 호재로 분석하고 있다. 이번 실사에서 국가신용등급이 상향될 것으로 전망한 외국자본이 환차익을 노리기 위해 미리 원화를 사들이고 있다는 설명이다. 실제로 NDF에서는 대부분 1~3개월짜리 단기매매가 형성되고 있는 것으로 알려졌다.

◆원화가치 얼마까지 오를까=당분간은 원화가치 상승 추세가 지속될 것으로 보는 견해가 지배적이다. 기본적으로 달러공급이 많아져서 일어난 상황이기 때문이다. 하지만 정부가 외환시장

내년 상반기에 1달러 1150원 예상
당분간 강세 지속…수출업계 타격

수급대책과 환율방어책을 내놓겠다는 의사를 강력히 밝히고 있어 큰 폭의 원화가치 상승은 없을 것으로 예상된다.

주동빈 산업은행 딜러는 "단기적으로는 1천1백80원이 지지선이 될 것"이라며 "1천1백80원과 1천2백원 사이에서 움직이는 장이 예상된다"고 말했다. 원화가치 상승시장이 더 상승할 여력이 있기 때문에 외국인의 자금이 계속 유입될 것이지만 그렇게 급등하지는 않을 것 같다는 예측이다. 배진수 신한은행 과장도 "외국자본의 유입에 따라 외환시장이 움직일 수밖에 없는 구조"라며 "지금 추세로 볼 때는 1천1백70원대까지 오를 가능성이 있다"고 말했다.

◆장기적 전망=정부는 기본적으로 외화상환을 위해서는 무역흑자기조를 계속 유지해 달러를 벌어들여야 한다는 생각을 갖고 있다. 이런 면에서 원화가치 상승은 정부입장에서 달가울 일이 아니다. 원화가치가 오르면 그만큼 수출경쟁력이 떨어지기 때문이다. 아직 엔·달러 환율이 1백5엔대로 엔고현상이 지속되고 있지만 마음을 놓을 수 없다는 것이다.

실제로 정부당국은 이날 외환시장에 최근의 원화가치 급등은 바람직하지 않다는 사인을 잇따라 내보냈다. 재정경제부 관계자는 "최근의 원화가치 움직임은 지나치게 한쪽으로만 쏠리고 있다"며 "적절한 시장수급대책이 필요하다"고 말했다.

재경부는 대우사태 등에 따라 은행권이 해외채권에 대한 대손충당금을 연말까지 25억달러 가량 쌓아야 하는데도 이같은 수요요인은 무시되고 있는 상황이라고 설명했다.

따라서 외환당국은 국책은행을 통한 정책적 매수 외에도 시중은행의 달러수요요인을 부각시켜 원화가치의 추가상승을 막을 방침이다. 이같은 방침이 현실화되면 연말께 원화가치는 1천2백원대를 다시 유지할 것으로 예상된다.

내년 이후에는 정부가 경제정책방향을 물가상승을 억제하는 긴축정책에 초점을 맞출 것으로 보여 외국자본의 유입속도도 갈수록 둔화될 전망이다. 따라서 대부분의 기관들은 내년 원화가치 평균 전망치를 상반기 1천1백50원, 하반기 1천2백원대로 추정하고 있다.

김준현 기자
kimjh@ked.co.kr

하고 전망해주는 면이다. 따라서 독자들은 3면을 읽을 때는 제목부터 본 다음 밑줄을 치면서 자세히 읽어두면 큰 도움이 된다. 1999년 11월 6일(토요일)자 〈한국경제신문〉 1면에는 「외국인투자 달러 넘친다」는 제하의 머리기사가 실려 있다. 3면 종합해설 면에는 원화값 연일상승 원인과 파장을 다각도로 분석하고 있다. 이런 심층 기사를 통해 독자들은, 외국인들이 한국의 주식을 사는 배경을 알게 되고 한 걸음 더 나아가 주가 향방까지 점칠 수 있는 혜안까지 갖게 되는 것이다.

금융면 찬찬히 뜯어봐야

실물경제가 제대로 돌아가기 위해서는 돈이 제대로 돌아야 한다. 기업은 물론 가계나 정부 등 경제주체가 제대로 기능하려면 돈이 원활하게 유통돼야 한다. 〈한국경제신문〉 금융면에는 전반적인 금융동향과 은행, 종합금융, 생명보험 등 개별 금융기관에 대한 기사가 실린다. 금융업종 주식에 투자하는 사람뿐 아니라 일반 주식투자자들도 반드시 읽어보아야 할 면이다. 금융기사는 빠르고 정확해야만 생명력이 있다. 독자들은 금융면에서 다른 산업기사와 증권기사들과 연관성을 찾는 한편, 연속성을 갖고 읽는 게 바람직하다.

5면의 금융면에는 국내 · 국제 경제지표가 실린다. 국내지표는 종합주가지수, 국고채 수익률, 원화가치, 금 도매가격으로 구성된다. 국제 지표로는 미국주가, 미국재무부증권, 엔화가치, 원유가격 등이 게재된다. 이런 표를 매일매일 주의 깊게 살펴보고 1년 전 또는 6개월 전, 3개월 전에 비해 이들 지표가 어떻게 변해왔고, 앞으로 이들 지표가 어떻게 변할지 예측할 수 있다. 이들 지표를 상호 비교함으로써 커다란 흐름을 포착하는 것이다. 금리나 채권수익률, 환율, 주가에도 역사가 있고 이들 수치 간에는 하나의 역학관계가 있음을 알 수 있게 된다.

미국의 주가와 금리변화가 한국의 주가에 즉각적인 영향을 주는 게 단적인 예다. 금융기사는 눈에 보이는 상품이 아니기 때문에 어렵다고 느끼는 독자들이 많은 것 같다. 그러나 그 내막을 들여다보면 금융처럼 알기 쉽고 단순한 것도 드물다. 돈은 이익이 있는 곳으로 흐르는 속성을 갖고 있기 때문이다.

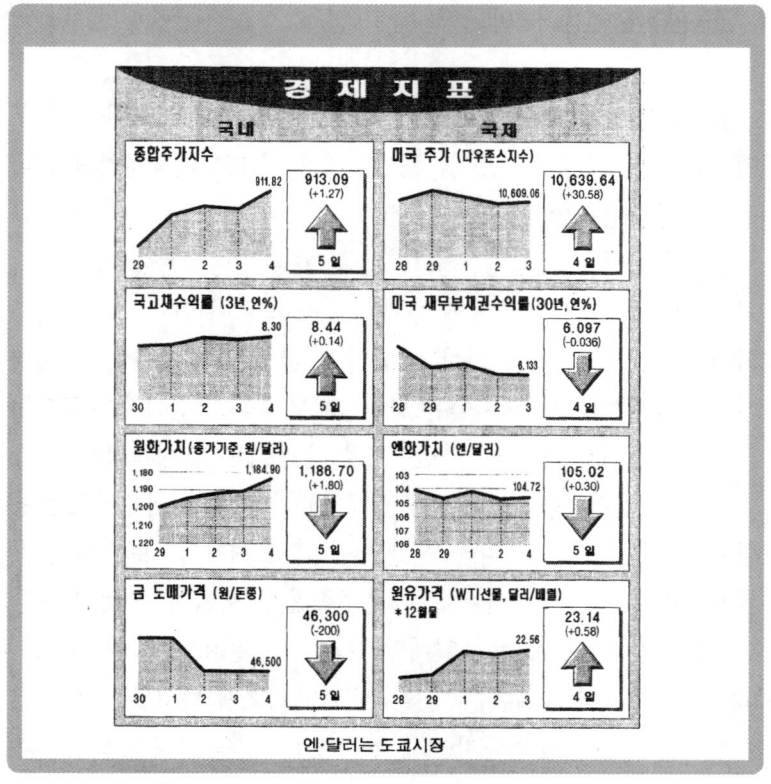

산업면을 잘 챙겨야 한다

　주식투자자들 가운데는 산업면이나 금융면을 보지 않고 증권면만 보는 독자들이 많다. 그러나 이것은 주식의 실체를 모르고 그림자만을 보고 투자하는 것과 다를 바 없다. 주가는 따지고 보면 기업의 가치이며 개별 기업의 가치에 영향을 주는 기사는 산업면에서 주로 다루고 있기 때문이다. 연구개발 투자에 성공했다든지, 외국과 기술제휴나 합작투자를 했다든지, 외국에서 수주를 했다든지,

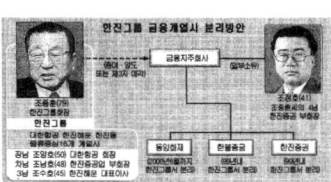

특정 사업부문을 정리한다든지 하는 기사는 대부분 산업면에서 다루고 있다는 사실을 염두에 두어야 한다. 1999년 11월 9일자 〈한국경제신문〉 산업1면에는 한진그룹, 3개 금융계열사 분리 제하의 머리기사가 실려 있다. 한진투자증권, 동양화재, 한불종금 등 3개 계열사를 그룹에서 분리한다는 내용이다. 또 같은 날짜 산업 1면에는 한전기공, 한국전력기술, 한전산업개발 등 3개 자회사의 매각을 6개월~1년 앞당긴다는 뉴스를 실었다. 이러한 기사는 증권면만 보아서는 알 길이 없는 것이다. 〈한국경제신문〉의 산업면은 평일 기준 5개 면으로 구성돼 있다. 앞쪽에서부터 대기업 뉴스 2개 면, 중소기업 등 성장기업면, 정보통신면, 벤처면, 유통면 등의 순이다. 유통면에서는 백화점이나 주류, 음식료품 기사 등을 다룬다.

한경 증권면의 구성

〈한국경제신문〉의 증권면은 평일 기준(화~금요일)으로 5면(시세표 2면 포함)으로 구성돼 있다. 증권1면은 전체 장세 흐름을, 증권2면은 주요 종목 동향을 다룬다. 증권3면에선 코스닥 시장과 증권업계의 동향기사를 싣고 있다.

증권1면

증권1면은 거시적인 증권시장 흐름을 분석해 투자자들에게 도움을 주고 있다. 분석과 전망이란 코너에서는 장세에 영향을 주는 모든 변수, 이를 테면 경기동향, 해외증권시장의 조류, 기관투자가나 외국인들의 움직임, 정부정책 등 그날 그날 또는 중장기적으로 증시에서 핫 이슈가 되는 문제들을 찾아 심층적으로 분석하고 증시의 앞날을 전망한다. 시장흐름이 급변할 경우에는 펀드 매니저 등 전문가들의 장세 진단을 곁들임으로써 투자판단에 도움을 주고 있다.

허정구 기자의 증시산책

준비된 병사

수험생

대입 수학능력 시험이 8일 앞으로 다가왔다. 수험생이나 학부모나 긴장하기는 마찬가지다. 한번은 넘어야 하는 고개이지만 결과가 불확실하니 긴장하게 된다. 증시에도 팽팽한 긴장감이 흐른다. 수험생과 같은 입장이다. 10일부터 공사채형 수익증권의 환매가 본격화된다. '수익증권 환매가 많지 않을 것이고, 설사 많다고 하더라도 금융혼란은 없을 것'이라게 증권가의 다수론이지만 '최소한 10일을 넘기고 난 뒤에 보자'는 관망파가 많다. 거래도 약간 줄어들었다. 시장참가자들이 긴장하고 있다는 증거다. 그러나 준비된 수험생은 시험을 두려워하지 않는다. 수익증권 환매에 대해서도 정부와 금융회사가 많은 준비를 해 왔다. 결과야 불확실하지만 두려워할 것은 없다.

huhu@ked.co.kr

회사채 수익률 9.49%로 상승

채권 채권시장안정기금의 한도 확대에도 불구하고 채권수익률은 소폭 올랐다. 8일 채권시장에서 3년만기 회사채 유통수익률은 지난 주말보다 0.02%포인트 오른 연9.49%를 나타냈다. 3년만기 국고채 유통수익률도 지난 주말보다 0.02%포인트 상승한 연8.45%를 기록했다.

이날 오전장엔 기금의 한도 확대 기대감에 따라 소폭 내렸다. 단기딜링 투자세력이 나타나며 국고채 수익률이 한때 0.11%포인트나 하락하기도 했다. 그러나 유동성이 부족한 투신사를 중심으로 기금이 운용된다는 소식에 따라 단기딜링 세력이 사라지며 금리가 오르기 시작했다. 채안기금도 시장에 개입하긴 했지만 지난 주말대비 보합이나 조금 높은 수준에서 매입, 금리하락을 이끌어내지 못했다.

국고채 99년2월물이 연8.42%, 99년1월물이 8.52%에 매매됐다. 지난해 10월 나온 국고채는 연8.45%에 거래됐으며 잔존만기 2년짜리 한통채는 연9.30%에 매매됐다. 증권사 채권브로커들은 채권시장안정기금의 활동에 따른 금리하락 기대감이 무산돼 시장의 분위기가 악화되고 있다고 전했다.

박준동 기자
jdpower@ked.co.kr

이와 함께 그날 그날의 현물과 주가지수 선물, 채권의 움직임을 시황기사로 정리하고 있다. 해외증시 코너에선 아시아 증시동향을 자세하게 소개함으로써 국제금융시장 흐름을 파악할 수 있도록 해 주고 있다.

허정구 기자의 증시산책 코너는 촌철살인식 증시논평이다. 그날 그날 또는 주간의 장세흐름을 날카롭게 분석해 투자자들에게 증권시장의 큰 흐름과 그 이면의 변화를 간파하게 해준다.

금리·자금 또는 채권 코너에는 회사채 수익률이나 고객예탁금 동향이 실린다. 속보 또는 주간 분석기사가 실리므로 눈여겨 읽어야 한다.

주식투자에서 가장 중요한 것은 뭐니뭐니해도 각종 투자지표의 분석이다. 〈한국경제신문〉은 증권관련 각종 투자지표를 「한경 마켓 트렌드」란에 모아 증권시장의 움직임을 한눈에 읽을 수 있게 해주고 있다.

증권2면

증권2면은 개별종목들의 기사를 다루고 있다. 주식시장에서 인기를 끄는 종목들을 화제주로 부각시켜 분석한다. 또 증권회사들이나 애널리스트가 꼽는 투자유망 종목을 게재해 투자판단에 도움을 주고 있다. 증권2면에서는 이와 함께 상장기업과 관련된 정보, 이를테면 기업실적이나 재무관련 정보를 망라하고 있다.

증시 메모란은 일종의 캘린더다. 종목과 관련된 증시 일정을 게재하고 있다. 또 한경 스타워즈 멤버들이 펼치는 수익률 게임 결과를 소개해 일반투자자들의 재테크에 길잡이 역할을 하고 있다. 다른 신문에서는 찾아볼 수 없는 코너다.

주식시장에서 관심이 높은 종목에 대해서는 주가 그래프를 실어 로그 방식의 눈금으로 해독을 쉽게 하고 추세를 한눈에 파악할 수 있게 해준다.

증권3면

증권3면에서는 새롭게 떠오르는 코스닥 시장의 움직임과 개별기업의 내용을 중점적으로 분석하고 있다. 코스닥 종목의 주가 그래프도 싣고 있다. 1999년 들어 최대의 인기를 끌고 있는 주식간접투자상품, 즉 수익증권과 뮤추얼 펀드 동향도 다루고 있다. 부산 선물시장동향도 일목요연한 표로 정리해준다.

월요판 증권면 구성

증권1면

월요일자 증권1면에서는 1주일의 장세를 짚어보는 기사가 포인트라 할 수 있다. 각종 증시 재료와 전문가들의 견해, 투자전략 등을 점검한다. 기술분석가들의 주가 전망, 자금시장의 흐름, 선물·옵션 시장의 기류를 탐색한다. 한경 마켓 트렌드에서도 한 주 간의 증권시장흐름을 정리해

주고 있다.

증권2면
투자자들이 사고 파는 것은 종목이다. 주요 증권기사들이 추천하는 투자 유망종목을 그래프와 함께 게재한다. 자칫 잊기 쉬운 증자 관련 일정을 놓치지 않도록 매주 증자일정표를 내보낸다.

증권3면
일반투자자들의 가이드가 되는 한경 스타워즈 참가자들의 지난 1주일 간 전적과 그들의 장세관을 들어보는 코너가 마련돼 있다. 주식형 수익증권과 뮤추얼 펀드의 수익률을 중개하고 있다. 간접투자자는 이를 통해 안방에 앉아서도 자신의 수익률을 알 수 있다. 선물주간전망대에는 달러와 금리선물을 중심으로 지난 1주일의 동향을 점검하고 새로운 한 주를 전망하는 기사들이 실린다.

주말 지면

증권시장이 열리지 않는 주말에는 2개 면을 내보낸다. 증권1면은 평일과 같고 코스닥 관련 기사를 증권2면으로 옮겨서 내보내는 것이 평일과 다르다. 다음 1주일 간의 실권주 공모나 공모주 청약관련 기사도 증권2면에서 다룬다.

시세표는 정보의 보고

　주식투자 목적은 여러 가지다. 회사경영에 참가하거나 M&A를 위해 투자하는 사람도 있다. 그런가 하면 배당을 받기 위해 주식을 사는 투자자들도 있다. 하지만 뭐니뭐니해도 주식투자를 하는 것은 돈을 벌기 위한 목적이 가장 크다. 그러기 위해서는 주가가 올라야 한다. 증권시장에서 이익을 내려면 시장의 흐름을 정확히 파악할 수 있어야 한다. 그래야만 사고 팔 시점을 제대로 잡을 수가 있다. 이것은 말은 쉽지만 대단히 어려운 일이다. 그래서 주가는 주가에게 물어보라는 증시 격언이 있을 정도다.
　주식시장의 흐름을 파악하기 위해서는 경제신문 등에 실린 주식시세표를 꼼꼼히 읽을 필요가 있다. 이 표에는 주식투자에 관한 기본정보가 담겨 있기 때문이다. 증권시장은 미국·일본 등 세계의 경제동향·환율·금리 등 여러 요인과 연계돼 움직인다.

주식시세표 보는 방법

주식거래는 서울의 증권거래소를 통해 이뤄진다. 토요일과 일요일을 빼고 월요일에서 금요일까지 시장이 열린다. 물론 국경일 등

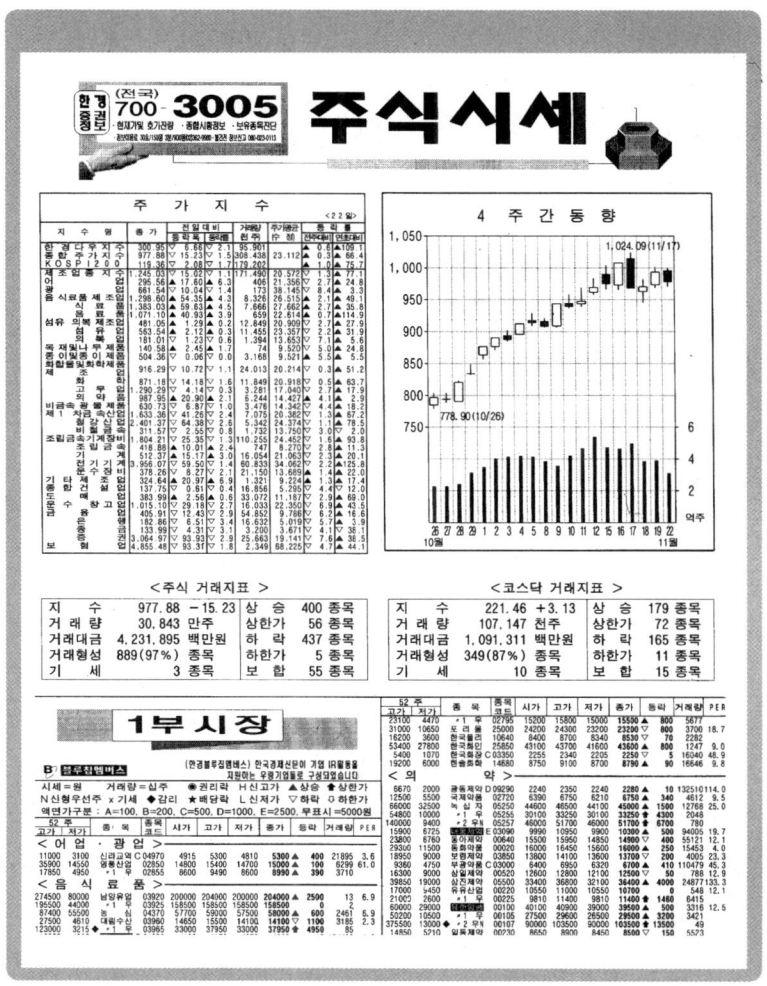

공휴일은 시장도 쉰다. 오전 9시부터 낮 12시까지를 전장, 오후 1시부터 3시까지를 후장이라고 한다.

조간신문인 〈한국경제신문〉은 하루 전의 종가를 싣고 있다. 주식 시세표에는 1부시장, 2부시장, 코스닥 시장 종목의 시세가 실린다. 1부시장에는 비교적 기업내용이 좋고 주식이 일반인들에게 40% 이상 분산된 기업들이 들어 있다. 또 자본금 50억 원 이상인 회사들이 발행한 주식들만 있다. 2부시장에는 새로 상장된 기업이나 기업내용이 다소 뒤지는 기업들이 상장돼 있다. 주식을 처음 공개하면 일단 증권거래소 2부종목으로 편입된다. 이들 2부시장 종목들은 일정 기간이 지난 후 증권거래소의 심사를 거쳐 1부시장으로 승격할 수 있다. 주식거래상황, 주식분산도, 배당성향 등 일정 조건을 충족시켜야 한다. 그러나 1부시장 종목으로 올라갔다 해서 늘 그 자리를 유지할 수 있는 것은 아니다. 2년 연속 배당을 못 하거나 납입자본이익률 등 1부시장 존속요건을 지키지 못하면 2부종목으로 떨어지게 된다.

1부시장이라고 표기된 시세표에는 어업, 광업, 음식료품, 섬유, 의복, 가죽, 신발업종 등의 순으로 종목이 나열돼 있다. 각 종목은 산업분류표에 기초해 다섯 자리의 코드 번호표가 붙어 있다. 종목은 완전한 회사 이름으로 표기하는 게 원칙이지만 신문지면에서는 줄여쓰기도 한다. 서울증권거래소에 상장돼 있는 종목은 1부시장, 2부시장을 합쳐 1,000여 개에 달한다. 이들 종목의 주가 데이터는 막대한 자리를 차지한다. 그래서 되도록 회사 이름을 줄여 쓰는 경우도 많다. 현대자동차를 현대차, 아세아시멘트를 아세아시, 한국프랜지를 한국프랜으로 싣는다. 1999년 11월 23일자 주식 시세표 상의 전자·통신장비업종 가운데 삼성전자를 예로 들어보자. 개장

52주 고가	52주 저가	종목	종목코드	시가	고가	저가	종가	등락	거래량	PER
< 전	기	기 계	>							
33200	6200	LG전선	06260	27500	28000	26800	27500	0	43541	49.5
33500	9350	극동전선	06250	15000	17500	15000	17000 ▽	300	4900	16.6
44800	4600	금호전기	01210	36900	38900	36500	37400	0	8646	
42500	18500	대성전선	03050	29000	30200	28000	28000 ▽	1500	4164	18.0
9500	3700	동양전원	C 26890	6500	6620	6220	6500 ▲	100	48786	7.5
13600	4430	선도전기	C 07610	5090	5450	5060	5400 ▲	200	47823	19.1
62000	28500	세방전지	04490	30900	31000	30100	30500 ▽	400	444	4.4
9000	1920	일 진	D 10510	6750	7100	6750	6900 ▽	100	10465	101.5
6540	1280	일진전기	D 15860	5400	5530	5200	5390 ▲	20	14948	28.2
14100	3705	희성전선	00500	8620	8890	8400	8590 ▽	420	13542	122.7
< 전자·통신장비		>								
61400	11550	LG전자	02610	50000	51000	48800	49100 ▽	250	262628	46.8
42500	3445	″ 우	02615	33000	33500	31350	32500 ▲	800	151213	
133500	28500	LG정보	11650	117500	118000	112500	114000 ▽	3500	38991	33.8
32000	11200	경인전자	09140	17000	17000	16000	16800 ▽	200	2731	36.8
8340	4400	고 덴 시	C 27840	5360	5400	5200	5280 ▽	120	15505	31.4
12000	5010	광 전 자	C 17900	9610	9870	9300	9300 ▽	570	22623	18.0
16200	7570	닉소텔레	17170	10550	11050	10300	10600 ▲	50	33876	46.7
18500	6700	대덕산업	C 04130	14000	14300	13500	13650 ▽	350	33799	15.1
12350	1870	″ 1 우	04135	8400	8600	8110	8400	0	4529	
49650	7700	″ 2 우	04137	17100	19850	17100	19850 ⬆	2550	6499	
19300	7600	대덕전자	C 08060	16000	16500	15200	15900 ▽	100	58221	37.8
61000	25000	대동전자	08110	28550	29400	28500	28500 ▽	750	570	4.8
36500	8410	대륭정밀	16160	25100	26800	24850	25300 ▲	550	21443	53.9
19800	4420	대영전자	05870	10100	10750	10100	10300 ▲	250	27537	
10700	1950	대우부품	09320	3405	3740	3405	3580 ▲	5	16348	
7400	1130	대우통신	05060	1150	1240	1130	1155 ▲	5	324794	
82900	43000	삼성전관	06400	63700	65900	63000	64000 ▲	500	73292	16.8
64000	17100	″ 1 우	06405	39200	40500	38700	40000 ▲	1300	5592	
76500	15750	삼성전기	09150	72000	72100	69600	70400 ▽	1600	41448	91.0
51800	7000	″ 우	09155	38700	39700	38000	38000 ▲	100	8178	
252000	60700	삼성전자	05930	232000	232000	225000	226000 ▽	6000	57759	112.4
195000	22000	″ 1	05935	160000	162500	154000	155000 ▽	5000	39820	
23750	7700	삼영전자	C 05680	11500	12600	11500	11800 ▽	400	25638	26.2
27200	12100	삼화전기	09470	14650	14850	14300	14300 ▽	600	611	11.2
34300	8450	삼화전자	D 11230	24700	25000	23500	23700 ▽	500	2242	6.3
27700	10700	삼화콘텐	01820	19000	19550	18900	18900 ▽	400	1229	
16900	3850	새한전자	09790	15500	15900	14000	15100 ▽	850	11487	
17750	1150	″ 1 우	09795	8610	9850	8610	9600 ▲	800	7859	
29000	17000	새한정기	09280	18500	19200	18500	19000 ▽	0	1756	8.9
21750	9600	성문전자	14910	14300	14900	14300	14350 ▽	650	909	14.5
95000	3600 ◆	″ 1 우	14915	24000	26550	23200	26550 ⬆	3450	994	
21950	2700	성미전자	C 14820	17500	17800	16900	17300 ▽	200	106733	320.4
15350	1005	″ 1 우	14825	11800	12200	11300	11300 ▽	500	13761	
109000	955 ◆	″ 2 우 N	14827	33700	36200	31500	36200 ⬆	4700	3581	
10300	3220	오리온전	04390	5150	5350	5060	5080 ▽	170	82024	26.5
17900	8200	제일엔지	14040	9400	9450	9100	9200 ▽	300	7959	12.9
15000	3600	코리아써	C 07810	12850	13300	12500	12700 ▲	200	59237	13.9
9640	1060	″ 1 우	07815	6600	6970	6500	6770 ▲	370	21244	
17600	3500	콤텍시스	C 31820	14000	14500	13550	14000	0	159464	89.7
33800	9920	한국전자	06200	31800	32300	30500	30500 ▽	900	16272	24.6
11300	5410	한국코아	10150	6810	6920	6660	6710 ▽	100	17479	15.0
31500	8200	한솔텔레	10420	23400	23950	22100	22500 ▽	700	37818	102.3
10350	1830	████ 정	C 07630	7600	8300	7550	7700 ▽	290	236188	108.5

후 최초로 체결된 가격은 23만 2,000원이다. 이게 시가다. 하루 중 가장 비싸게 거래된 가격도 23만 2,000원으로 이른바 고가다. 가장 낮은 시세는 22만 5,000원이다. 이게 저가다. 종가는 그 날 마지막 체결된 가격으로 22만 6,000원이다. 이처럼 그 날의 주가는 시가 · 고가 · 저가 · 종가 등 네 개로 구분된다. 종가 바로 옆의 등락은 당일 종가와 바로 전날 종가의 차액이다. 이들 주가를 비교하면 시장의 경향이나 종목의 대략적인 흐름을 알 수 있다. 삼성전자는 전날 종가와 같은 가격으로 거래되기 시작했으나, 시간이 흐르면서 팔려는 물량이 많아지면서 오름세가 꺾이고 결국은 전날보다 6,000원 떨어진 선에서 마감됐음을 알 수 있다. 만약 종가가 고가로 끝난 종목의 경우는 인기가 있었다고 할 수 있다. 반대로 저가로 끝난 경우는 인기가 시들해졌다고 할 수 있다. 등락 옆의 거래량은 그 날 거래된 주식 수를 가리킨다. 그 종목의 인기도를 엿보게 하는 가늠자와 같다. 단위는 10주다. LG전자의 거래량은 262만 6,280주에 달한다는 것을 나타내고 있다. 거래량이나 최근 1주일 거래추이를 분석하면 시장의 변화를 알 수 있다. 동업타사의 거래량과 비교해보는 것도 재미있다.

이 밖에 시세표상의 여러 가지 표시에 대해 설명해본다. ↑표는 당일 올라갈 수 있는 가격제한폭까지 상승한 상한가 종목이다. ↓표는 반대로 가격제한폭까지 곤두박질한 하한가 종목이다. ▲표는 전날보다 올랐다는 표시이고 ▽표는 주가가 내렸다는 표시다. ◎표는 권리락 종목 표시로서, 구주에 주어지는 신주인수권 또는 신주의 유상 · 무상 교부를 받을 수 있는 권리가 없어진 상태를 말한다. 투자자가 주식을 갖고 있다 해도 주주명부가 폐쇄되거나 신주 배정 기준일이 지나 신주를 받을 권리가 없어진 경우다. 권리락 주가는 배당 및 신주를 받을 수 있는 권리부 시세에서 조정되는 게 일반적이다. ★표는 배당락 표시다. 배당락이란 배당기준일(각 주식에 대해 배당금이 계산되는 최초의 일자)이 지나 배당금을 받을 수 없는 상태를 말한다. 배당금은 결산기말 현재 주주명부에 올라 있는 주주에게만 지급되는 것이므로, 그 날까지 명의 개서를 하지 못하면 주식을 사더라도 당기의 배당을 받을 수 없다. 따라서 배당기준일 이튿날의 주가는 전일보다 배당분만큼 낮아지는 게 보통이다. 이를 배당락 시세라 한다.

×표는 기세 표시다. 기세란 매매거래가 성립되지 않는 호가를 말한다. ◆표는 주가가 단기간에 급등할 경우 증권거래소가 요주의 종목으로 분류한 주식이다. 주가상승 속도가 빨라 투자에 신중을 기하라는 경계신호라 할 수 있다.

알아두어야 할 증권용어

주식시장에서는 전문용어가 많이 사용된다. 〈한국경제신문〉을 비롯한 경제신문의 증권면 등에는 다른 신문에는 눈에 띄지 않는 용어가 자주 나온다. 이 같은 용어는 특히 시황관련 기사에서 많이 사용된다.

• 대형주―발행주식 수가 많은 종목. 자본금규모가 150억 원 이상인 주식이다. 대표적인 종목으로 포항제철, 현대자동차, 한국전력, SK텔레콤, 삼성전자, 한국통신과 같이 자본금 규모가 큰 주식을 가리킨다. 대량의 매매주문이 들어와도 주가가 극단적으로 움직이는 경우가 적다. 구체적으로 말하면 일부 내부자 거래나 작전세력 등이 노리는 주가조작이 어렵다. 자금력이 뛰어난 투자신탁이나 뮤추얼 펀드, 외국인 투자자들이 중장기적인 관점에서 운용 대상으로 선호하는 종목이다. 이들 종목은 설비투자 비중이 높은 장치산업이 많기 때문에 금리 하락기에 각광을 받는 경향이 있다. 이에 비해 중형주는 자본금 규모가 50억~150억 원, 소형주는 50억 원 미만인

주식이다.
- 우량주—기술력과 수익성이 좋아 시장에서 장래성이 있다고 평가받는 종목이다. 전자·반도체·화학·자동차·약품주 등이 이에 속한다. 투자신탁회사나 외국인들이 선호하는 종목이다.
- SOC 관련주—도로·항만·주택 등으로 대표되는 건설 관련주를 가리킨다. 이들 종목은 정부나 지방자치단체의 공공투자 정책에 비교적 큰 영향을 받는다. 재정투자에 의해 직접적인 수혜를 입기 때문이다.
- 하이테크 관련주—고도의 기술개발로 성장성이 높은 종목. 우량주와 비슷하나 기술력이 특히 뛰어나다는 특징을 갖고 있다. 최근 들어 고도 정보화 사회로의 흐름 속에 관심을 끌고 있는 인터넷·컴퓨터·멀티미디어·건강·유전자공학 관련주들이 이에 속한다.
- 내수 관련주—SOC 관련주를 비롯한 내수 확대로 혜택을 받는 종목이다. 주택·건설·백화점·식품 등 유통 관련주들이다.
- 금융주—은행·증권·보험회사·리스·종합금융·신용금고 관련주 등이 이에 속한다. IMF 관리체제 이후 금융구조조정으로 몸살을 앓기도 했으나 구조조정이 진행되고 외국인들의 평가가 나아지면서 다시 관심을 모으고 있다.
- 재료주—특기할 만한 호재가 있어 거래가 늘면서 주가가 움직이는 종목이다. 제약업종의 경우 신약을 개발했다거나 일반 업체일 경우에는 새로운 기술을 개발했다는 뉴스에 따라 움직이는 종목이다. 광맥을 새로 발견했다거나 유전개발 등 자원개발에 성공한 업체, 제3세계 등에 신시장을 개척했다는 소문 등으로 시장의 주목을 받기도 한다.
- 고가주—1주당 10만 원 이상이거나 이에 육박하는 주식들이다.

이른바 개미군단으로 통하는 소액투자자들은 이런 주식을 사기가 어렵다. 특히 고가주 중에서도 몇십만 원 또는 100만 원이 넘는 종목은 귀족주로 통하기도 한다.

주가 움직임 관련 용어

- 견조—시장 기조가 변해도 주가가 좀처럼 내리지 않고 오르는 현상.
- 속등—주가가 계속해서 오르는 것.
- 속락—주가가 이어서 떨어지는 것.
- 보합—주가가 전날과 같은 수준일 경우.
- 횡보—주가변화가 별로 없이 장기간 단조로운 오르내림을 보이는 현상.
- 반등—전날은 내렸지만 사자가 많아 당일은 오르는 것.
- 반락—전일은 올랐지만 당일엔 팔자가 많아 주가가 내림세로 기우는 것.
- 지지선—주가하락기에 어느 선 밑으로는 내려가지 않도록 밑에서 받쳐주는 가격대.
- 저항선—주가상승기에 어느 선 이상 주가가 오르면 매물이 쏟아져 나와 주가가 좀처럼 뚫고 나가기 어려운 가격대.
- 상한가—증권거래소가 정해놓은 가격제한폭까지 오르는 것.

- 하한가—증권거래소가 정해놓은 가격제한폭까지 내리는 것.
- 기세—사자·팔자 간에 가격차가 커서 거래가 성립되지 않는 주문이다. 하한가 팔자주문만 있고 사자주문이 없을 때는 기세 하한가, 정반대의 경우에는 기세 상한가라고 한다.
- 신고가, 신저가—연중 최고치를 신고가, 연중 최저치를 신저가라 한다.
- 대세—시장의 큰 흐름을 가리킨다. 보통 1년 이상의 증시 흐름이다.
- 신용거래—증권회사가 고객으로부터 일정한 위탁증거금을 받고 주식거래 대금을 빌려주거나 고객에게 팔 주식을 빌려주어 일어나는 주식거래다.
- 신용융자—증권회사로부터 융자받은 주식매입자금 중에서 상환하지 않고 남아 있는 융자잔액.
- 대주—증권회사가 신용거래규정에 의거해 투자자에게 빌려주는 주식이다.
- 매집—전략적으로 특정 주식을 대량으로 사 모으는 행위.
- 물타기—평균매입단가를 낮추기 위해 주가 하락기에 계속적으로 주식을 매입하는 것.
- 바꿔타기—갖고 있던 주식을 처분하고 유망하다고 판단되는 다른 종목을 사는 것.
- 투매—비관적인 장세 전망으로 투자자들이 보유주식을 싼값으로 팔아치우는 행위.
- 일임매매—투자자가 증권회사 직원에게 주식을 임의대로 매매할 수 있도록 맡기는 것. 그러나 분쟁소지가 많기 때

문에 서면으로 일임매매 계약을 맺도록 규정돼 있다.
• 자기매매—증권회사가 자기 계산으로 상품주식을 매각하거나 매입하는 업무를 가리킨다. 딜러 업무라고도 한다.

제 5 장

백전백승 주식투자전략

분수에 맞는 투자를 하라

　주식투자에 나섰다가 깡통을 찼다는 투자자들이 있다. 이런 사람들은 운이 나빠 그렇게 되는 경우도 있지만 무리한 투자를 하다 실패한 예가 대부분이다. 주가가 오르고 주식시장 전체가 잘 돌아갈 때에는 이런 소리가 별로 나오지 않는다. 그러나 주식시장이 곤두박질치고 지루한 하락 조정국면이 이어지면 여기저기서 깡통계좌가 많아 골치 아프다는 증권회사 직원들의 푸념이 터진다. 신용거래를 한 투자자의 계좌에 담보가 부족해, 증권회사들이 반대매매를 통해 임의로 대출금을 상환함으로써 고객의 계좌에는 남아 있는 주식이나 돈이 한 푼 없는 상태가 된다. 반대매매는 투자자가 미수금을 발생시키면서 무리한 거래를 하거나 신용거래시 담보가 부족한 경우 증권회사가 고객 계좌에 있는 주식을 강제 처분하는 행위를 가리킨다.
　왜 이런 현상이 일어날까? 한 마디로 자기 분수에 넘는 투자행위를 한 데서 비롯됐다고 볼 수 있다. 자기 돈으로 주식투자를 하지 않고 남의 돈을 빌려 주식투자를 했다는 얘기다.

투자성향 체크 리스트

1. 남편이 어제 실직했다. 그런데 내일이 결혼 기념일이라면?
   ① 고급식당을 예약한다　　　　② 집에서 식사한다
   ③ 신용 카드로 남편의 선물을 산다　④ 영화를 본다
2. 연말 송년회의 복장은?
   ① 친구에게 전화해서 물어보고 결정한다
   ② 다른 사람의 이목을 끌지 않을 정도의 좋은 옷을 입는다
   ③ 막판에 아무 옷이나 걸친다
   ④ 입장할 때 다른 사람들이 고개를 돌려 쳐다볼 만한 옷을 입는다
3. 새집을 장만하려는데?
   ① 가용자금으로 살 수 있는 집을 산다
   ② 은행에서 약간 빌린다
   ③ 약간 무리하게 대출받아서라도 산다
   ④ 최대한 대출받아 고급주택을 산다
4. 여름 휴가지는?
   ① 2~3곳 중에서 고른다　　　② 평소 가던 곳으로 간다
   ③ 항공요금 50% 할인 광고를 보고 재빨리 예약한다
   ④ 미지의 곳으로 떠난다
5. 세일 중인 옷가게에 갔는데 옷값이 상상 외로 싸다. 대신에 옷을 입어볼 수 없으며 반환이나 교환도 안 된다면?
   ① 선뜻 대금을 지급한다　　　② 구경만 하고 시간을 보낸다
   ③ 저가품만 두세 벌 산다　　　④ 대여섯 벌 산다
6. 정년퇴직까지 25년 남았다면?
   ① 당장 준비할 필요는 없다
   ② 예상금액을 정확히 계산해 적립한다
   ③ 절약해 모조리 저축한다
   ④ 과감한 투자를 한번 제대로 하면 노후에도 안락한 생활이 가능하다고 생각한다
7. 상금이 걸린 TV쇼에 나갔다. 어떤 것을 선택하겠는가?
   ① 게임을 끝내고 현금 100만 원 받기
   ② 200만 원 상당의 가전제품 받기. 커튼으로 가려져 있어 보이지는 않음
   ③ 동전을 던져 맞추면 500만 원, 틀리면 꽝
   ④ 10만 원에서 250만 원까지 적힌 회전판을 돌려 정지된 칸의 금액을 받기

8. 오후 세 시에 눈이 약간씩 내리기 시작하는데 폭설 주의보가 내렸다면?
   ① 퇴근 후 한 잔 할 궁리를 한다   ② 한 시간 정도 추이를 본다
   ③ 교통혼잡을 우려해 바로 퇴근한다   ④ 모든 걱정을 떨쳐버린다
9. 토요일 오후 친구가 블라인드 데이트를 가자고 전화했다면?
   ① 거절한다   ② 즉시 승낙한다
   ③ 데이트 상대방에 대해 질문한 뒤 결정한다
10. 승진을 기대하고 있는데 상사가 아직 이르다고 한다면?
    ① 다음 기회를 노린다   ② 그만두겠다고 위협한다
    ③ 이런저런 조건을 붙여 『다음엔 꼭 시켜 달라』고 부탁한다
    ④ 재고해달라고 요청한다
11. 능력 있는 직장상사가 창업을 제의했다면?
    ① 월급을 많이 받는다
    ② 월급은 적게 받는 대신 스톡 옵션을 받는다.
    ③ 승진을 기대하고 현직장에 남는다
12. 블랙잭 테이블에서 합계 16이란 숫자를 받았다. 합계 숫자가 22 이상이 되지 않는 한 21에 가까울수록 이긴다면?
    ① 16에 만족하고 카드를 더 받지 않는다
    ② 점수를 높이기 위해 카드를 더 받는다
13. 사업을 시작한 여자친구가 있는데 사업이 번창해 그녀의 남편이 직장도 그만두고 참여했다. 이 사업은 앞으로 전망이 좋다는데 내게 여유자금이 있다면?
    ① 여유자금 절반 예금, 절반 투자   ② 전액 예금
    ③ 전액 투자   ④ 저축액 전부에 추가로 빌려 투자
14. 여유자금의 10%로 금을 샀는데 지난 6개월 동안 금값이 상승한 뒤 지난 달 30% 하락했다면?
    ① 그대로 둔다   ② 빨리 처분한다
    ③ 더 산다   ④ 절반을 처분한다
15. 1,000만 원짜리 다이아몬드를 상속받았다. 보험에 들 것인가?
    ① 감정가격 전액을 보험에 든다
    ② 감정가보다 100만원 낮은 가격으로 보험에 든다
    ③ 보험에 가입하지 않는다

◀ 점수표

구분	①	②	③	④	구분	①	②	③	④
1	5점	1점	7점	3점	9	1점	5점	3점	
2	1점	3점	7점	5점	10	1점	9점	3점	5점
3	1점	3점	5점	7점	11	3점	5점	1점	
4	9점	3점	5점	1점	12	1점	5점		
5	5점	1점	3점	9점	13	3점	1점	5점	9점
6	7점	3점	1점	5점	14	5점	1점	7점	3점
7	1점	3점	7점	5점	15	1점	3점	9점	
8	9점	3점	1점	5점					

◀ 투자성향 분석

득 점	유 형	특 성
32점 미만	안정형	극히 보수적이며, 리스크가 있는 투자는 기피
32~58점	안정성장형	리스크가 있는 상품에 신중하게 투자
59~82점	성장형	리스크가 있는 상품에 투자해도 불안해하지 않음
83점 이상	공격형	적극적으로 리스크가 있는 상품에 투자

    투자자들은 주식매입에 앞서 자신의 형편과 성격을 따져보아야 한다. 약간의 위험이 있더라도 높은 수익률을 낼 수 있는 주식투자를 해도 좋은지 분석해보아야 한다. 그런 다음 자신의 성격이 주식투자를 해도 무리없는 대범한 성격인지 따져보아야 한다. 두 가지 물음에서 『그렇다』는 대답을 얻게 되면 주식투자를 할 수 있는 자

금이 있어야 한다.

　이 때의 자금이란 막연한 자금이 아니다. 최소한 1년 이상 없어도 될 만한 여유자금이어야만 된다. 만약 3개월 후 전세를 넓혀 가거나 아파트의 잔금을 낼 돈이면 안 된다. 얼마 후에 빚 갚을 돈이라면 더더욱 안 된다. 그러한 단기 자금이라면 언제라도 해약이 가능한 단기저축상품에 맡겨두는 편이 효율적이다.

　어떤 사람들은 은행에서 대출을 받거나 친인척들로부터 빌린 돈으로 주식에 손을 대는 경우도 있다. 잘 되면 문제가 없으나 잘못되면 재산도 날리고 사람도 잃게 된다. 남의 돈을 빌려 주식투자에 나서는 것은 가장 금기해야 한다. 또 근무지가 해외로 바뀌는 외교관이나 상사원들 중에는 집을 팔거나 전세 돈을 몽땅 증권사에 맡겨 주식을 사놓고 가는 경우도 있는데 대단히 위험한 발상이다. 해외 근무를 끝내고 돌아왔을 때 부동산 값은 오르고 주가는 내렸다면 최악의 상황이다. 그렇기 때문에 이런 사람들은 3분의 1 이하만을 주식에 넣고, 나머지는 확정금리 상품이나 간접투자 상품을 이용하는 게 바람직하다.

　주식 초보자들은 현물투자만 해야 한다. 현물투자란 자기 계좌에 맡긴 현금만으로 주식투자를 하는 것을 말한다. 이렇게 되면 주가가 내려도 자기가 투자한 돈의 범위 안에서만 손실을 보게 된다. 주식을 팔지 않는 한 손해가 나지 않게 된다. 투자신탁이나 은행, 보험회사와 같은 기관투자가들은 손해가 나면 주식을 팔지 않고 오를 때까지 기다렸다가 판다. 자금여력이 있기 때문이다. 하지만 자금여력이 없는 소액투자자들은 주가가 조금만 내려도 팔아치우고 싶어진다. 주가가 오를 때는 투자자금이 적으니 많이 남기지도 못한다. 초조해진 투자자들은 은행에서 돈을 빌리거나 현금 없이도 주식을 살 수 있는 신용투자에 대한 욕심을 부리게 된다. 신용거래는 증권회사가 고객들에게 빌려주는 신용공여자금과 증권금융에서 빌려주는 유통금융을 통해 이뤄진다. 물론 잘만 되면 큰 이익을 낼 수 있으나, 주가가 하락할 경우에는 이자 지급은 고사하고 본전까지도 날리게 되니 주의해야 한다.

집중적인 분산매매

투자 3분법이라는 게 있다. 자기의 재산을 한 가지 투자 상품에 집중시키지 않고 세 종류로 나눠 투자하는 방식이다. 다시 말하면 증권, 부동산, 은행저축 등으로 쪼개 투자해놓는 것이다. 한 군데로 몰아서 투자할 경우에 생길 수 있는 위험을 분산하자는 취지다.

개인투자자들은 이런 투자방법이 바람직하다. 주식에 투자할 경우 한 종목에 투자하기보다는 여러 종목에 투자해야 손실을 보완할 수 있다는 논리 때문이다. 그래서 신문이나 방송의 증권기사나 증권 칼럼을 보면 여러 업종이나 여러 종목을 골고루 사는 게 바람직하다는 내용이 주류를 이룬다. 증권분석가들도 비슷한 당부를 한다. 그러나 이러한 말은 누구나 할 수 있다. 책임을 지지 않아도 되기 때문이다. 또 한편으로 보면 논리상으로도 흠잡을 데가 없다.

그러나 실제 주식투자의 세계에서는 오히려 잘 맞지 않는 경우가 많다. 한 업종에서 남았나 싶으면 다른 업종에서는 손해를 보는 경우가 많고, 한 종목에서 남겼나 싶은데 다른 종목주가는 떨어져 있다. 전체적으로 놓고 보면 플러스와 마이너스 제로 상태에 가깝다.

손해를 안 본 측면에서는 일단 성공적이라고 할 수 있을지 모른다. 그러나 주식투자란 일정한 이자가 붙는 저축상품과는 달리 어느 정도의 위험을 감수하면서 높은 투자수익을 노리는 투자수단이다. 그런데 이것을 10여 개 종목 이상 쪼개 투자하면「도토리 키재기식」투자결과가 나올 가능성이 크다. 또 지나치게 투자대상을 넓히다 보면 그 회사의 내용을 잘 파악할 수 없을 뿐 아니라, 심지어는 증자공시를 했는데도 그 사실을 모르고 앉아 있는 투자자들도 있다.

특히 몇천만 원 이하의 소규모 투자자들의 경우에는 한정된 돈을 여러 종목에 분산 투자하면 큰 이익을 내기가 어렵다. 따라서 많아야 3~5개 종목 이내에 국한시켜 투자하는 집중적인 분산투자를 하는 편이 투자효율을 높일 수 있다. 그래야만 그 회사에 대한 정보나 재무내용을 더 정확히 파악할 수 있고, 시장변화에 신속히 대처할 수 있다. 연말이나 시장이 비교적 좋을 때를 가려 매매단위가 안 되는 단주종목들은 일제히 정리하는 것도 한 가지 방법이다.

나눠 사고 나눠 팔기

집중적인 분산투자를 하는 경우에도 나눠서 팔고 나눠서 사는 게 필요하다. 그래야만 더 큰 이익을 낼 수 있다. 예를 들어, 강원산업 주식을 사려는 투자자가 있다고 가정하자. 그는 우연한 기회에 친구로부터 인천제철과 합병할 계획이라는 소리를 들었다. 마침 주가는 낮은 선에 있다. 그럴 때 한꺼번에 대량 주문을 내면 다른 투자자들에게 정보가 노출된다. 그렇게 되면 충분한 물량을 확보하지도 못하고 주가만 올라간다. 이럴 때 강원산업 주식을 서너 차례에 걸쳐 나누어 산다. 주가 하락기에도 마찬가지다. 투자표적이 돼왔던 주식이 어느 수준 이하로 내려가면 투자자금의 20~30% 정도만 산다. 그 후에 주가가 또 떨어지면 그 비율만큼을 산다. 그러고는 일단 관망한다. 실탄을 남겨두었다가 훗날을 대비하자는 자세다. 그 후에도 주가 내림폭이 크면 아직 바닥권까지 가지 않았다는 신호로 받아들인다. 이 때는 좀더 기다렸다가 거래량이 눈에 띄게 줄고 주식시장에서 바닥이라는 분위기가 확산되거나 주가가 오름세로 반전되면 나머지 돈으로 그 종목을 추가로 산다. 그렇게 되면 주식의 평균매입 단가가 낮아지게 된다.

  팔 때도 마찬가지다. 상투권에서 일시에 매물을 내면 주식이 잘 팔리지 않는다. 이럴 때는 자신의 목표수익률을 감안해 주가 인상 여력이 있다손 치더라도 너덧 차례에 걸쳐 주식을 매각한다. 주가가 오를 경우에도 첫날 다 팔아버리지 않았으니 매일 올라가는 만큼 더 이익이 된다. 그 후 주가가 내리더라도 상당한 물량을 팔았으니 손해 볼 게 없다. 주식을 팔 때도 상투에서 팔려고 하기보다는 다른 투자자들에게도 먹을 수 있는 여지를 남겨주어야 한다. 덕을 쌓아야 복을 받는다는 말은 주식투자의 세계에서도 통용된다. 생선의 꼬리와 머리는 남에게 주라는 투자격언도 그래서 생겨났다.

목표수익률을 정하라

　주식시장에는 일확천금의 꿈을 꾸면서 투자에 나서는 사람들이 있다. 그들은 한 번만 크게 남기면 평생 동안 먹고 살 돈을 벌 수 있다는 야무진 꿈을 갖고 있다. 그러나 정보와 돈, 경제지식 면에서 날고 긴다는 프로들이 모이는 곳이 증권시장이다. 그들과의 투자 게임에서 이겨야만 하니 큰돈을 벌기란 그렇게 간단치 않다. 큰돈을 벌기는커녕 투자에 실패해 하루 아침에 알거지가 돼 패가망신하는 사람들마저 나온다. 주식시장에는 꽃길도 있지만 함정도 그만큼 도사리고 있다. 그래서 투기에 실패한 경우를 투자라고 한다는 말까지 있다.

　그러면 왜 많은 투자자들이 주식투자에서 실패할까? 여러 원인이 있을 수 있겠으나 지나친 욕심 탓이라고 할 수 있다. 자신의 능력보다는 욕심만을 앞세워 주먹구구식 투자나 요행만을 바라는 투자를 하면 실패 확률이 높다.

　인간의 욕심은 끝이 없다. 좋은 종목을 잘 사놓고서도 지나친 욕심 때문에 실패하는 투자자들도 많이 있다. 특히 개인투자자들은 증권시장 분위기에 크게 좌우된다. 주가가 상승세로 돌아서 활황을 보이기 시작하면 주가는 끝없이 오를 것 같은 환상에 사로잡힌다. 상당수의 투자자들은 경제신문의 증권기사를 보면서 행복한 하루하루를 보낸다. 「내일은 또 얼마 정도 오르겠지, 이런 추세가 며칠만 더 계속되면 아파트 한 채는 살 수 있겠다」는 희망을 갖게 된다. 증권시세표는 벌겋게 달아오르고 투자자들은 오르는 종목을 더 사달라고 안달이다.

그러나 모두가 들떠 있을 때 큰손들은 조용히 그 주식을 대량으로 팔아치우는 시기다. 그러면서부터 주가 움직임이 무거워지기 시작한다. 주가상승세가 꺾이는가 싶더니 어느 사이엔지 내림세로 돌아선다. 투자자들은 주가가 다시 올라갈 것이라고 기대하면서 주식을 팔지 못한다. 그 후 주가는 다시 큰 폭으로 떨어지다가 소폭 반등한다. 대부분의 개인투자자들은 이렇게 되면 그 주식을 끝내 팔지 못한다. 그 종목의 매입가격을 기준으로 삼지 않고 최고가격을 기준으로 얼마나 떨어져 있다는 식으로 계산하는 성향을 갖고 있기 때문이다. 그 주식이 다시 오르기만을 고대하지만 주가는 비실비실 내리막길을 걸어 어느 사이에 원점으로 돌아오고 만다. 이게 바로 주식의 허무함이자 무서운 점이다. 주식은 그야말로 종잇조각에 지나지 않으며 주가는 거품이라는 것을 실감하게 되는 시점이다. 그 때 가서야 투자자들은 「구슬이 서 말이라도 꿰어야 보배」라는 교훈을 터득하게 된다.

개인투자자들이 이러한 투자함정에 빠지지 않으려면 합리적인 투자 목표를 세워야 한다. 예를 들면 1999년과 같이 공금리 수준이 10% 이하일 때는 공금리 기준으로 두 배의 수익률이 되면 자동적으로 보유주식을 처분하도록 하는 식이다. 설령 주가가 더 오를 소지가 있다고 판단돼도 일단 주식을 팔아놓는 것이다. 이렇게 하면 시장의 들뜬 분위기에 휩싸이지 않고 냉정하게 주식을 팔 수 있다. 주식은 사는 것보다 파는 게 훨씬 어렵다. 주식은 팔지 않는 한 손해도 이익도 없다는 말이 그래서 나왔다. 그만큼 주식의 매도 타이밍을 잡기가 힘들다는 말이다.

초심자들이 주식매매의 타이밍을 제대로 포착하기 위해서는 「사일런스 해치」 방식을 활용할 만하다. 이 방식은 미국의 유명한 투자가 해치가 고안한 방식으로 주가가 바닥선에서 10% 오르면 사기 시작하고, 주가가 고가권에서 10% 내리면 파는 전략이다. 이는 주가가 일정 수준에서 10% 정도 오르내리면 일단 대세가 바뀌는 증거라고 받아들이는 것이다.

이와 비슷한 방식으로 니콜러스 더버스의 박스 이론이 있다. 더버스는 무용가였다. 그는 직업 특성상 출장이 잦았다. 그래서 일정한 박스권에서 움직이던 주가가 그 범위에서 이탈하면 기계적으로 사거나 팔도록 지정해놓는 것이다. 어떤 종목이 2만~2만 3,000원에서 박스권을 형성한다고 하자. 그러면 주가가 2만 원이 되면 그 종목을 무조건 사고, 2만 3,000원이 되면 무조건 팔도록 지정해서 주문을 내는 것이다. 이런 지정가 주문은 주식 초보자들의 경우 투자위험을 줄일 수 있다는 점에서 권장할 만하다.

인연을 찾아라

『우리 가족은 상도동에 있는 조그만 약국의 약이 잘 들어.』『큰 병원에 다녀도 잘 낫지 않던 병을 친구가 소개한 조그만 병원에 가서 고쳤어.』 우리 주위에서는 이런 얘기를 하는 사람들을 이따금씩 발견하게 된다. 약이나 병도 약사나 의사와 잘 맞아야만 효험을 볼 수 있다는 것이다. 이게 바로 시쳇말로 연때가 맞는 경우다.

주식투자의 경우도 마찬가지다. 투자자들 가운데는 어느 증권사 어느 지점에 구좌를 트고 주식을 매매했으나 번번이 손해만 보다가 다른 증권사로 옮겼더니 이익을 남기게 됐다고 털어놓는 사람들이 있다. 그런가 하면 증권회사 영업맨들 중에는 자기 손님들 중에서도 언제나 이익만 보거나 반대로 손해만 보는 사람들이 있다고 실토하기도 한다. 같은 날 같은 시간에 동일 종목을 샀다면 똑같은 결과가 나와야 할 텐데 결과는 전혀 다르다는 것이다. 한 사람은 큰 이익을 보고 다른 사람은 손해를 보았다는 얘기다. 이같이 서로 다른 결과는 두말 할 나위 없이 주식의 매각 시점이 다른 데서 기인된다. 주식을 산 이튿날부터 주가가 떨어지기 시작한다. 한 투자자는 주식을 산 이튿날 한 달 일정으로 해외 출장길에 올랐다. 그러나 또 다른 투자자는 연일 떨어지는 주가에 안절부절 못한다. 그러다가 6일째 되는 날 참다 못해 손해를 보아도 좋으니 주식을 팔아달라고 요청한다. 물론 그 종목을 사주었던 증권사 직원은 조금만 더 기다려보자고 설득하지만 고객이 안달하니 팔아주고 만다. 그러나 그 이튿날부터 주가하락이 멈추고 1주일이 지나면서 주가는 큰 폭으로 오른다. 해외 여행에서 돌아온 투자자는 경제신문을 보니 자신이 산 주식을 외국인 투자자들이 계속 사들여 인기주로 떠올랐다는 기사를 발견하고 즐거워한다.

물론 이러한 경우가 많다고야 할 수 없지만, 실제로 일어나고 있는 것만은 사실이다. 이를 운명론으로 돌린다면 얘기는 간단하다. 그러나 투자자와 증권맨과의 관계를 따져보면 투자결과가 다르게 나올 수 있다. 영업직원의 만류에도 불구하고 고객이 주식을 팔아달라고 요구했다면 일단 영업맨을 믿지 않는 증거로 볼 수 있다. 그렇지 않으면 영업맨이 그 고객을 설득할 정보나 능력이 부족했다는 말이 된다. 느긋하게 참고 기다리지 못하는 조급한 성격이 주식투자에서 실패를 불렀다고 할 수 있다. 이는 달리 말하면 증권사 직원과 투자자의「투자궁합」이 맞지 않는다는 얘기다. 어느 증권사와 거래를 하고 있는데 손해를 보는 경우가 많다면, 일단 거래증권사를 바꿔보는 것도 이익을 볼 수 있는 하나의 방법이다. 자기의 성격이나 분위기에 맞는 증권사와 영업맨이 따로 있다는 것이다.

투자종목을 고르는 것도 마찬가지다. 추천을 받지 않고 투자자 스스로 종목을 고르는 경우에는 되도록 자신과 인연이 깊은 종목을 고르는 게 바람직하다. 가족이나 친척, 친구들이 다니는 회사에 투자하는 게 좋다. 주식투자에서 성공을 거두기 위해서는 다른 사람보다 한 발 앞서 정보를 얻어야 한다. 이를 위해서는 비교적 정보 입수가 쉬운 회사의 주식에 투자하는 게 바람직하다.

어떤 투자자들은 과거에 투자했던 종목들의 주가 동향을 분석해 그 종목들만 사고 판다. 주가는 장기적으로 보면 시계추와 같이 일정한 왕복운동을 한다는 전제 아래서다. 그래서 그 종목의 주가가 일정 수준 이하로 떨어지면 과감하게 샀다가 일정 수준까지 오르면 미련 없이 팔아버리는 반복투자를 한다. 그러면서도 그 종목이 속한 업종의 연구를 게을리하지 않는다. 물론 주가 차트도 분석한다. 그래서 일부 투자자들 중에는 특정 업종에 밝아 박사 소리를 듣는 사람도 많다.

세상의 변화를 읽어라

　삼호무역, 천우사, 영풍상사, 동명목재, 성창기업, 판본방직, 삼성물산…. 지난 1964년 11월 30일 수출 1억 달러를 기념하기 위해 처음으로 열린 1회 수출의 날 행사에서 대통령 식산 포장을 받은 기업들이다. 정부의 수출 드라이브 정책에 앞장선 수출한국의 스타 기업들이었다. 그러나 이들 기업 중 35년이 지난 현재까지 사람들 입에 오르내리는 기업은 삼성물산뿐이다. 영풍이나 성창기업도 살아남긴 했지만 일반인들에게 잘 알려지지는 않았다. 업계 서열이 한참 처져 과거의 영광을 되새기고 있는 실정이다. 한편에서는 수많은 기업들이 창업하고, 또 한편에서는 수많은 기업들이 부도를 내고 사라져 가곤 한다. 유망기업으로 각광받던 광림기계, 삼도물산, 계열사를 21개까지 늘렸던 덕산그룹이 간판을 내렸다. 무소불위처럼 여겨졌던 재벌기업들의 판도도 바뀌고 있다. 한보 및 기아의 부도, 진로 · 쌍용 · 한화 · 동아그룹의 시련, 욱일승천의 기세로 영역을 넓혀가던 대우그룹의 좌초에 이르기까지 산업사는 수많은 기업들의 부침으로 점철돼 있다. 기업도 사람과 마찬가지로 태어나서 성장하고 병들어 죽는다는 생로병사의 길을 걷고 있는 것이다.

비즈니스의 세계에는 영원한 승자가 없다. 환경변화에 맞춰 유연하게 대처하지 못하면 살아남지 못한다. 경제개발이 본격화된 1960년대 이후 기업의 흥망성쇠는 더욱 뚜렷하게 나타난다. 지난 1965년 매출액 기준으로 100대 기업에 들었던 기업 가운데 아직까지 100대 기업의 영예를 보유하고 있는 기업은 채 10개도 안 된다. 46개 기업은 흔적도 없이 사라졌다. 48개 기업은 3,000대 기업 명단에 올라 있으나 소멸한 것과 마찬가지다. 대표적인 자리를 내놓고 명맥만 이어간다는 것은 이미 경쟁에서 탈락했음을 뜻하기 때문이다. 특히 1965년 30대 기업에 속했던 기업 중 현재까지 그 자리를 지키고 있는 기업은 하나도 없다.

1975년 100대 기업 중 아직도 그 순위에 낀 기업은 20개 정도로 생존율이 다소 높아졌다. 그러나 1970년대에는 중화학공업화가 본격화해 대기업 순위가 어느 정도 고정된 것을 감안하면 그다지 높은 수준은 아니다. 미국이나 일본기업도 평균 수명이 30년 정도라는 조사결과가 있다. 한국기업 가운데 30년 이상 버티는 기업은 2%에 지나지 않는다. 그만큼 단명한다는 얘기다.

이는 한국의 공업화가 짧은 기간에 이루어진 것과 밀접한 관계가 있다. 산업고도화의 척도로 이용되는 호프만 지수의 변화속도를 보면 이러한 사실을 잘 알 수 있다. 호프만 지수란 경공업 생산액이 중화학공업 생산액의 몇 배인가를 나타내는 것으로, 그 값이 1이 되는 시점을 공업구조가 고도화되기 시작하는 출발선으로 잡고 있다. 미국·독일·영국 등 선진국들은 이를 달성하는 데 100년이 걸렸으며, 일본은 30~40년이 걸렸다. 그러나 한국은 14년 만에 달성했다. 그만큼 유망업종 변화가 빨랐고 기업의 흥망도 숨가쁘게 이뤄졌다.

　역사 무대에 화려하게 등장했다가 사라진 기업에겐 공통점이 있다. 주력 전략업종 없이 무리하게 사업을 확장하거나 지나치게 차입금에 의존한 기업은 수명이 단축됐다. 유망업종 변화에 대응하지 못하거나, 부동산투자에 집중해 자금이 묶인 기업과 본업에 충실하지 못한 기업들은 죽음에 이르고 말았다. 1970년대 샐러리맨들의 선망 대상이었던 제세그룹, 율산그룹 등은 무리한 사업 확장으로 부도의 쓴 잔을 맛본 대표적 사례다.

　유망산업 변화 등 경영환경 변화에 적응하지 못하는 기업도 살아남기 어렵다. 기업의 운명은 업종의 성쇠와 밀접한 관계를 맺고 있다. 기업이 업종의 성장한계를 넘을 수 없다는 말이다. 유망산업이 변할 때마다 과감하게 이러한 조류에 맞춰 변신한 기업만이 계속기업으로서 생존할 수 있었던 것이다. 대표적인 것이 경공업을 영위했던 기업들이다. 섬유·의복·가죽업은 1960~70년대만 해도 100대 기업 중 27개를 차지할 만큼 호황을 누렸다. 그러나 1990년대에는 7개로 줄어들었다. 음식료품도 11개에서 3개로 급감했다. 6개였던 종이 인쇄업과 4개였던 목재 가구업은 하나도 남지 않았다. 반면 1970년대 이후 성장산업으로 등장한 운수장비업은 6개 이상 늘었다. 전기·전자업종도 2개에서 8개로 늘었다.

　정부정책 변화도 기업흥망에 직접적인 영향을 주었다. 수입대체 공업화가 정책의 기조를 이뤘던 1950~60년대에는 방직·목재·식품 등이 유망업종이었다. 동명목재, 금성방직, 대한제분 등이 대표적인 기업이었다. 그러나 정책중심이 수출주도 공업화로 옮겨진 1970년대에는 종합상사와 전자업종이 유망업종으로 부상했다. 중화학공업이 대접받던 1980년대엔 철강, 자동차 업종이 총애를 받았다. 정보화가 변화의 키워드가 된 1990년대에는 반도체와 정보·통신업종이 유망업종으로 각광을 받고 있다. 이에 따라 삼성전자, 현대자동차, 포항제철, SK텔레콤 등이 100대 기업의 상위 그룹에 올라 있다.

시대의 변화에 따라 이처럼 유망업종과 유망기업도 달라진다. 주식투자자들은 이 같은 시대의 변화를 재빨리 포착해 대응하지 않으면 돈을 벌 수가 없다. 과거의 고정관념에서 벗어나지 못해 주식시장을 과거의 잣대로 바라보거나 옛날의 투자방식을 고집한다면 낙오자가 될 수밖에 없다. 얼음장 밑을 흐르는 물소리에서 봄이 오는 소리를 듣는 낚시꾼과 같은 선견력을 주식투자자들은 가져야 한다. 주식시장에서는 태산같이 움직이지 않는 전통적인 군자형보다는 「군자 표변」 소리를 들을 만큼 유행의 물결을 잘 타는 사람이 성공할 수 있다. 1999년 들어 인터넷·정보통신주를 중심으로 한 코스닥 종목들이 인기를 끄는 것은 눈여겨볼 대목이다.

주목! 기관투자가

　주식투자 게임은 정보전쟁이다. 누가 정확한 정보를 빨리 입수하고 행동에 옮기느냐에 따라 투자성과는 판이하게 달라진다. 이들 정보 가운데 누가 주식을 사고 있고, 그들은 또 얼마만큼 사는지를 알면 주식투자는 손금 보는 것처럼 쉽다.
　주식전문가가 아닌 일반투자자들이라 해도 어느 세력들이 주식을 팔고 사는지 정도는 알아야 한다. 은행이나 투자신탁, 보험회사, 증권회사와 같은 기관투자가인가, 아니면 외국투자자인가, 일반 개인투자자인가…. 이러한 것쯤은 파악해야 한다는 말이다. 그래야만 시장의 변화를 읽을 수 있기 때문이다. 이러한 투자가별 정보는 〈한국경제신문〉 증권종합면 하단의 지표로 읽는 한경 마켓 트렌드를 보면 알 수 있다. 지표로 읽는 한경 마켓 트렌드의 「기관·외국인 주식매매 동향」에는 투자자별로 주식 매도액과 매수액, 그 차액인 순매수액을 싣고 있다. 1999년 10월 29일자 23면을 보자. 10월 28일에는 증권회사가 548억 원어치를 팔고 1,072억 9,000만 원어치를 샀다. 투자신탁은 1,914억 원의 주식을 팔고 2,304억 원의 주

기관·외국인 주식매매동향(10월 29일)

(단위:억원)

	증권	투신	은행	보험	기관계	일반	외국인
매 도	548.0	1,914.1	649.2	184.9	3,351.4	23,124.3	1,125.6
매 수	1,072.9	2,304.9	501.8	391.7	4,413.0	21,762.9	1,272.6
순매수	524.9	390.7	-147.4	206.8	1,061.6	-1,361.5	147.0

기관·외국인 주식 매매동향(11월 1일)

(단위:억원)

	증권	투신	은행	보험	기관계	일반	외국인
매 도	3,191	7,973	2,811	1,535	16,184	109,300	5,413
매 수	3,669	12,159	2,352	1,688	20,312	101,615	8,169
순매수	478	4,186	-459	153	4,128	-7,685	2,756

◇기 관　　　　　　　　　　◇외국인　　　(단위:만주)

순매수		순매도		순매수		순매도	
미래산업	131	현대전자	377	국민은행	305	S K	90
국민은행	127	대신증권	188	한빛은행	274	LG전자	82
LG증권	124	대우중공업	187	외환은행	121	한국타이어	62
신한은행	121	현대건설	153	기아차	120	대우증권	54
한빛은행	121	LG산전	145	현대전자	116	영원무역	49
LG전자	105	대 우	134	삼성증권	95	삼성물산	39
하나은행	104	삼성중공업	118	한미은행	85	신도리코	25
대구은행	94	동국제강	82	삼성전자	60	한화석화	23
현대차	85	LG상사	66	코데이타	58	굿모닝증권	21
한국전력	83	현대증권	57	주택은행	46	삼보컴퓨터	21
경남은행	82	인천제철	53	대한항공	35	대 상	20
LG증권(1우)	81	현대상선	51	삼성중공업	33	한국단자	19
굿모닝증권	81	한솔제지	46	팬 택	26	코오롱건설	19
한화석화	75	삼성엔지	37	대 우	25	LG화학	15
조흥은행	72	한국합섬	34	현대차	23	미래산업	14
전북은행	70	S K	31	한솔제지	22	한국전력	13
한국통신공사	65	현대상사	30	대림산업	21	신 원	12
외환은행	63	하이트론	23	한진해운	21	신한은행	12
제일모직	63	현대차(1우)	22	LG증권	19	신성이엔지	12
기아차	62	신세계	22	다우기술	17	하나은행	11

식을 샀다. 이 날 기관들은 모두 3,351억 원을 팔고 4,413억 원을 사 1,061억 원의 순매수를 기록했다. 이에 비해 일반인들은 2조 3,124억 원어치를 매도하고 2조 1,762억 원어치를 매입, 매도금액이 1,361억 원어치가 많았다. 이 날 외국인들은 1,125억 원을 팔고 1,272억 원을 사 매수 우위 경향을 보였다.

〈한국경제신문〉은 이 기관별 외국인 주식매매 동향을 주 단위로도 실어 투자판단에 도움을 주고 있다. 1999년 11월 1일자 25면 하단에는 기관과 외국인, 일반인들이 1주일 동안 사고 판 주식의 금액통계표를 게재했다. 이 표를 보면 기관들은 4,100억 원의 순매수를 기록한 반면, 개인들은 7,685억 원의 순매도를 보였다. 외국인들은 2,756억 원의 주식을 순매수한 것으로 나타났다. 결국 1주 동안 개인들은 팔자가 강한 반면, 외국인과 기관들은 사자가 강했던 셈이다.

투자가별 동향을 주 단위로 계속 분석하다 보면 주가에 결정적인 영향을 주는 세력이 누구인지, 그들이 사자 또는 팔자에 가담하는지, 관망세를 취하는지 등의 흐름을 포착할 수 있게 된다. 1999년 11월 1일 25면을 보면 「외국인 반 년 만에 사자, 지난 달 9,070억 순매수」제하의 기사도 외국인들이 사자로 선회했음을 보여주고 있다. 외국인들은 10월 한 달 간 현대자동차, 국민은행, 외환은행주 등을 많이 산 반면 한빛은행, 대구은행, 한국전력 등은 많이 판 것으로 나타났다.

이런 기사를 읽으면 지금 주식시장에서는 누가 주식을 사고, 누가 시장을 주도하고 있는지, 장차 어떤 종목이 주도주로 떠오르게 될지 가늠할 수 있다.

외국인 반년만에 '사자'
지난달 9070억 순매수

외국인들은 10월중 9천70억원어치의 주식을 순매수했다. 외국인이 월간으로 순매수를 기록한 것은 지난 4월이후 6개월만의 일이다.

31일 증권거래소는 외국인은 10월중 3조6천7백61억원어치의 주식을 사고 2조7천6백91억원어치를 팔아 9천70억원어치의 매수우위를 기록했다고 밝혔다.

외국인의 순매수 규모가 이처럼 늘어난 것은 매입이 전달보다 3천2백53억원(9.7%) 늘어난데 비해 매도는 2조9백54억원(43.1%) 줄어들었기 때문이다.

이에따라 외국인의 거래비중은 9월의 5.4%에서 10월엔 4.9%로 낮아졌다.

외국계 증권사 관계자는 "지난 5월부터 시작된 외국인의 매도가 일단락된 것으로 보인다"며 "대우문제가 해결되고 미국주가가 안정세를 찾아가고 있는만큼 외국인의 순매수 행진은 계속될 것"이라고 전망했다.

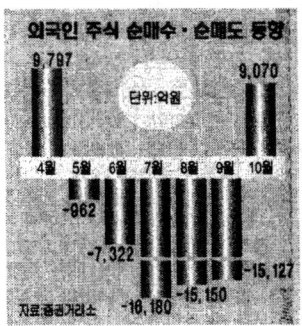

10월중에 외국인이 순매수를 많이 한 종목은 현대자동차(2백22만주) 국민은행(78만주) 외환은행(59만주) 기아자동차(54만주) 현대전자(38만주) 삼성물산(32만주)등이다. 순매도 상위종목은 한빛은행(76만주) 대구은행(50만주) 아남반도체(24만주) 한국전력(19만주) LG전자(18만주)등이다.

홍찬선 기자 hcs@ked.co.kr

커지는 기관투자가 영향

IMF 관리체제 이후 쌍끌이 장세라는 말이 나올 정도로 기관투자가와 외국인 투자자의 증시 영향력이 커졌다. 이들 증시의 큰손들은 풍부한 자금력과 정보력, 선진 투자분석기법을 갖고 투자에 나서고 있기 때문이다.

기관투자가란 개인이나 법인으로부터 자금을 모아 주식투자를 주업무로 하는 법인을 가리킨다. 투자신탁회사나 뮤추얼 펀드, 생명보험, 손해보험, 은행, 종합금융 등이다. 이 밖에도 각종 연금과 기금도 기관투자가에 들어간다. 대표적인 기관투자가는 투자신탁이다. 신탁이란 돈이나 재산을 믿을 만한 사람에게 맡겨 관리·운용토록 하는 것이다. 이런 역할을 하는 기관이 투자신탁이다.

투자신탁을 비롯한 기관투자가들은 몇십조 원의 돈을 움직이고 있기 때문에 증시의 공룡으로 통한다.

태풍의 눈—외국인 투자자

자본자유화와 금융시장의 개방으로 외국 돈이 자유롭게 넘나들고 있다. 달러로 대표되는 외국 돈의 위력은 이미 IMF 외환위기를 계기로 우리 모두가 실감했다. 일시에 빠져나가는 외국 돈 앞에 우리의 외환시장과 증권시장이 얼마나 무기력하게 무너지는지 너무나 잘 보아왔다.

그런데 주식시장에서의 외국인 투자자 동향은 외환시장과의 관련에서 분석해야 한다. 예를 들어, 환율이 1달러에 1,200원일 때 미국투자자가 한국주식을 사려면 자국통화인 달러를 준비해 주식을 산후 1달러당 1,200원씩 쳐 우리 돈으로 결제하면 된다. 1만 2,000원인 회사의 주식을 1만 주 사기 위해서는 10만 달러를 준비하면 된다. 4개월이 지난 후에 원화가치가 올라 1달러당 1,100원이 됐다면, 같은 기간에 주가가 오르지 않았다 해도 그 외국인은 주식을 팔아 달러로 바꾸면 10만 9,090달러를 손에 쥐게 된다. 원금보다

9,090달러가 불어나는 셈이다. 주가가 전혀 오르지 않았는데도 달러화 약세, 원화 강세로 그만큼의 외환차익을 거두게 되는 것이다. 만일 주가가 올랐다면 금상첨화로 수익은 더 늘어난다. 반대로 원화가 약세라면 그 외국인 투자자는 손실을 보게 마련이다. 따라서 달러화 약세, 원화 강세 전망이 강해지면 외국인 투자자들의 한국 주식 매입 수요는 확대되고, 반대로 원화가 약세가 되면 주식 매입 세력은 위축되게 마련이다.

외국인 투자자들은 국내 투자자들보다 성장성이나 수익성을 중시하는 경향이 강하다. 〈한국경제신문〉은 외국인들의 움직임을 지속적으로 보도하고 있기 때문에 투자자들에게 큰 도움이 될 것이다.

제6장

주식 무엇을 보고 투자하나

재무제표 꿰뚫어보기

주식투자자들 가운데는 주위 사람이나 증권회사 직원들의 말만 듣고 주식을 사는 사람들이 꽤 있다. 그러나 이런 투자자세는 바람직하지 않다. 주식이란 잘못 사면 하루 아침에 휴지조각처럼 될 수 있기 때문이다. 잘 나가는 듯하던 기업이 어느 날 갑자기 흑자도산을 하는 경우도 있고, 자금사정이 급격히 나빠져 부도를 내는 일도 있다. 이러한 투자위험을 줄이기 위해서는 주식투자에 나서기 전에 투자대상 기업의 체질이나 경영상태를 파악해둘 필요가 있다. 기업의 성장상태와 건강상태를 파악하려면 기본적으로 재무제표를 제대로 읽을 수 있어야 한다. 재무제표란 한 장의 서류가 아니라 몇 가지 계산서를 총칭하는 개념이다. 이들 서류는 대차대조표, 손익계산서, 이익잉여금처분계산서 또는 결손금처리계산서, 현금흐름표 등을 포괄한다. 이런 서류들은 보통 1년이나 6개월 단위로 작성되는 결산서류라고 이해하면 된다. 회사의 수입과 지출을 결산한 회사의 가계부라고 생각하면 이해하기 쉽다. 증권거래법은 투자자 보호를 위해 상장법인과 등록법인에 대해 1년에 2회 재무제표를 작성해 발표하도록 의무화하고 있다. 재무제표 중 가장 중요한 것은 대차대조표와 손익계산서라 할 수 있다.

대차대조표

대차대조표는 결산시점에서 기업의 재무상태를 나타내는 결산서다. 대차대조표는 기업이 쌓아놓은 모든 것을 나타낸다. 다시 말하면 자산·부채·자본의 내용을 나타내준다. 이를 통해 기업의 재무상태가 좋은지 나쁜지를 판가름할 수 있다. 대차대조표는 왼쪽의 차변과 오른쪽의 대변으로 구분된다. 차변의 자산과목에는 어떤 자산을 얼마나 갖고 있는지 표기한다. 자산은 재산으로 이해하면 된다. 대변에는 부채의 내용과 자본의 내용이 표시된다. 자산 = 부채+자본이라는 등식에서 보듯, 양쪽이 같은 금액으로 맞아 떨어지는 균형을 이루고 있는 까닭에 밸런스 시트라고도 한다. 이 대차대조표는 맨 먼저 합계를 보아 전반적인 현황을 파악해야 하지만, 그 다음에는 각 항목이 무엇을 나타내는지, 그리고 수치는 적정한지 여부를 따져보아야 한다.

대차대조표든 손익계산서든 기본적으로는 각 항목의 배열 순서가 있다. 대차대조표의 경우 자산항목도 유동자산·고정자산·이연자산 등의 순으로 기재한다. 이것은 현금화하기 쉬운 순서로 배열된 것으로 이해하면 된다. 1년 이내에 현금화할 수 있는 유동자산 항목을 예로 들어보자. 현금과 예금, 받을어음, 외상매출금, 유가증권, 제품, 재공품… 등의 순서로 기재한다. 부채항목도 빨리 갚아야하는 순서로 표시한다. 유동부채의 경우 지급어음, 외상매입

대차대조표

대차대조표(요약계정식)

제×기 19××년 ×월 ×일 현재
제×기 19××년 ×월 ×일 현재

회사명 _____   (단위:원)

	제×(당)기	제×(전)기		제×(당)기	제×(전)기
자　　　산			**부　　　채**		
Ⅰ. 유 동 자 산	×××	×××	Ⅰ. 유 동 부 채	×××	×××
1. 현 금 과 예 금			1. 매 입 채 무		
2. 단 기 금 융 상 품			2. 단 기 차 입 금		
3. 유 가 증 권			3. 유동성장기부채		
4. 매 출 채 권			4. ………………		
5. 단 기 대 여 금			Ⅱ. 고 정 부 채	×××	×××
6. 재 고 자 산			1. 사　　　채		
7. ………………			2. 장 기 차 입 금		
Ⅱ. 고 정 자 산	×××	×××	3. 장기성매입채무		
(1) 투 자 자 산			4. 퇴직급여충당금		
1. 장 기 금 융 상 품			5. 이 연 법 인 세 대		
2. 투 자 유 가 증 권			6. ………………		
3. 장 기 대 여 금			부 채 총 계	×××	×××
4. 장기성매출채권					
5. 투 자 부 동 산			**자　　　본**		
6. 이 연 법 인 세 차			Ⅰ. 자 본 금	×××	×××
7. ………………			Ⅱ. 자 본 잉 여 금[1]	×××	×××
(2) 유 형 자 산			Ⅲ. 이 익 잉 여 금[2]	×××	×××
1. 토　　　지			(또는 결손금)		
2. 건　　　물			1. 이 익 준 비 금		
3. 구　축　물			2. 기 타 적 립 금		
4. 기 계 장 치			3. 이월이익잉여금		
5. 건 설 중 인 자 산			(또는 이월결손금)		
6. ………………			(당기순이익 또		
(3) 무 형 자 산			는 당기순손실)		
			Ⅳ. 자 본 조 정	×××	×××
자 산 총 계	×××	×××	자 본 총 계	×××	×××
			부 채 와 자 본 총 계	×××	×××

1) 자본잉여금으로 일괄하여 계상할 수 있음.
2) 이익잉여금으로 일괄하여 계상할 수 있음.
* 계정과목 중 금액이 중요하지 않은 것은 기재를 생략할 수 있음.

금, 미지급금, 미지급비용, 미지급법인세 등으로 기재한다. 고정자산이란 전매할 목적이 없는 토지 · 건물 등을 가리킨다. 무형고정자산이란 특허권 · 상표권 · 영업권 등 형태가 없는 자산이다. 이연자산은 지출이 이미 끝난 비용이지만 매년 상각할 필요가 있는 개업비용, 사채발행비, 시험연구비 등이다.

손익계산서

기업의 영양상태나 체격 등은 대차대조표를 통해 엿볼 수 있다면, 발육상태나 성장 정도는 손익계산서를 통해 간파할 수 있다. 대차대조표상의 자산을 밑천으로 시작한 사업의 진행과정과 결과가 손익계산서의 항목으로 표현되는 것으로 이해하면 쉽다. 일정 기간 동안 기업의 경영성적표라 할 수 있다. 손익계산서는 과거의 실적 분석을 통해 미래를 예측하는 데 도움을 준다. 손익의 주요 항목을 면밀해 분석하여 미래의 이익동향을 추정할 수 있다는 말이다. 손익계산서는 비용+이익=수익이란 등식으로 표시된다. 여기에서 비용이란 상품매출원가, 판매비, 일반관리비, 영업외비용 등 기업 활동에 들어가는 비용이다. 수익이란 상품매출액과 영업외 수익을 합친 개념이다.

손익계산서를 따질 때는 단순하게 당기순익만을 보아서는 안 된다. 영업이익, 경상이익, 법인세차감 전 순이익, 당기순익 등을 꼼꼼히 살펴보아야 한다. 그래야만 손익구조를 알 수 있다. 영업이익은 매출액에서 매출원가를 빼 매출총이익을 낸 다음 다시 판매비와 일반관리비를 공제함으로써 산출한다. 경상이익은 영업이익에서

손익계산서

손익계산서(요약보고식)

제×기 19××년 ×월 ×일부터 19××년 ×월 ×일까지
제×기 19××년 ×월 ×일부터 19××년 ×월 ×일까지

회사명 _____   (단위:원)

	제×(당)기	제×(전)기		제×(당)기	제×(전)기
Ⅰ. 매 출 액	×××	×××	5. 외환환산이익		
Ⅱ. 매 출 원 가	×××	×××	6. ……………		
Ⅲ. 매 출 총 이 익	×××	×××	Ⅶ. 영 업 외 비 용	×××	×××
(또는 매출 총손실)			1. 이 자 비 용		
Ⅳ. 판매비와 관리비 [1]			2. 외 환 차 손		
1. 급 　　　 여	×××	×××	3. 외화환산손실		
2. 퇴 직 급 여			4. 기 부 금		
3. 복 리 후 생 비			5. ……………		
4. 임 　 차 　 료			Ⅷ. 경 상 이 익	×××	×××
5. 접 　 대 　 비			(또는 경상손실)		
6. 감 가 상 각 비			Ⅸ. 특 별 이 익	×××	×××
7. 무형자산상각비			1. 자산수증이익		
8. 세 금 과 공 과			2. 채무면제이익		
9. 광 고 선 전 비			3. 보 험 차 익		
10. 연 　 구 　 비			4. ……………		
11. 경 상 개 발 비			Ⅹ. 특 별 손 실	×××	×××
12. 대 손 상 각 비			1. 재 해 손 실		
13. ……………			2.		
Ⅴ. 영 업 이 익			ⅩⅠ. 법 인 세 비 용	×××	×××
(또는 영업손실)			차 감 전 순 이 익		
Ⅵ. 영 업 외 수 익	×××	×××	(또는 법인세비용		
1. 이 자 수 익			차 감 전 순 손 실)		
2. 배 당 금 수 익	×××	×××	ⅩⅡ. 법 인 세 비 용	×××	×××
3. 임 　 대 　 료			ⅩⅢ. 당 기 순 이 익	×××	×××
4. 외 환 차 익			(또는 당기순손실)		
			(주당경상이익:×××원)		
			(주당순이익:×××원)		

1) 판매비와 관리비를 일괄하여 기재할 수 있음.
* 각 계정과목 중 금액이 중요하지 않은 것은 기재를 생략할 수 있음.

영업외수익을 더하고 영업외 비용을 차감한 것이다. 이것은 기업의 일상적인 활동을 나타낸 것일 뿐 아니라 일정 기간 동안 지속되는 경향이 있다. 그래서 증권분석시 경상이익이 중시된다.

경상이익에서 특별이익을 더하고 특별손실을 뺀 것이 법인세 차감 전 순이익이다. 당기순이익은 법인세차감 전 순이익에서 당기에 부담해야 하는 법인세·주민세 등 세금을 차감해 구한다.

이익잉여금 처분계산서(결손금 처분계산서)

한 기업이 영업활동의 결과로 얻은 이익금이나 결손금을 어떻게 처분했는가를 나타내주는 회계보고서다. 이익잉여금은 당기순이익과 전기에 쓰고 남아 이월된 이익잉여금, 임의적립금 등으로 구성된다. 이익잉여금 중에는 처분하기 전에 상법규정에 따라 우선적으로 적립해야 할 부분이 있다. 바로 법정 적립금이다. 법정 적립금은 이익준비금·기업합리화적립금·재무구조개선적립금 등으로 구성된다. 법정적립금을 채운 후에야 임의준비금과 배당금이 결정된다. 따라서 투자자들은 이 이익잉여금 처분계산서를 통해 기업의 배당능력이나 성향을 엿볼 수 있다.

현금흐름표

기업을 돌아가게 하는 돈, 그 중에서도 현금의 흐름을 나타내주는 표다. 구체적으로 말하면 일정 기간 동안 기업의 자금이 어떻게 조달되고, 어떻게 운용되었는지 자금의 원천과 운용으로 나누어 정리한 표다. 이 현금흐름표는 대차대조표 · 손익계산서 · 이익잉여금처분계산서가 기초자료가 된다. 이것들을 서로 연결해 기업자금의 흐름을 한눈에 파악할 수 있게 해준다. 이를 통해 부도 위험성의 여부도 가늠할 수 있다. 그만큼 증권투자자들에게는 중요한 자료다.

이 표에서 얻을 수 있는 정보는 이익의 사용처, 배당금의 많고 적음, 순운전자본의 조달방법, 채무상환방법, 유동자산감소 및 순이익 증가 이유, 배당금 지급경위 등이다.

기업내용 파헤쳐 보기

　상장회사들의 체격이나 성장과정은 대차대조표나 손익계산서를 중심으로 한 재무제표상의 수치를 통해 어느 정도 파악할 수 있다. 그러나 전반적인 경영상태나 문제점 등을 세밀히 파악하려면 여러 수치들을 상호 비교하거나 응용한 분석도구를 활용하지 않으면 안 된다. 이렇게 함으로써 기업의 투자가치 여부와 위험성 정도를 판단할 수 있다. 기업의 경영상태나 투자가치는 대개 네 가지 방향에서 평가할 수 있다. 수익성, 안정성, 성장성, 활동성 비율이 그것이다. 수익성은 글자 그대로 수지가 맞는지를 나타내주는 기준이다. 성장성은 회사의 매출액 등 신장세를 나타내주는 지표다. 안정성은 회사의 부도위험 정도를 가늠할 수 있는 잣대다. 활동성은 기업들이 투자된 자본을 얼마나 활발하게 운용하는가를 알려주는 지표다. 이는 매출액과 자본구성액의 관계인 회전율로 표시된다.
　다만, 이들 분석방법은 절대적인 것이 아니므로 경쟁업체나 같은 업종 등과 비교하는 것이 바람직하다.

수익성 분석

총자본이익률

총자본이익률은 회사 자본이 얼마나 효율적으로 운용됐는지를 따지는 지표로서, 당기순이익을 총자본으로 나눈 것이다. 총자본은 총자산이다. 총자본이익률은 매출액순이익률과 총자본회전율을 곱해 구할 수도 있다. 매출액순이익률이란 순이익을 매출액으로 나눈 비율이다. 총자본회전율이란 매출액을 총자본으로 나눈 비율이다.

$$총자본이익률 = \frac{순이익}{총자본} \times 100$$

매출액 경상이익률

매출액 경상이익률이란 경상이익을 매출액으로 나눈 것이다. 매출액에 대한 경상이익의 상대적 크기를 나타낸다. 이 비율은 경영활동의 성과를 총괄적으로 파악할 수 있는 지표다. 기업의 이익 변화가 마진 변화에서 온 것인지, 매출액의 변동에 따른 것인지를 가늠할 수 있게 한다.

$$매출액 \ 경상이익률 = \frac{경상이익}{매출액} \times 100$$

자기자본이익률

주주들이 기업에 투자한 자본에 대한 투자효율이 어느 정도인지를 따지는 수익성 지표다. 자기자본은 원래 주주의 몫인 만큼 주주의 수익성이라 할 수 있다. 실세금리보다 높은 경우에 효율적이라고 할 수 있다.

$$자기자본이익률 = \frac{순이익}{자기자본} \times 100$$

안정성 분석

유동성 비율

유동성 비율은 유동자산을 유동부채로 나눈 비율이다. 기업의 단기채무 지급능력을 재는 비율이다. 이 비율이 높을수록 기업의 지급능력이 좋은 것으로 판단하는데, 일반적으로 200% 이상이면 양호한 것으로 본다. 바꿔 말하면 유동자산이 유동부채보다 두 배 이상은 돼야만 바람직하다는 말이다. 하지만 유동비율의 표준비율은 업종에 따라 다르다. 또 유동자산의 주요 항목인 매출채권과 재고자산의 내용이 다르다는 사실에 주의해야 한다. 백화점이나 가스, 전력업종 등은 그 특성상 재고자산이 적어 유동비율이 낮다. 반면에 기계, 조선, 의약품 등은 유동비율이 높은 경우가 많다. 외상매출금이나 재고자산 내용이 나쁜 경우에는 유동비율이 200% 이상일지라도 좋다고 할 수 없다.

따라서 기업의 단기 채무지급 능력을 따지려면 유동성 비율의 보조지표인 당좌비율도 따져보아야 한다. 당좌비율은 유동자산에서 재고자산을 뺀 다음 유동부채로 나눈 비율이다.

$$당좌비율 = \frac{유동자산 - 재고자산}{유동부채} \times 100$$

부채비율

부채비율은 자본구성의 건전성을 판가름하는 대표적인 지표로서, 타인자본을 자기자본으로 나눈 비율이다. 표준비율은 100% 이하이면 건전한 것으로 보고 있다. 정부는 IMF 관리체제 이후 기업들에 대해 부채비율을 200% 이하로 낮추도록 권유하고 있다. 채권자 처지에서는 이 비율이 낮아지기를 바라지만, 경영자들은 빚을 끌어쓰더라도 이자율보다 더 높은 이익률을 내면 된다는 시각차가 있다. 따라서 부채비율 말고도 유동부채비율과 자기자본구성비율 등도 함께 비교해보아야 한다.

$$부채비율 = \frac{부채}{자기자본} \times 100$$

고정비율

고정비율은 자기자본이 고정자산에 어느 정도 투자돼 운용되는가를 따지는 지표다. 자본배분의 효율성을 판단하는 대표적인 비율이다. 이 비율은 고정자산을 자기자본으로 나눈 비율이다. 일반적으로 100% 이하면 양호한 상태로 본다. 하지만 업종에 따라서는 큰 차이가 있으니 이 점을 염두에 둬야 한다. 석유화학, 철강 등 장치산업은 고정비율이 높다. 이에 비해 도·소매, 금융 등 서비스 업종은 낮다. 자본집약적인 산업의 경우에는 자기자본만으로 고정자산에 투자하기가 어렵기 때문에 외부에서 차입하는 경우가 많다. 고정비율의 보조지표로 고정장기적합률을 이용한다. 고정비율은 고정자산을 자기자본과 장기부채를 합친 금액으로 나눠 산출한다.

$$고정비율 = \frac{고정자산}{자기자본} \times 100$$

성장성 분석

매출액증가율

매출액증가율은 전년도 매출실적에 대한 당해 연도 매출액의 증가율로 표시된다. 기업의 주된 영업활동 결과는 매출액으로 잡힌다. 따라서 기업의 성장성은 매출액의 증가 정도로 판단할 수 있다. 이것을 시장점유율 추이와 비교하면 유용한 자료로 활용할 수 있다. 같은 업종에 속하는 경쟁회사들과도 비교해보아야 함은 물론이다. 그러나 이 지표에도 한계는 있다. 과당경쟁으로 출혈판매를 했다면, 판매량은 늘었어도 수익성은 더 나빠지는데 이런 수치는 잡히지 않는다.

$$매출액증가율 = \frac{당기매출액 - 전기매출액}{전기매출액} \times 100$$

총자본증가율

기업에 투자되어 운용 중인 총자본이 한 해 동안 얼마나 증가했는지를 나타내는 비율이다.

순이익증가율

매출액증가율과 더불어 기업의 성장성을 판단하는 지표다. 순이익증가분을 전기순익으로 나눈 비율이다.

활동성 분석

총자본회전율

총자본회전율은 글자 그대로 총자본이 1년 동안 몇 번 회전했는가를 나타내는 지표다. 이는 기업의 수익성과도 밀접한 관계가 있다. 이 비율이 높으면 자기자본회전율뿐만 아니라 고정자산회전율도 높은 것이 일반적이다. 이 비율이 낮으면 과다투자나 비효율적인 투자를 하고 있다는 얘기다.

$$총자본회전율 = \frac{매출액}{총자본}$$

재고자산회전율

재고자산회전율은 1년 간 재고자산이 얼마나 빨리 판매됐는가를 나타내는 지표로서, 연간매출액을 재고자산으로 나눈 비율이다. 이 비율이 높을수록 자본이익률이 높고 매입채무가 감소한다. 하지만 이 비율이 낮으면 매출액에 비해 과도한 재고자산을 갖고 있다는 의미가 된다.

$$재고자산회전율 = \frac{매출액}{재고자산}$$

선진 투자지표 활용하기

　1990년대 후반에 들어서면서 주식시장에 투자지표 혁명이 일어나고 있다. 1999년 종합주가지수 1,000시대를 이끌어온 힘은 과거의 투자지표에 따른 것이라기보다는 새로운 지표에 의한 집중투자에 있는 것으로 지적되고 있다. 기업가치/세금이자지급 전 이익(FV/EBITDA)이나 투하자본이익률(ROIC)이 새로운 지표로 각광받고 있다. 배당수익률에 대한 관심도가 1999년 이후 한층 높아지고 있다. 1990년대 중반 이후 주목받아왔던 경제적 부가가치(EVA)와 자기자본이익률(ROE)도 한몫 했다. 주식시장이 외국인에 개방된 1992년부터 「저 PER혁명」을 주도했던 주가수익비율(PER)도 여전히 위력을 발휘하고 있으나, 주도적인 지표에서는 한 발 밀려나고 있다.

　투자지표가 바뀌는 것은 회사를 평가하는 잣대가 바뀌고 있다는 뜻이다. 그 동안 한국경제와 한국의 기업은 성장제일주의를 부르짖으며 외형을 키우는 데 총력을 기울여왔다. 몸집을 불려놓으면 지금은 적자가 나더라도 언젠가는 이익을 낼 수 있다는 것이 경영자의 머리 속에 가득 차 있었다. 자금을 빌려오는 데 따르는 금리의 수준은 안중에 없었다. 경쟁업체가 하는 일이라면 손익계산은 제대로 따져보지도 않고 일단 벌리는 일이 한두 가지가 아니었다. 반도체와 자동차, 석유화학과 철강 등 한국을 대표하는 업종들이 모두 과잉·중복투자에 시달린 것은 바로 이런 이유에서였다.

이 같은 외형 위주의 성장제일주의는 한국이 1997년 12월 IMF에 긴급자금을 요청할 수밖에 없는 원인으로 작용했다. 그러나 IMF 위기를 겪으면서 기업의 경영방식이 뿌리부터 바뀌고 있다. 기업의 외형보다는 몸집이 작더라도 경쟁력이 얼마나 있으며 이익을 얼마나 내느냐가 중요한 지표로 등장하고 있다. 주가가 기업의 경영상황을 평가하고, 최고경영자(CEO)의 목숨을 좌우하는 시대에 접어들면서 변하지 않으면 안 된다는 절박함이 자리잡아가고 있다.

기업가치/세금·이자지급 전 이익(FV/EBITDA)

이것은 기업가치(firm value : FV)를 세금과 이자를 지급하지 않고 감가상각도 하지 않은 상태에서의 이익(earnings before interests tax and depreciation amortization : EBITDA)으로 나눈 값이다. 단위는 배다. 이 수치가 높으면 주가가 고평가돼 있다는 것이고, 반대로 낮으면 저평가돼 있다는 것을 뜻한다.

한국은 1990년대 들어 1998년까지 FV/EBITDA가 7배 이하에서 안정적으로 움직여왔다. FV/EBITDA가 7배 밑으로 떨어지면 종합주가지수가 상승하고 7배를 넘으면 하락하는 패턴을 보여왔다. 종합주가지수가 750선을 넘나들던 1999년 4월 FV/EBITDA는 7.5배에 달했다. 따라서 주가가 고평가돼 있어 조정이 불가피하다는 논의가 활발히 이뤄졌다.

그러나 그 이후 종합주가지수는 계속 상승해 1999년 7월 7일에는 1,000 고지 위로 올라섰다. FV/EBITDA는 이미 8.3배에 달했다. 과거의 경험으로 볼 때 엄청난 고평가이며 주가는 큰 폭의 조정을 보여야 했다. 그럼에도 불구하고 주가는 그다지 하락하지 않았다. 이는 1999년에 기업의 이익이 크게 늘어 FV/EBITDA가 상향조정된 데 따른 것이다. 삼성증권은 자기자본이익률(ROE)이나 FV/EBITDA 등 각종 투자지표로 볼 때 종합주가지수는 추가상승할 여력이 충분하다고 분석했다. 주가가 사상최고치를 기록했던 1994년 11월과 현재(1999년 7월 5일 종가기준)의 ROE, FV/EBITDA, 주가수익비율(PER), 주가자산비율(PBR) 등을 비교할 때 종합주가지수 1,200은 무난하다는 설명이다.

1999년 7월 현재 PER는 14.8배, FV/EBITDA는 각각 8.45배로 1994년 11월보다 높은 것은 사실이다. 그러나 주가를 결정하는 주변상황이 크게 바뀌었다. 과거에는 FV/EBITDA가 7배 정도면 주가는 조정을 받았다. 반면 1999년에는 9배까지 상승여력이 있는 것으로 분석된다. △실질금리가 5~6%로 떨어졌고, △ROE가 현재 10.3%에서 내년에는 12~13%로 높아질 것으로 예상되며, △주주중시 경영이 정착되고 기업경영의 투명성이 높아짐으로써 기업가치에 대한 재평가 작업이 이루어지고, △은행 시스템이 개선되어 자금중개비용이 하락하고 있기 때문이다. 이럴 경우 종합주가지수는 2000년 상반기에 1,400까지 상승할 수 있을 것으로 전망된다.

FV/EBITDA로 볼 때 미래산업, 동아건설, 태평양, 삼양제넥스, 한국유리, 기아자동차 등이 유망한 것으로 분석됐다. 미래산업의

99년 FV/EBITDA에 의한 투자유망종목(20개)

(단위 : 억원, 원, 배)

종목명	99년 실적지표			EPS	PER	FV/EBITDA
	매출액	경상이익	순이익			
대한화섬	4,300	90	60	4,518	15.1	0.0
삼성라디에	750	105	74	9,250	6.4	0.6
세방전지	2,180	78	48	3,429	9.8	1.2
태광산업	13,000	1,700	1,200	107,778	3.9	1.3
남양유업	5,200	530	370	41,732	4.8	1.5
일신방직	2,300	440	300	12,500	5.4	1.5
롯데제과	8,900	380	240	16,885	8.6	1.9
선창산업	1,450	68	47	2,938	6.2	1.9
일성신약	401	94	61	2,293	3.7	1.9
코오롱유화	1,650	75	60	3,228	8.4	2.0
비와이씨	2,300	250	175	20,833	4.8	2.1
신라교역	1,450	110	80	727	7.4	2.1
삼립산업	1,540	80	56	4,273	9.1	2.2
태평양	7,500	760	385	3,774	7.2	2.3
영풍제지	750	73	51	4,286	3.5	2.3
한국공항	1,670	230	120	3,790	6.1	2.4
우성사료	2,900	175	110	3,560	4.9	2.4
롯데삼강	2,700	200	145	11,514	3.7	2.5
선진	1,650	85	55	2,500	4.2	2.6
삼양통상	2,300	170	120	4,000	4.3	2.6

2000년 FV/EBITDA에 의한 투자유망종목(20개)

(단위 : 억원, 원, 배, %)

종목명	99년 실적지표			EPS	PER	FV/EBITDA
	매출액	경상이익	순이익			
대한화섬	4,500	130	90	6,777	10.0	0.1
삼성라디에	770	115	80	10,000	5.4	0.5
남양유업	5,500	550	380	42,860	4.7	1.2
태광산업	13,700	1,850	1,300	116,759	3.9	1.2
세방전지	2,350	98	60	4,286	7.9	1.3
일신방직	2,500	370	260	10,833	5.7	1.7
롯데제과	9,500	440	300	21,106	6.9	1.8
선창산업	1,630	82	56	3,500	5.2	1.9
코오롱유화	1,745	95	76	4,089	6.5	1.9
일성신약	419	69	48	1,805	4.6	1.9
영풍제지	805	89	62	5,210	2.9	1.9
비와이씨	2,350	260	180	21,429	4.9	2.0
태평양	7,900	990	680	6,666	4.1	2.0
삼립산업	1,600	83	58	4,425	8.8	2.0
한국공항	1,900	245	130	4,106	5.6	2.1
신라교역	1,550	120	85	773	7.0	2.1
롯데삼강	2,850	210	150	11,911	3.6	2.3
우성사료	3,100	185	120	3,883	4.5	2.3
국동	1,400	115	80	4,052	4.8	2.4
선진	1,750	90	60	2,727	3.9	2.4

EBITDA는 1998년 3억 9,000만 원에서 2000년에는 241억 원으로 6,048%나 늘어 증가율에서 1위를 차지할 것으로 전망됐다. 동아건설도 221억 원에서 2,657억 원으로 1,099%나 증가할 것으로 추정됐다. 동아제약, 대한항공, 두산, 한화에너지, 다우케미칼, 현대산업개발 등도 증가율이 200%를 넘을 것으로 전망됐다.

같은 기간 중에 부채감소율이 높은 종목은 삼양제넥스(-69.7%) 한국유리(-55.7%), 태평양(-54.9%), 기아자동차(-52.1%), 삼성종합화학(-47.5%) 등으로 분석됐다. 오뚜기(-40.8%), 태영(-39.7%), 롯데제과(-38.8%), 금강(-38.8%), 삼성전관(-38.6%) 등도 부채가 많이 줄어들 것으로 추정됐다.

투하자본이익률

투하자본이익률(return on invested capital : ROIC)이란 투자한 자본에 대한 이익금을 나타내는 지표다. 이 때 이익으로는 순이익이 아닌 영업이익을 사용한다. 순이익은 회계제도나 법인세 및 특별이익 등에 영향을 받아 경영실적을 정확히 반영하지 못하기 때문이다. ROIC는 높으면 높을수록 좋다. 대개 10%가 넘으면 유망한 것으로 평가된다.

ROIC는 가중평균조달금리(weighted average capital cost : WACC)와 비교해서 사용된다. ROIC가 15%라고 하더라도 WACC가 16%라면 바람직하지 않다는 것은 명백하다. 돈을 빌릴 때 필요한 비용보다 그 돈을 투자해서 얻는 수익이 적다는 것을 뜻하기 때문이다.

ROIC는 주당순이익(EPS)과 대응하는 개념으로 이해하면 쉽다. FV/EBITDA는 PER와 성격이 비슷하다. 다만, 사용하는 이익이 순이익이냐 영업이익이냐에 따른 차이에 불과하다. 통상 EPS가 많고 PER가 낮은 종목이 유망하다. 마찬가지로 ROIC가 높고 FV/EBITDA가 낮은 종목이 유망하다고 할 수 있다. 실제로 이런 종목들은 1999년 4월~6월의 기관·외국인 장세에서 높은 주가상승률을 기록했다.

배당수익률

주식투자를 하는 목적은 크게 두 가지다. 하나는 배당이고, 하나는 매매차익(capital gain)이다. 배당은 회사가 벌어들인 이익 가운데 일부를 주주에게 돌려주는 것이며, 매매차익은 말 그대로 낮은 가격에 사서 높은 가격에 팔았을 때 남는 이익을 가리킨다.

그 동안 한국에서는 주주배당을 목표로 한 투자는 거의 없었다고 할 수 있다. 기업이 이익을 내도 배당을 그다지 하지 않은 탓이다. 배당률 자체가 낮은데다 배당기준도 주식액면 금액이기 때문에 배당수익률은 사실상 1~2%에 지나지 않았다. 사정이 이렇다 보니 주식투자의 목적은 자연스럽게 매매차익에 집중될 수밖에 없었.

그러나 1999년부터 상황이 바뀌었다. 상장사의 주주 중시 경영이 일반화되면서 배당이 많아지고 있다. 외국인 지분율이 높은 회사에서는 외국인이 배당을 늘리라는 요구가 높아지고 있다. 삼성전자와 한국쉘석유는 반기에도 배당을 하는 중간배당을 시행했다. 회사 정관에 중간배당제를 도입한 39개 사도 점차 중간배당을 실시할 것이 분명하다. 1999년 말 결산이 끝나면 배당수익률이 8~9%에 달하는 회사가 많아질 것으로 전망된다. 배당수익률이 회사채수익률만큼 높아지면 배당을 위한 투자도 활성화되는 것이 당연하다.

따라서 배당수익률이 새로운 투자지표로 떠오르고 있다. 쌍용정유나 서울·굿모닝증권 등 증권사들도 고율배당 방안을 마련하고 있다. 보통주와의 가격괴리율이 50%를 넘는 종목 중 수익이 많이 나는 우량주의 우선주가 장기적으로 투자 유망한 것으로 분석된다.

경제적 부가가치

경제적 부가가치(economic value added : EVA)란 기업이 고유의 영업활동을 통해 창출한 순가치의 증가분을 말한다. 세후순영업이익에서 자본주의 기대수익인 자본비용을 뺀 금액으로 계산된다.

EVA = 세후 순영업이익 − 자본비용
　　 = (ROIC − WACC) × 투자자본

- 세후순영업이익 : 기업이 순수 영업으로부터 창출한 이익에서 법인세를 차감한 이익
- 자본비용 : 투자자(채권자, 주주)들이 제공한 투자자본에 대한 기회비용
- ROIC : 세후 순영업이익 ÷ 영업용 투하자본
- WACC : 타인자본과 자기자본을 가중평균한 비용으로 투자자본의 최저 요구수익률(투자자의 기대수익률)

어느 기업이 양(+)의 EVA를 창출한다는 것은, 영업용 투자자본을 갖고 영업활동을 통해 발생한 이익이 자본조달비용을 지불하고도 부가이익이 생겼다는 것을 뜻한다. EVA가 다른 경영성과 지표보다 낫게 평가되는 이유는, 기업 고유의 영업활동에 투자된 자산과 영업성과를 통해 창출된 이익으로 평가한다는 점과 주주의 기회비용인 자기자본비용을 고려했다는 점이다.

증권거래소가 748개 상장회사 가운데 관리종목과 자본잠식회사 및 신규상장회사를 제외한 490개 사를 대상으로 계산한 1998년도 EVA는 2조 5,600억 원이었다. 상장사 평균은 5,235억 원이었다. 이는 EVA를 계산하기 시작한 1992년 이후 가장 큰 규모였다. IMF 위기로 인해 1997년의 EVA는 마이너스 14조 6,600억 원이었다. 1998년부터 환율이 안정되고 무모한 투자가 크게 줄어듦에 따라 부가가치를 창출할 수 있는 여건이 마련된 것으로 분석됐다.

EVA를 창출한 기업은 164개 사에 그쳐 분석대상 기업의 33.5%에 머물렀다. 기업별로는 삼성전자가 2조 6,678억 원으로 전체 합계보다 많았다. 포항제철은 1조 1,000억 원, 한진해운은 1조 500억 원, LG반도체는 8,900억 원 등이었다.

자기자본이익률

자기자본이익률(ROE)은 주주의 몫인 순자산을 사용해 올린 이익을 나타내는 지표다. 기업의 수익력을 판단할 수 있는 하나의 지표로, 주주의 입장에서 기업의 투자효율성을 재는 잣대다.

기업은 최초에 자본금을 종잣돈으로 해서 세워진다. 이것을 근거로 차입금을 조달해 필요한 설비와 원자재를 구입해 생산과 영업활동을 한다. 주주 몫의 순자산은 납입자본금과 회사설립 이후 올린 이익잉여금 및 법정준비금 등을 합한 것으로, 이를 자기자본이라고 한다. 기업의 연간이익을 자기자본으로 나눈 값이 바로 ROE다.

ROE가 시중금리보다 낮으면 주주가 그런 기업에 투자할 이유가 없게 된다. 반대로 ROE가 높은 기업은 주주의 자산을 효율적으로 사용하고 있다는 것을 나타낸다. 다만, 자기자본이 적은 기업일수록 ROE가 높아지는 경향이 있기 때문에 투자할 때는 신중을 기해야 한다. ROE 자체는 주가가 고평가됐는지 저평가됐는지를 나타내는 척도가 아니라는 점을 항상 염두에 둬야 한다. ROE가 높은 기업은 앞에서 제시한 ROIC 표에서 찾아볼 수 있다.

주가수익비율

주가수익비율(PER)은 기업의 이익과 비교해 주가가 어느 정도의 수준에 있는가를 나타내는 지표다. PER는 주가를 주당순이익(EPS)으로 나눈 값으로, 단위는 배다. 예를 들어, 주가가 1만 원이고 EPS는 1,000원이라면 PER는 10배가 된다. PER를 계산할 때 EPS는 전기실적을 쓰는 경우도 있으나, 대개는 금기의 예상수익을 추정한 값을 사용한다. PER가 높으면 주가가 이익에 비해 고평가돼 있다는 것을 뜻하며, PER가 낮으면 저평가돼 있다고 해석된다.

PER의 약점은 자기자본비율이 낮은 기업의 경우 경영안정성에 문제가 있으나 발행주식 수가 적기 때문에 EPS가 많아짐으로써 PER가 낮게 유지된다는 사실이다. 반대로 미래의 성장을 위해 투

99년 저 PER 상위 20종목

(단위 : %, 원, 배)

종목명	증가율 매출액	경상이익	순이익	EPS	PER	FV/EBITDA
코오롱상사	-12.2	흑전	흑전	6,870	1.0	14.5
대림산업	4.3	흑전	373.0	7,769	1.9	5.1
코오롱건설	12.8	흑전	흑전	1,788	2.9	10.0
대림수산	2.5	7.1	-7.1	5,448	3.1	3.4
한진중공업	합병	합병	합병	1,997	3.2	3.6
진웅	-3.4	33.9	78.0	2,769	3.2	5.0
LG전자	3.5	1,395.9	1,461.9	13,842	3.3	8.2
영풍제지	6.3	20.9	47.4	4,286	3.5	2.3
현대미포조선	10.9	96.9	120.9	3,857	3.6	3.3
일성신약	6.6	흑전	흑전	2,293	3.7	1.9
코오롱	-5.8	-36.6	209.4	3,566	3.7	4.8
제일약품	5.9	116.2	70.9	4,483	3.7	3.4
롯데삼강	6.2	66.4	8.5	11,514	3.7	2.5
태광산업	-12.2	-10.4	-14.6	107,778	3.9	1.3
동부건설	-24.7	405.4	242.2	1,388	4.0	8.6
이수화학	-1.3	3.7	-2.6	3,919	4.1	2.8
유니온	6.9	346.0	390.1	3,985	4.2	5.4
선일전직	-8.8	-6.2	31.6	2,500	4.2	2.6
동일방직	6.6	56.8	66.4	5,000	4.3	5.9
삼양통상	3.1	12.8	10.1	4,000	4.3	2.6

2000년 저 PER 상위 20종목

(단위 : %, 원, 배)

종목명	증가율 매출액	경상이익	순이익	EPS	PER	FV/EBITDA
영풍제지	7.3	21.9	21.6	5,210	2.9	1.9
대림수산	3.6	8.3	5.9	5,769	2.9	3.4
진웅	11.1	44.4	5.3	2,915	3.0	3.6
제일약품	7.4	11.2	10.8	4,966	3.3	3.1
롯데삼강	5.6	5.0	3.5	11,911	3.6	2.3
유니온	7.3	9.5	9.7	4,369	3.9	4.7
선일전직	6.1	5.9	9.1	2,727	3.9	2.4
태광산업	5.4	8.8	8.3	116,759	3.9	1.2
동양물산	7.7	12.4	10.9	1,800	4.0	3.7
태평양	5.3	30.3	76.6	6,666	4.1	2.0
삼양통상	2.2	2.9	4.2	4,167	4.2	2.4
삼호	9.5	24.6	24.6	827	4.4	8.8
동원산업	6.9	6.1	8.7	3,362	4.4	3.9
삼양사	5.7	13.0	13.5	3,472	4.5	3.7
우성사료	6.9	5.7	9.1	3,883	4.5	2.3
이수화학	3.0	-8.4	-8.5	3,585	4.5	2.7
인천정유	11.2	흑전	흑전	1,313	4.6	6.3
동부한농	합병	합병	합병	1,934	4.6	5.1
이건산업	15.3	28.2	4.4	2,169	4.6	6.7
일성신약	4.5	-26.5	-21.3	1,805	4.6	1.9

자료 : 대한투자신탁

자를 많이 할 경우에는 수익이 적게 나고 PER가 높아지는 문제도 있다. 또 EPS는 당기순이익을 사용하는데, 순이익은 회계제도나 법인세 제도 등에 따라 상당히 조정할 수 있다는 점도 감안해야 한다. 세금을 적게 내려고 이익을 줄이는 기업이 있는가 하면, 자금사정이 나쁜 기업은 억지로 이익을 부풀리는 경우도 적지 않다. 1999년 이후 PER보다는 FV/EBITDA가 더 애용되고 있는 것은 이런 이유에서다.

다만, PER는 국제 간 비교를 하는 데는 유용성이 있다. 미국과 일본의 PER는 1970년대만 하더라도 비슷했으나 1980년대 이후 일본은 높아진 반면 미국은 낮아졌다. 현재 일본은 100배 정도, 미국은 30배 정도를 유지하고 있다. 우리나라의 PER는 13~20배 정도에 머물고 있다. 한국의 주가가 더 오를 수 있는 여지가 있다는 주장은 바로 이런 PER의 국제 간 비교를 통해 제기되는 것이다.

주당순자산가치

주당순자산가치(PBR)는 자본총계를 총발행주식 수로 나눈 값이다. 자본총계는 자본금과 잉여금으로 구성된다. 잉여금은 주식발행초과금, 자산재평가차액, 합병차익 같은 법정잉여금과 영업활동을 통해 얻은 이익으로 쌓은 이익잉여금으로 나뉜다. 잉여금은 추후 혹시 발생할지도 모르는 손실을 보전하거나 무상증자를 하는 재원으로 쓰인다. 즉 PBR는 주가를 이루는 뼈대라고 할 수 있다. 이런 점에서 PBR만큼 주가가 형성돼 있는지를 살펴보며 투자하는 게 정석이라고 할 수 있다.

증권거래소가 12월 결산 상장사 449개 종목(모두 제조업이며 관리종목은 제외)의 순자산가치와 주가를 비교한 자료를 분석해보자. 1999년 6월 24일 주가 기준으로 55.9%인 249개 종목의 주가가 PBR보다 낮은 것으로 분석됐다. 가치에 비해 저평가돼 있다는 얘기다. 연합철강, 롯데칠성, 셋방기업, 영풍 등이 대표적인 예다. 반면 SK텔레콤, 에스원, 맥슨전자, 갑을방적, 데이콤, 자화전자 등은 고평가돼 있는 것으로 나타났다.

「ROIC(투하자본이익률)」 높은 종목 사라

주식시장에 ROIC(투하자본이익률)와 FV/EBITDA(기업가치/세금·이자지급 전 이익) 바람이 거세게 불고 있다. 기관과 외국인들이 「가치(value)투자」를 강조하면서 ROIC와 FV/EBITDA를 투자지표로 삼고 있기 때문이다. ROIC가 높고 FV/EBITDA가 낮은 종목들이 2~4배의 주가상승을 기록하면서 열기는 개인에게까지 확산되고 있다.

주식시장에 「ROIC, FV/EBITDA혁명」(정진호 액츠투자자문 사장)이 일어나고 있다는 말이 나올 정도다. 실제로 대형주와 중소형주, 제조업주와 금융주를 가리지 않고 이익이 많이 나 기업가치가 큰 종목들은 증시와 관계없이 큰 시세를 내고 있다.

삼성물산은 지난 4월 1일~5월 10일까지 140.8%나 급등했다. 현대증권도 같은 기간 109.3%나 올랐다. 일반인들에게는 생소한 신흥은 3.4배나 뛰었다. 한섬은 81.2%, 남양유업은 69.1%나 상승했다. 같은 기간 종합주가지수 상승률(31.5%)을 크게 웃도는 실적이다.

기관과 외국인들이 「ROIC, FV/EBITDA」에 주목하고 있는 이유는 기업의 경영실적을 비교적 정확히 반영하고 있기 때문이다. 장인환 현대투자신탁운용 펀드 매니저는 『ROIC와 FV/EBITDA는 기업의 회계방법에 따라 조정할 수 없는 영업이익을 기준으로 계산된다』며 『나라에 따라 다른 감가상각방법이나 조세제도의 영향을 제외한 글로벌 스탠더드라는 점에서 유용한 투자지표』라고 밝혔다.

PER는 순이익을 바탕으로 계산되는데, 순이익은 자산매각 등에 따른 특별이익과 회계방법 변화에 좌우돼 경영실적을 정확히 반영하기 어려운 실정이라는 설명이다.

이남우 삼성증권 리서치담당 이사도 『한국타이어 주가가 최근 세 배나 오른 것은 ROIC를 기준으로 재평가(rerating)가 이뤄진 때문』이라며 『PER가 일정한 상태에서 재평가가 이뤄지는 동안 주가가 한 단계 추가 상승(level-up)하는 종목이 상당히 등장할 것』이라고 분석했다.

(1999. 5. 12, 홍찬선 기자)

> **용어설명 : ROIC**
>
> ROIC란 얼마를 투자해서 얼마를 버는가를 나타내는 지표다. 이 때 이익으로는 순이익이 아닌 영업이익을 사용한다. 순이익은 회계제도나 법인세 및 특별이익 등에 영향을 받기 때문에 경영실적을 정확히 반영하지 못한다는 이유에서다. ROIC는 높으면 높을수록 좋은 것으로 평가되며 통상 10%가 넘으면 유망한 것으로 평가된다. FV/EBITDA는 기업가치(시가총액+부채)를 세금·이자지급·감가상각 전 이익으로 나눈 값이다. 이 때 이익도 영업이익을 사용한다. FV/EBITDA는 값이 낮을수록 저평가된 것으로 해석된다. 현재 시장 평균은 6.5배인데 이보다 높으면 고평가된 것으로 본다. 다만, 업종별로 해석은 약간씩 달라질 수 있다. 꼭 일치되는 것은 아니지만 ROIC는 EPS, FV/EBITDA는 PER가 대응하는 것이라고 보면 이해하기 쉽다.

주가조정기엔 「기업가치」 따져야 — 유망종목 발굴 전략

올 들어 주식시장에 커다란 변화가 일어나고 있다. 기관과 외국인 등 전문투자자들의 장세 영향력이 커지면서 투자행태가 「가치투자(value investment)」로 바뀌고 있다.

가치투자란 기업의 가치를 수익성에 따라 정확하게 계산해 수익성이 높은 주식에 집중적으로 투자하는 방식이다. 『주가는 결국 수익력(earning power)과 수익의 질(earning quality)에 따라 결정된다』(정진호 액츠투자자문 사장)는 글로벌 스탠더드에 따른 것이도 하다.

가치투자는 지난 2월 말부터 5월 초까지 2개월 간 지속된 급등장세에서 「종목별 차별화」로 나타났다. 수익성이 높아 기관과 외국인들의 「사랑」을 받은 종목들의 주가는 지칠 줄 모르고 뛰어올랐다. 종합주가지수는 500선에서 810선으로 63% 오르는 사이에 2~3배나 상승한 종목이 적지 않았다. SK텔레콤은 120만 원대까지 오르면서 「주가 100만 원 시대」를 열었다.

종합주가지수가 1,138로 사상최고를 기록했던 1995년 11월에도 이루지 못했던 일이었다. 주택은행, 삼성화재, 한섬 같은 종목들도 사상 최고치를 경신했다.

가치투자를 결정짓는 잣대로는 FV/EBITDA가 주로 이용되고 있다. 바텀 업(bottom-up) 방식을 이용한 유망종목 발굴로 유명한 액츠투자자문이 최근 FV/EBITDA와 ROE를 기준으로 유망종목을 선정해 눈길을 끌고 있다. 바텀 업 방식이란 거시경제 지표나 종합주가지수 같은 것보다는 개별기업들의 수익성 분석을 통해 유망종목을 발굴하는 방법이다.

정진호 액츠투자자문 사장은 『시장에서 유망하다고 합의가 이뤄진 종목 중에서 독자적인 기업평가 모델과 애널리스트들의 현장 확인을 거쳐 유망종목을 선정하고 있다』고 밝혔다. 정 사장은 『이런 종목들은 단기적으로 등락이 있을지 모르나 장기적인 안목을 갖고 투자하면 큰 시세차익을 낼 수 있다』고 설명했다.

> **용어설명 : FV/EBITDA**
>
> 기업가치를 세금·이자지급 전 순이익으로 나눈 것이다. 단위는 「배」이며 숫자가 크면 주가가 고평가됐다는 뜻이고, 낮으면 저평가됐다는 뜻이다. 우리나라 상장기업들의 FV/EBITDA는 1990년대 들어 평균적으로 6.5배 정도에서 안정적으로 움직여왔다. 따라서 개별 종목의 FV/EBITDA가 6.5배보다 높으면 고평가된 것이고, 6.5배보다 낮으면 저평가된 것으로 일단 해석할 수 있다. 다만, 개별종목이나 업종별 특성이 있기 때문에 이런 해석이 절대적으로 옳다고는 할 수 없다. 성장성이 높은 업종은 통상 높게 나타나는 경향이 있기 때문이다.

액츠투자자문이 선정한 종목은 남양유업, 태광산업, 진웅 등 40개 종목이다. 이 중에 FV/EBITDA가 시장평균보다 높거나 ROE가 낮은 종목들을 제외한 21개 종목을 특히 주목해볼 필요가 있다고 액츠투자자문은 덧붙였다. 남양유업은 올해 EPS가 3만 2,200원으로 작년보다 9.6% 늘어나고 ROE는 17.8%에 달할 것으로 전망됐다. 반면 FV/EBITDA는 1.5배에 머물러 주가는 크게 상승할 것으로 분석됐다.

태광산업도 EPS가 10만 원 이상의 고공행진을 계속하고, FV/EBITDA는 1.4배에 그쳐 주가는 91만 6,000원까지 상승여력이 있는 것으로 나타났다.

진웅도 EPS(3,032원), FV/EBITDA(3.0배), ROE(25.3%) 등에서 모두 유망한 것으로 분석됐다.

이 밖에 FV/EBITDA로 볼 때는 코오롱유화(2.5배), 이수화학(2.9배), 삼양제넥스(4.9배) 등이, ROE에서는 메디슨(42.1%), 대한항공(31.8%) 등이 유망한 것으로 추천됐다. (1999. 5. 27, 홍찬선 기자)

상장사, EVA 크게 개선 — 거래소, 결산법인 분석

지난 해 기업 본연의 업무인 순수 영업활동을 통해 경제적 부가가치(EVA)를 가장 많이 낸 상장사는 삼성전자인 것으로 분석됐다. 삼성전자는 지난 1992년 이후 최근 7년 간의 누적 EVA에서도 1위를 기록했다. EVA는 세후 영업이익에서 외부차입 이자, 배당 등 모든 투자자본 비용을 뺀 것으로 실질적인 기업가치를 보여주는 지표다. 미국에서는 주식투자 지표로 비중 있게 사용된다.

3일 증권거래소는 금융업종, 관리종목 등을 제외한 490개 12월 결산 상장사의 EVA를 분석한 결과, 지난 해 전체 EVA는 2조 6,000억 원으로 1997년의 마이너스 14조 7,000억 원에 비해 크게 개선됐다고 발표했다.

업체별로는 삼성전자가 2조 6,678억 원으로 가장 많았으며, 다음은 포항제철(1조 1,053억 원), 한진해운(1조 541억 원), LG반도체(8,997억 원), 대한항공(6,647억 원), LG전자(4,816억 원), 현대상선(4,360억 원) 등의 순이다.

지난 1992~98년까지 산출한 누적 EVA 기준으로도 삼성전자는 5조 8,991억 원을 나타내 7년 간 기업가치가 가장 많이 증가한 것으로 나타났다.

다음으로는 포항제철(1조 3,031억 원), SK텔레콤(1조 2,688억 원), 쌍용정유(4,285억 원), LG전자(4,050억 원), LG상사(3,920억 원), 삼성전관(3,894억 원) 등이다. 10대 그룹별 지난해 EVA 순위는 삼성, LG, 한진, SK, 현대, 금호, 쌍용, 롯데, 한화, 대우그룹 순이다.

7년 간 누적 EVA는 삼성, LG, SK, 금호, 롯데, 한화, 쌍용, 현대, 대우, 한진그룹 순인 것으로 분석됐다.

증권거래소 관계자는 『전체적으로 EVA가 대폭 개선된 것은 순수한 영업활동에 따른 것보다는 환차익이 크게 늘었기 때문』이라고 설명했다. 그는 『다만, 지난 1994, 1995년에도 EVA가 플러스로 돌아서며 증시가 활황세를 보인 점이 주목된다』고 덧붙였다. (1999. 6. 4. 김홍열 기자)

제 7 장

주식 살때와 팔때

증권분석 어떻게 하나

　직접적인 주식투자에 앞서 반드시 밟아야 할 단계가 있다. 증권분석이다. 증권분석에는 크게 세 가지 방법, 즉 기본적 분석, 기술적 분석, 랜덤 워크 이론이 있다.
　기본적 분석방법은 다음과 같은 관점을 갖고 있다. 우선 주가는 주식을 발행한 기업의 재무적인 요인과 기업 외적인 경제요인에 따라 움직인다는 시각에서 출발한다. 따라서 주가에 영향을 주는 기업 내적 요인과 외적 요인을 찾아내 주가예측을 해야 한다는 것이다. 이들 요인과 주식이 갖고 있는 내재적 가치를 비교해 투자를 결정한다. 내재적 가치가 시장가격보다 높다면 그 종목을 사야 한다. 주가는 장차 그 주식의 내재가치에 근접해가는 속성을 갖고 있기 때문이다.
　하지만 기본적 분석에도 문제는 있다. 증권시장은 시시각각 변하는데 기본적 분석을 하려면 시간이 걸린다. 현실적으로 주식투자에 성공하기 위해서는 신속한 의사결정과 예리한 판단으로 매매시점을 잘 포착해야 한다. 그렇다 해도 이것만으로 성공적인 투자라고 볼 수는 없다. 선택한 종목이 시장에서 인기를 끄는 주도주라야만 큰 이익을 낼 수가 있다.

이 같은 기본적 분석의 단점을 보완하기 위해 동원되는 수단이 기술적 분석이다. 주로 차트를 분석해 주가를 예측하는 방법이다. 이 이론은, 주가란 기본적으로 수요와 공급에 따라 결정되며, 이것들은 투자자들의 심리상태나 주가와 거래량과의 관계까지도 검토해야 한다는 것이다.

주식투자자들은 크게 두 가지 문제에 부딪치게 된다. 종목 선택의 문제와 매매시점의 문제다. 이것은 말하긴 쉬워도 실제 행하기는 어려운 문제다.

따라서 주식투자자들은 주식투자에 나서기 전에 기본적 분석과 기술적 분석을 병행해야 한다. 또한 아무리 개별주식을 잘 골랐다 해도 대세를 판단하지 못하면 오랫동안 주가가 오르지 않아 낭패를 보는 경우도 있다.

이러한 위험성을 줄이기 위해 투자자들은 주식투자에 나서기 전에 경제 전반에 대한 이해와 시장흐름을 종합분석해야 한다. 그 다음으로는 산업동향을 세심히 분석할 필요가 있다. 어느 시대건 잘 나가는 업종이 있는가 하면, 쇠퇴하는 산업도 있기 때문이다. 주식은 시장 인기도에 좌우되는 속성이 있는 만큼 업종 자체가 각광받는 성장업종이어야만 더 큰 투자 수익률을 올릴 수 있다.

산업이나 업종분석을 한 다음엔 개별종목을 분석한다. 물론 개별기업의 주가 그래프도 분석한다. 그 다음에 투자종목을 선택해 매입시점을 포착해 과감하게 투자에 나서야 한다.

기술적 분석

 주가는 복합적인 요인에 따라 움직인다. 국내외 정치, 통화량·금리·환율·물가 등 경제적인 요인에 의해 출렁거린다. 물론 수익성이나 성장성 등 기업이 갖고 있는 본질적 가치가 주가 형성에 가장 큰 영향을 준다. 주식시장은 수많은 투자대중이 참여하는 까닭에 군중심리까지 작용한다. 그래서 주식전문가들은 주가와 거래량을 도표로 만들거나 계량화함으로써 미래의 주가를 점치려 한다. 이게 바로 기술적 분석이다.

 기술적 분석은 다음과 같은 가정을 바탕으로 이루어진다.

 첫째, 주가는 수요와 공급의 법칙에 의거해 결정된다. 둘째, 수요와 공급은 수많은 요인들에 따라 변한다. 셋째, 주가는 대체로 상당 기간 일정한 추세를 형성하면서 변화한다. 넷째, 주식의 수요와 공급은 도표로 나타낼 수 있으며 모든 주가모형은 반복하려는 속성이 있다.

 기술적 분석은 재무제표 등을 이용한 기본적 주가분석과 병행하면 효과적이다.

도표분석

기술적 분석의 주종을 이루는 것이 도표분석방법(chartist's approach)이다. 이 방식에 기초해 주가를 예측하는 사람들이 차티스트다.

봉 도표(bar chart)

도표 중에서 널리 사용되는 것이 봉 도표(bar chart)다. 이는 일정 기간의 주가 변화를 막대모양으로 계속 그려나가는 방식이다. 작성 기간에 따라 일간단위의 일봉, 주간단위의 주봉, 월간단위의 월봉도로 나뉜다. 봉 도표에는 미국식과 일본식이 있다. 미국식은 저가·고가·종가만을 표시한다. 그리기는 쉽지만 단기의 주가예측에는 부적합하다는 평을 받고 있다. 그래서 우리나라에서는 시가보다 종가가 높은 경우에는 흰색 또는 적색의 봉을 그리고, 반대의 경우에는 흑색 또는 청색의 봉을 그리는 일본식 음양 봉도표를 사용한다. 주가가 오른 날은 흰 막대, 떨어진 날은 검은 막대로 표시한다. 여기에서 주가가 오르거나 내렸다는 것은 전일 대비가 아니라 당일의 시가·종가다. 봉 도표의 몸통과 꼬리의 길이는 매수세와 매도세의 강도를 나타낸다. 양봉의 몸통이 길면 매수세가 크다는 것을 나타낸다. 반대로 음봉의 몸통이 길면 매도세가 강하다는 것을 뜻한다. 그림의 양봉을 먼저 보자. 꼬리나 머리가 없이 몸통만 있는 A유형은 매수세가 강하다는 뜻이다. 저가권에서 긴 상승선이 나오면 주가가 상승국면으로 반전될 가능성이 크다. 몸통 밑에 꼬리가 있는 B 유형은 매수세력이 강하다는 것을 나타낸다. 통계상 주가가 하락국면에서 상승국면으로 바뀔 때 자주 나타난다. 저가권

봉도표					
시가보다 종가 상승		시가보다 종가 하락		시가보다 종가 일치	
A	종가=고가 시가=저가	E	시가=고가 고가=저가		고가 시가=종가 저가
B	종가=고가 시가 저가	F	고가 시가 종가=저가		시가=종가= 고가=저가
C	고가 종가 시가=저가	G	시가=고가 종가 저가		고가 시가=종가=저가
D	고가 종가 시가 저가	H	고가 시가 종가 저가		시가=종가=고가 저가

에서 나타나면 주가가 속등할 가능성이 크다. 몸통 위에 머리가 있는 C 유형은 상승기운은 있으나 매물을 받아 종가가 고가보다 낮게 형성된 경우다. 고가권에서 나타나면 반락 가능성이 있다. 몸통 아래위에 머리와 꼬리가 있는 D 유형은 추세가 전환될 때 주로 나타난다. 매수와 매도세 간에 치열한 공방이 벌어지는 증거다. 저가권에서는 반등, 고가권에서는 반락 가능성이 크다.

 다음엔 음봉을 보자. 꼬리와 머리가 없는 음봉은 매도세력이 강해 속락 가능성이 있다. 고가권에서 긴 하락이 있는 경우에는 하락국면으로 전환될 가능성이 있다. 머리만 있는 F 유형의 음봉은 매도세력이 강하다는 것을 의미한다. 고가권에서 나타나면 하락할 소지가 크다. 상승에서 하락으로 전환될 때 자주 나타난다. 꼬리만 있는 G 유형의 음봉은 하락세를 나타내지만 저가권에서는 반등의 가능성이 있다. 꼬리와 머리가 있는 H 유형은 거래량이 적고 침체국면에서 잘 나타난다. 주가가 게걸음을 하는 경우다.

다우 이론

다우 이론(Dow theory)은 주가를 기술적으로 분석하는 데 가장 널리 이용되고 있다. 미국의 〈월 스트리트 저널〉을 창간한 찰스 H. 다우(Charles H. Dow)가 고안했다. 그는 주식시장이 아무렇게 움직이는 게 아니라, 전체 방향을 예시할 수 있는 세 가지 주기적 경향에 영향을 받는다는 가설을 세웠다. 세 가지 경향이란 단기, 중기, 장기 사이클이다. 단기변동이란 말할 것도 없이 매일매일의 주가 변동으로서 분석가치가 없다. 중기 사이클은 몇 주 내지는 몇 개월의 추세다. 이 중기 사이클을 분석함으로써 주가의 전환국면과 장기추세를 예측하려 한다. 장기 사이클은 2~10년 간의 흐름이다.

그러면 주식시장과 관련된 장기 사이클의 특징을 살펴보자.

강세시장
제1국면
매집국면이라고도 한다. 경제 전반이나 기업환경에 대한 전망이

어둡다. 대부분의 투자자들은 지루한 약세 장세에 지쳐 기회만 있으면 주식을 팔아치우려고 한다. 실망 매물이 증가하면서 기관투자가를 비롯한 전문가들은 저가에서 주식을 사들이기 시작한다. 저금리가 정착되는 국면이다.

제2국면

마크업 국면이라고도 한다. 기업의 영업실적이 호전되는 등 경제여건이 전반적으로 개선되는 조짐이 나타난다. 악재보다는 호재가 주가에 더 잘 반영된다. 투자자들이 주식투자를 늘리면서 주가가 오르고 거래량도 늘어난다. 기업들의 설비투자 증가 등으로 금리가 조금씩 오른다.

제3국면

과열국면이다. 투자가 투자를 부르는 단계다. 일반 개인투자자들은 조급해지고 서로 먼저 주식을 매입하려고 안달을 한다. 남의 돈을 빌려 주식투자에 나서는 사람들이 많아진다. 각종 통계도 장미빛 일색이다. 신문·방송 등이 주식관련 뉴스를 크게 다룬다. 그러나 기관이나 전문가들은 조용히 보유주식을 팔기 시작한다.

약세시장

제1국면

분산국면이라고 한다. 주가가 조금만 내려도 거래량이 증가한다. 증시가 과열됐다고 느낀 기관투자가들이 본격적으로 손을 터는 단

증시의 장기 사이클 국면별 특징

◀ 강세시장

구 분	제1국면	제2국면	제3국면
주력주 동향	연초 이후 또는 몇 년 동안 저가를 기록한 후 최초의 주가상승 저항선을 상회	중간반락 후 바닥세를 상회하는 움직임으로 전환	종합주가지수에 앞서 주가의 천장을 치는 피크 시현
저가주 동향	업적이 부진한 저주가 중에서 신고가 종목이 나타남	저가 부실주에 매입세력이 계속되며, 급등종목도 나타남	관리종목에도 순환매 양상을 보임
단기금리	저금리 지속	금리인상	금리 피크
신용거래규제	보증금 인하 직후	보증금을 계속 인상, 현금담보	보증금이 보통 70% 이상으로 아주 높음. 대주를 줄임
뉴스와 주가	나쁜 뉴스, 악재에 대해 시장은 저항력이 있으며, 악재가 없어질 무렵부터 주가는 반발하는 감이 있음	호재에 민감하게 반응하며, 뉴스에는 강세 지원 재료가 많고, 악재는 개별종목에 영향을 주는 정도에 그침	뉴스 자체에 강세를 뒷받침하는 것이 많고, 주가를 지지하는 재료도 강하며 계속 상승세가 지속되는 느낌을 줌
투자신탁 동향	투자원금 손실 점차 회복	해약률 둔화	모집액 상승
시가발행 증자	극히 적음	보통	급증
종합주가지수	바닥권 약간 상회	주기적으로 상승 지속	급등
150일 이동 평균선과 주가 (종합주가지수)	주가는 계속 상승하여 평균선을 밑에서부터 위로 뚫고, 드디어 평균선 위로 상승	평균선은 상승 지속	평균선은 더욱 상승하나 주가와의 괴리폭이 넓어짐
대주 수	대주잔고가 계속 증가하나, 공매도 비율은 거래량 급증으로 하락하는 기미를 보임	대주잔고는 피크에 달한 후 감소하기 시작	계속 감소
등락지표	장기하강에서 상승으로	상승	천장을 친 후 하락

◀ 약세시장

구 분	제1국면	제2국면	제3국면
주력주 동향	상승장세의 주도종목의 주가가 급상승에 따른 반발로 차츰 하락추세	주가가 서서히 하락하고, 인기는 차츰 식으며, 거래량은 급격히 감소, 실적전망은 약화	유동물량이 적고 고가주의 주가 하락
저가주 동향	관리대상 종목의 저가주가 신저가로 주가 하락	간헐적으로 회복되나 다시 저가권으로 진입함	도산 건수가 많아져 대폭 하락한 후 완만하게 주가 회복
단기금리	콜 금리 계속 상승, 후반에는 금리 피크를 이룸	금리는 약간 하락	금리는 더욱 하락, 최초의 금융완화조치가 나옴
신용거래규제	강화된 규제는 아직 해제되지 않은 상태	규제해제, 증거금 인하 실시	몇 회에 걸쳐 완화
뉴스와 주가	좋은 뉴스와 호재에 반응이 없고 악재에 민감하게 반응하며, 해외 뉴스가 하락의 계기가 되는 일도 많음	일시적으로 악재에 무반응하여 주가가 반응하더라도 장세는 곧 하락하는 양상을 보임	뉴스와 재료에 모두 악재가 많고, 비관적인 전망이 지배적이며 우량주도 주가 하락함
투자신탁 동향	모집 감소, 공사채 투신은 해약 횡보상태 계속되며, 증자발표 많음	모집, 해약 모두 축소되고 액면가 미만 매출	해약 증가, 공사채투신 시세는 저가권
시가발행 증자	계속되며, 증자발표 많음	증자계획 중지	거의 없음
종합주가지수	천장을 치고 최초로 급락	종목에 따라 종합주가지수와 반대로 상승하는 파행장세도 나타남	신저가권으로 진입
150일 이동평균선과 주가 (종합주가지수)	주가는 상승 중에 있는 평균산을 일시에 하회함	주가는 계속 하락하고 있는 평균선으로 접근	평균선은 계속 하락하고 주가는 평균선에서 반발해도 저가권을 다지는 양상을 보임
대주 수	공매도는 감소하나, 그 감소율은 축소됨	감소가 그치고, 2~3개월 증가한 후 급격히 감소	공매도는 다시 증가함
등락지표	확실히 하강	반전하는 기미가 약간 보이다가 급격히 하강	새로운 저수준까지 하락한 후 하락이 멈춤

계다. 기업공개와 증자가 봇물을 이룬다. 금리는 상승가도를 치닫는다.

제2국면

공황국면이다. 매도세력이 급증해 주가는 폭락한다. 거래가 성립되지 않는 탓에 거래량이 급감한다. 기업수지도 악화된다. 금리가 약간씩 내린다.

제3국면

침체국면이다. 주식매수 세력이 실종되고 팔아치우려는 세력이 급증해 주식 투매현상이 나타난다. 시간이 지나면서 주식을 팔지 못한 투자자들은 주가가 오를 때까지 버티는 수밖에 없다며 포기한다. 주가의 낙폭이 점차 작아진다. 기업의 수익성이 나빠지고 금리인하 등 각종 증시부양 조치가 강구된다.

거래량과 주가

　펀드 매니저 등 주식투자의 프로들은 증권시장에 남아 있는 흔적을 예의 주시한다. 흔적이란 거래량이나 거래대금을 말한다. 주가는 주식의 인기도를 가치로 나타낸 것이다. 거래량이나 거래대금은 그것을 양으로 표시한 것이다. 거래량은 물론 거래가 이뤄진 총주식 수다. 거래대금은 거래량에 주가를 곱해 구한다. 이는 시장의 힘을 나타내는 지표다.
　주가와 거래량은 동전의 양면처럼 밀접한 관계에 있다. 주가가 오를 때에는 거래량이 많아진다. 반대로 주가가 내릴 때에는 주식거래량이 줄어든다. 주가변화에 앞서 거래량에 변화가 일어나는 것이다. 주가가 상투를 치기 전에 주식거래는 피크에 달하고 주가가 바닥을 치기 전에 거래량이 늘어나는 경향을 보이고 있다. 오랜 동안 움직임이 없던 주식이 거래가 늘어나기 시작하면 주가가 오름세로 돌아서는 신호라 할 수 있다.
　일반적으로 주가 상승국면에서는 더 오를 것이란 기대감으로 「사자」 주문이 늘어난다. 반대로 주가 하락국면에는 앞날에 대한 불안

투자참고 종목

거래량 상위종목 (단위: 주, 원, %)

순위	종목명	직전 5일간 평균거래량	거래량	종가	전일대비 등락폭	등락률
1	한별텔레콤 C	9,415,098	12,425,100	5,100	+ 360	+ 7.6
2	대우	16,158,576	11,087,340	720	- 50	- 6.5
3	삼성중공업	7,195,284	9,873,990	8,300	- 190	- 2.2
4	종합기술금융	9,089,812	7,242,060	17,000	+1,000	+ 6.3
5	한솔CSN C	11,017,826	7,035,630	11,400	- 750	- 6.2
6	대우중공업	15,539,628	6,291,240	1,385	+ 15	+ 1.1
7	대한통운	5,500,446	5,687,040	13,150	+ 200	+ 1.5
8	현대전자	11,031,936	5,652,670	25,350	+ 50	+ 0.2
9	미래산업 A	9,789,274	5,626,930	9,100	- 350	- 3.7
10	현대건설	5,561,796	5,502,840	7,100	+ 90	+ 1.3
11	한국합섬 C	6,081,886	5,346,030	3,500	- 300	- 7.9
12	외환은행	3,304,700	4,564,160	5,090	- 120	- 2.3

감으로 매입주문을 자제함으로써 거래량이 줄어든다. 증권시장에는 다양한 투자자들이 모여 있다. 상장기업의 대주주 및 임직원, 정부정책 입안자, 정치인에 이르기까지 아주 다양하다. 그래서 증권시장에는 수많은 정보와 루머가 떠돈다. 그만큼 정보의 질에서 차이가 난다. 인기 있는 주식은 거래량을 보면 안다. 주가는 별로 움직이지 않아도 거래량이 늘기 시작한다. 얼마 있다가 좋은 재료가 증권시장에 출현하고 주가는 상승한다. 나쁜 재료가 터져나오기 직전이라면 「팔자」 물량이 많아진다. 그 악재가 사실화되는 단계에서는 서로 먼저 팔고 보려는 투매물이 나와 주가가 급락한다. 하지만 어느 정도의 투매가 마무리되면 「사자」 세력이 다시 생겨 주가는 반등세로 돌아선다. 거래량을 주의 깊게 관찰하면 물밑의 변화를 파악할 수 있게 된다.

거래량을 통해 시장흐름을 읽는다

현재 증권시장에서 각광받는 주식을 찾으려면 거래량 및 거래대금 상위 종목을 보면 알 수 있다. 〈한국경제신문〉은 증권면 하단 지표로 읽는 한경 마켓 트렌드의 투자참고 종목란에 거래량 상위 12개 종목을 분석해 싣고 있다. 이를 통해 개별종목의 인기도뿐 아니라 현재 주가의 흐름을 알 수 있다. 또 매주 월요일에는 주간 거래량 상위 랭킹이 발표된다. 매일매일의 인기종목과 함께 그 종목의 인기가 지속되고 있는지 분석할 수 있다. 이 때는 거래량과 거래대금을 함께 비교해보아야 한다.

거래량 분석방법

거래량과 주가의 관계는 개별종목뿐 아니라 전체 시장에도 적용된다. 거래량의 흐름을 파악하는 데는 이동평균을 참고하는 게 좋다. 이를 분석하면 주가의 예측과 매입·매도시점을 찾는 데 도움이 된다. 〈한국경제신문〉의 증권란을 보면 5일, 20일, 60일, 120일 이동평균거래량이 있다. 이동평균거래량은 과거 주식 거래량을 일정 기간별로 평균을 내 해당 기간의 거래량 추이를 분석하는 데 도움이 된다. 기준기간이 짧은 이동평균선이 긴 이동평균선을 뚫고 위로 올라가면 매입 신호라고 할 수 있다. 반대의 경우는 매도 신호다.

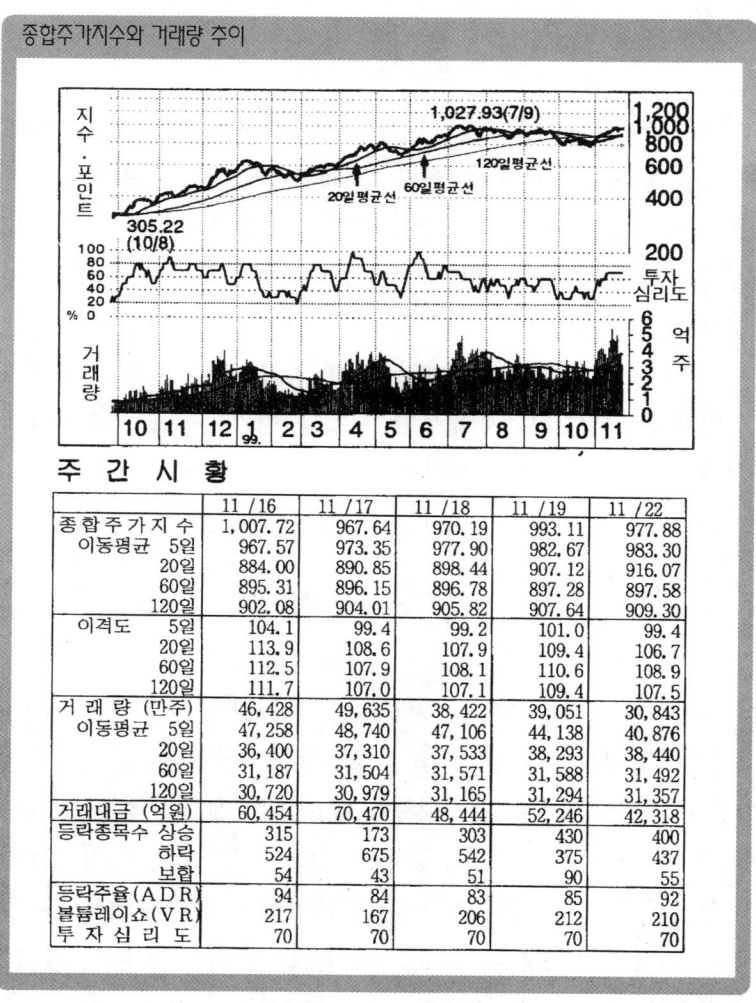

종합주가지수와 거래량 추이

주 간 시 황

	11/16	11/17	11/18	11/19	11/22
종합주가지수	1,007.72	967.64	970.19	993.11	977.88
이동평균 5일	967.57	973.35	977.90	982.67	983.30
20일	884.00	890.85	898.44	907.12	916.07
60일	895.31	896.15	896.78	897.28	897.58
120일	902.08	904.01	905.82	907.64	909.30
이격도 5일	104.1	99.4	99.2	101.0	99.4
20일	113.9	108.6	107.9	109.4	106.7
60일	112.5	107.9	108.1	110.6	108.9
120일	111.7	107.0	107.1	109.4	107.5
거래량 (만주)	46,428	49,635	38,422	39,051	30,843
이동평균 5일	47,258	48,740	47,106	44,138	40,876
20일	36,400	37,310	37,533	38,293	38,440
60일	31,187	31,504	31,571	31,588	31,492
120일	30,720	30,979	31,165	31,294	31,357
거래대금 (억원)	60,454	70,470	48,444	52,246	42,318
등락종목수 상승	315	173	303	430	400
하락	524	675	542	375	437
보합	54	43	51	90	55
등락주율(ADR)	94	84	83	85	92
볼륨레이쇼(VR)	217	167	206	212	210
투자심리도	70	70	70	70	70

투자심리선

주식시장의 에너지를 가늠하는 지표로 널리 사용되는 것 중 하나

투자심리도 침체종목 급증

20%이하 무려 102개

정보통신주와 증권주등 시장매기가 특정 종목에 집중되면서 투자심리도가 침체상태에 빠진 종목이 상대적으로 크게 증가하고 있다.

21일 증권업계에 따르면 이날 현재 투자심리도가 20%이하로 침체된 종목은 1백2개에 달했다. 반면 투자심리도가 80%이상으로 과열상태인 종목은 한솔CSN과 새한전자 두개 종목에 불과했다.

투자심리도는 최근 10일간 거래일수중 상승한 날과 하락한 날의 비율로 투자심리도 20%는 열흘중 이틀만 주가가 올랐다는 뜻이다. 침체종목중에는 정보통신주나 전기전자주는 거의 없었다.

일신방직 대창1우등은 투자심리도가 제로였으며 두레에어 신동아화재 기아특수강 조선전재 동일방직 벽산개발 삼익건설 제일약품 동성 서광 신광산업 신한 신호제지 진도 신원 등은 투자심리도가 10%를 기록했다.

조주현 기자 forest@ked.co.kr

가 투자심리선이다. 투자심리선이란 투자자들의 심리변화를 일정 기간 동안 파악해 과열과 침체 여부를 나타내는 기법이다. 이는 최근 12일 동안 주가가 오른 날의 비율이다. 12일의 기간을 정한 것은 인간의 심리는 12일을 주기로 변한다는, 원시적 리듬이 있다는 연구결과에 근거한 것이다. 투자심리선=주가상승 일수÷12일×100 이다. 12일 중에서 주가가 오른 날이 9일이면 투자심리선은 75%가 된다. 이러한 시장상태는 과열로서 일단 매도시점이다. 12일 동안 주가가 오른 날이 3일이면 투자심리선은 25%로서, 단기침체이므로 매입시점이다.

제8장

힘 안 드는 간접투자 ABC

간접투자 — 펀드 전성시대

『뮤추얼 펀드라는 게 도대체 뭔가요? 옆집 철이 엄마는 주식의 주자도 모르지만 증권회사에 다니는 친구 남편 말을 듣고 뮤추얼 펀드에 투자해 큰돈을 벌었다고 하던대요.』

1998년 말 이후 주식시장이 활기를 띠자 증권회사와 신문사 등에는 이 같은 문의 전화가 크게 늘고 있다. 그런가 하면 주식시장이 금융장세 속에 과열조짐을 보였을 때, 일부 지방도시에서는 주식이 어떤 것인지 전혀 모르면서 무조건 주식을 사달라는 왕초보 투자자들이 출현해 증권회사 직원들을 당혹스럽게 했다는 소문이 나돌기도 했다.

이 같은 주식 왕초보 또는 증권에 대한 지식을 갖고 있다 해도 시간과 정보가 없는 사람들에게 알맞은 투자수단이 바로 간접투자 방식이다. 주식·채권 등 증권투자와 관련해 투자자 자신의 판단으로 특정 종목을 사거나 팔아달라는 주문을 내는 것을 직접투자라 한다.

이에 비해 간접적인 증권투자는 투자자가 주식을 직접 사고 팔지 않고 전문기관에 투자자금을 맡기는 방식이다. 이 같은 기관에는 투자신탁회사와 뮤추얼 펀드가 있다. 물론 증권회사에 돈을 맡기고 간접투자를 하고 싶다고 하면 이들 기관에서 취급하는 간접투자상품을 사준다. 이들 전문기관은 펀드 매니저라는 프로들에게 고객들이 맡긴 돈을 운용하도록 한다. 그 대신에 수수료를 주어야 한다. 이 같은 간접투자방식은 직접 돈을 걸고 승부수를 던지는 긴장감과 묘미는 없지만, 주가등락에 일희일비하는 직접투자보다는 훨씬 안전해 마음 편히 지낼 수가 있다. 물론 간접투자라 해서 원금손실 위험이 없는 것은 아니지만, 직접투자보다는 냉정한 입장에서 투자자금을 운용하기 때문에 리스크가 적은 편이다.

1999년 이후 주식형 수익증권이나 뮤추얼 펀드 등 간접증권투자 상품에 몰린 돈이 20조 원을 넘어선 것도 이 같은 매력 때문이다. 특히 한 자릿수의 저금리 기조가 호재로 작용해, 은행·금융권에서 증권시장 쪽으로 자금의 대이동이 일어나면서 간접투자 상품이 각광을 받게 된 것이다.

사실 간접투자 상품의 수익률을 보면 입이 딱 벌어질 정도다. 특히 1998년 말 국내에 선보인 뮤추얼 펀드의 수익률은 놀랄 만하다. 30~60%의 수익을 낸 게 보통이고 몇몇 펀드들은 100%를 넘는 수익률을 올려 증권가는 물론 금융가의 화제가 되기도 했다. 이처럼 간접투자 상품의 인기가 치솟자 많은 상품들이 쏟아져 나왔다. 투자자들의 취향에 맞추기 위해서다. 투자신탁회사들이 취급하는 수익증권의 경우 성장형·안정성장형 등 수십 가지가 선보이고 있다.

태어난 지 돌밖에 안 된 뮤추얼 펀드의 경우 외형상으로는 비슷비슷해 보이나 그 내용을 따져보면 실상은 다르다. 태어날 때부터 상품의 성격 자체가 다르고, 그것을 운용하는 펀드 매니저들의 성향이나 운용전략이 다르기 때문이다.

물론 간접투자라고 해서 위험이 전혀 없는 것은 아니다. 기본적으로 이들 각종 펀드는 은행예금처럼 예금보호대상이 아니다. 펀드매니저들이 잘못 운용하면 원금마저 손해 볼 수 있다. 일부 펀드나 투자신탁회사, 증권회사의 영업점에서는 목표 수익률을 제시하는 경우도 있으나, 이러한 행위는 불법이다.

수익증권과 투자신탁

그 동안 우리나라에서 보편화돼왔던 간접투자 수단으로는 투자신탁회사의 수익증권을 사는 방법을 들 수 있다. 수익증권이란 원래 고객들이 맡긴 원금과 신탁재산의 운용 결과로써 생긴 이익금을 분배받을 수 있는 권리가 표시된 유가증권이다. 투자자들끼리 사고 팔 수 있지만 실제로는 투자신탁회사들이 되사줌으로써 언제든지 현금화할 수 있다.

주식형 수익증권

수익증권은 운용 대상에 따라 주식형 수익증권과 공사채형 수익증권으로 나뉜다. 또 전체 자산 중에서 주식투자가 차지하는 비중에 따라 성격이 달라진다. 보통 주식편입 비율이 30% 이하면 안정형 펀드, 70%까지는 안정성장형 펀드, 70%를 넘으면 성장형 펀드라고 부른다.

수익증권이라 해도 그 성격에 따라 수익률이 달라진다. 즉 주식 편입비율 정도에 따라 그 결과는 사뭇 달라진다. 주식형 수익증권은 단위형(유닛형), 추가형(오픈형)으로 나뉜다. 단위형은 신탁기간(만기)이 정해져 있어 모집기간 중에만 구입할 수 있는 수익증권이다. 추가형은 언제라도 구입할 수 있고 환금할 수 있는 펀드다. 단위형 중에는 경제상황이나 시장상황을 감안해 수시 모집할 수 있는 스폿 펀드도 잇달아 선뵈고 있다.

또 일정한 수익률이 달성되면 자동적으로 채권형으로 전환되는 카멜레온 펀드도 있다.

주식편입 비율에 따라 수익률은 달라지게 된다. 증권시장이 활황일 때는 주식편입 비율이 높은 성장형일수록 투자자에게 더 많은 수익을 돌려줄 수 있다. 그러나 주가가 떨어진다면 손해를 보게 된다.

공사채형 수익증권

투자신탁회사들은 공사채형 수익증권도 팔고 있다. 은행에서도 단위형 투자신탁이라는 채권형 수익증권을 팔고 있다. 공사채형 투자신탁은 말 그대로 주식이 아닌 채권에 투자하는 펀드다. 국채나 지방채, 특수채, 회사채에 투자하고 일정 금액은 콜 시장 등에서 운용해 안정된 수익을 올리는 수익증권이다.

IMF 관리체제 이후 채권수익률이 급등하자 공사채형 펀드에는 고수익을 겨냥한 거액 자금이 대거 몰려들었다. 지난 1998년 이후 무려 150조 원의 돈이 유입된 것이다. 채권수익률이 최고 30%에 육박했기 때문이다. 그러나 공사채형 투자신탁으로 자금이 몰리는 등 금융기관에 돈이 남아돌자 1999년에는 채권수익률이 7~9%대로 떨어졌다.

하지만 공사채형이라 하더라도 투자원금이 보장되는 것은 아니다. 공사채시장도 시장상황에 따라 변동하기 때문이다. 일부 단위형 공사채 투자신탁의 경우 발행 후 회사채 값이 떨어져 투자자들이 손해를 본 예도 있다. 채권 값이 떨어지고 펀드 수익률이 떨어지면 공사채 투자자들은 자금회수에 나서게 된다. 이렇게 되면 투자신탁이나 은행들이 자금난에 처하게 된다. 1999년 7월 대우그룹 사태로 채권수익률이 급등하고 투자신탁 등 기관에는 일시적으로 투자자들의 환매 요청이 급증해 자금시장이 큰 혼란에 빠지기도 했다. 이것은 곧 주식시장에도 나쁜 영향을 주어 주가가 급락해 투자자들의 간담을 서늘하게 만들었다.

기준가격

수익증권 투자자들은 기준가격에 대해 잘 알아야 한다. 기준가격은 두 가지 의미가 있다. 하나는 증권거래소에서 주식의 가격제한폭을 정하는 데 기준이 되는 가격이다. 다른 하나는 수익증권매매의 기준이 되는 가격이다. 여기에서는 수익증권의 기준가격에 대해 설명하고자 한다.

투자신탁회사에 돈을 맡기는 것은, 이들 회사가 발행한 수익증권을 사는 행위와 같다. 수익증권도 처음 투자했을 때보다 값이 오르면 이익을 남기게 된다. 이것은 주식투자 때와 마찬가지다. 매입가격보다 매도가격이 높다면 그만큼 이익이 생기는 것이다.

자신이 투자한 수익증권의 값이 올랐는지 여부는 기준가격을 보면 알 수 있다. 수익증권의 기준가격은 매일매일 변동한다. 증권투자 전문가인 펀드 매니저들이 어떤 증권을 사고 팔았느냐에 따라 그 결과가 달라지기 때문이다. 이렇게 보면 기준가격은 처음 수익증권을 샀을 때의 기준가격과 그 후 매일매일 변동되는 기준가격 두 가지가 있는 셈이다. 그 차이만큼이 수익(수수료 별도)이다.

주식에도 1주, 2주 등 세는 단위가 있는 것처럼 수익증권에도 이러한 단위가 있는데, 이를 좌라고 한다. 수익증권의 기준단위는 1,000좌, 기준가격은 1,000원이다. 1좌당 1원인 셈이다. 투자신탁회사들이 취급하는 수익증권은 여러 가지 종류가 있다. 투자신탁회사들은 각 펀드들을 발매한 후 설정에 들어간다. 설정이란 투자자들의 자금으로 주식이나 채권투자에 들어간다는 말이다. 설정이란 단어는 만기를 따질 때에도 이용된다. 은행이나 보험, 신용금고 등의 금융상품은 통장을 만들어 거래를 시작한 날로부터 만기를 따진다. 그러나 수익증권의 경우에는 다르다. 만약 「애플 1호」라는 1년 만기 주식형 펀드의 설정일이 1999년 3월 1일이라면 만기는 2000년 3월 1일로 정해져 있다. 그런데 투자자가 이 펀드를 1999년 2월 25일에 가입했다 하더라도 만기일은 2000년 2월 25일이 아니라 3월 1일이 된다.

투자신탁회사에서는 각 펀드 매니저들이 매일 주식과 채권에 투자하고 시장이 마감된 뒤에 새로운 기준가격을 낸다. 이렇게 산출한 기준가격으로 그 이튿날 수익증권을 팔거나 산다. 따라서 고객들이 수익증권을 산 첫날의 가격은 사실상 펀드 매니저들이 전날 운용한 결과가 반영된 기준가격이다.

그렇다면 수익증권의 투자수익을 따져보자. 설정 첫날 1,000원에

산 수익증권이 1년 만기 때 1,400원이 됐다면 1좌당 400원의 이익이 난 셈이다. 즉 1억 원을 투자한 사람이라면 4,000만 원을 버는 셈이다.

그러나 투자자들이 수익증권에 투자하기 전에 반드시 알아두어야 할 사항이 있다. 만기 전에는 중도에 돈을 찾을 수 없는 상품이 있고, 만기 전에 환매가 가능한 상품이라 하더라도 세금 이외에 환매수수료를 더 물어야 하는 상품이 있다는 점이다. 환매란 수익증권에 맡겼던 돈을 중도에 해지하고 돈을 찾는 것을 말한다. 물론 만기가 돼 돈을 인출할 경우에도 환매라는 단어를 쓴다. 투자신탁회사가 발행한 수익증권을 고객으로부터 되사준다 해서 이렇게 불린다.

투자신탁회사들이 발매한 수익증권의 환매수수료 산출방법에는 정액식과 정률법 두 가지가 있다. 정액식은 「1,000좌당 몇 원」하는 식으로 수수료가 정해져 있다. 정률식은 「수익금의 몇 %」하는 식으로 수수료를 떼는데, 일부 상품은 중도 환매시 이익금의 90%까지 수수료를 물리니 주의해야 한다.

리스크란 무엇인가

골프 시합에서 이런 상황을 가정해보자. 티잉 그라운드에 서서 티샷(제1타) 방법을 생각하고 있다. 홀은 최종 18번, 바로 앞에서부터 연못을 껴안고 있듯 왼쪽으로 크게 휘어져 있는 미들홀이다. 당신은 이 코스에 최소한 매달 한 번쯤은 왔기 때문에 타구의 목표방향과 그린의 특징도 잘 알고 있다. 보통 때라면 이 홀의 티샷은 미들 아이언을 잡는다.

거리보다는 방향성을 중시해 확실하게 치고 제2타는 숏 아이언으로 온그린시키는 전략을 쓴다.

그러나 이번에는 큰 상금이 걸린 시합이다. 여기에서 버디를 잡으면 우승 가능성이 있다. 그리고 이 홀에서 버디를 노리는 방법이 있다. 공이 좌우로 크게 휘지 않고 연못 위 직선거리로 240야드만 똑바로 날아가기만 한다면 직접 그린 위에 올릴 수 있다. 바람도 뒷바람이다. 컨디션이 좋을 때는 230야드 이상 날릴 자신이 있다. 아이언으로 확실한 파를 노릴 것인가, 그렇지 않으면 드라이버로 승부수를 던질 것인가.

성수대교가 내려 앉고 삼풍백화점이 붕괴된 이후 한국에는 어느 곳에 있든 안전하지 않다는 말이 유행했다. 한 마디로 어디에 있든 위험이 있다는 것이다. 외환대란 이후 은행이나 큰 증권회사들이 망하면서 대형 금융기관들은 망하지 않는다는 신화도 깨졌다. 그래서 여유자금이 있는 사람들이 『이것도 위험하고 저것도 위험하니 어디에 투자해야 좋으냐?』며 고민하는 경우를 많이 보게 됐다.

이게 바로 리스크다.

예기치 못한 외환대란으로 부실채권을 많이 떠안은 금융기관들은 엄청난 손실을 냈다. 개인들도 주가가 급락해 손해가 컸다. 그래서 금융기관들은 물론 개인들까지 리스크 관리가 초미의 관심사가 됐다.

그러면 『리스크란 도대체 무엇인가?』 골프에 비교해 설명해보자. 우선 채의 선택시 무엇부터 생각하는 게 좋을까? 보통 때라면 어렵지 않게 파를 잡고 홀아웃하면 되지만, 이번에는 큰 상금이 걸린 시합이고 우승 다툼을 하고 있다는 사실이 중요하다. 라이벌의 상황은 잘 모르지만 여기에서 파를 잡아도 우승은 어려운 것 같다. 다시 말해 우승하기 위해서는 버디를 노리는 수밖에 없다. 이를 위해 드라이버를 잡고 한 번에 직접 온그린을 노리는 수밖에 없다.

그런데 우승을 목적으로 드라이버를 선택하는 것 자체는 리스크를 취했다고 말할 수는 없다. 왜냐하면 우승이라는 목표를 향해 나간다고 할 때 그 목적을 달성할 가능성은 드라이버 이외에는 없기 때문이다. 그것을 달성할 가능성이 없는 방법은 선택사항에는 본질적으로 들어 있지 않기 때문이다. 따라서 드라이버 선택 자체는 리스크를 감수하는 게 아니다.

리스크는 기대 목표의 진폭

드라이버가 기대대로, 연습할 때와 마찬가지로 똑바로 230야드 이상 날아간다면 그린에 직접 올릴 수 있다. 문제는 드라이버의 비거리가 긴 대신, 공이 목표지점을 벗어날 확률이 높아진다는 것이다. 이게 바로 리스크다.

골프의 경우 비거리가 긴 채일수록 공이 목표지점에서 좌우로 벗어날 확률이 높다. 왜냐하면 비거리가 길면 옆바람 등의 영향을 받을 수 있는 시간도 길어지고, 임팩트 순간의 스핀 영향도 더 받는다. 또 때리는 순간 미미한 각도의 오차가 가까울 때보다 멀수록 커지게 마련이다. 따라서 드라이버를 선택한 것 자체가 아니라, 공이 날아가는 방향이 목표지점을 벗어날 가능성이 있는 범위가 리스크인 셈이다.

이 골프 시합에서 2위와 큰 점수차로 1위에 올라 있고, 파만 잡으면 우승인 경우 미들아이언을 잡았다면 리스크는 어떻게 될까?

반대로 미들아이언의 평균 비거리가 180야드라면 240야드인 드라이버보다는 작지만 그것만큼의 리스크 역시 따른다. 다만, 그 때 공의 착지점이 목표지점에서 벗어날 가능성과 범위가 드라이버보다 좁다는 점이다. 그렇다 해도 미들아이언의 리스크는 비거리 100야드 내외의 피칭웨지보다는 크다.

공이 날아가는 방향이 목표지점을 벗어나는 범위가 좁으면 좁을수록 리스크가 적어 자신이 원하는 목표지점에 가까워지게 된다. 하지만 타이거 우즈나 박세리 같은 세계적인 선수라 해도 겨냥한 장소에서 눈꼽만큼 벗어날 정도로 공을 칠 수는 없다. 다만, 끊임없는 연습과 천부적인 재능이 그 오차, 즉 리스크를 적게 하는 것이다.

골프 대회에서 연못 위 직선거리로 공을 치기 위해 드라이버를 선택한 경우, 맹연습의 결과로 목표지점을 벗어날 가능성이 적다면 우승 확률은 높다. 그린을 벗어난다 해도 충분히 원 퍼팅 거리로 붙일 수 있기 때문이다. 하지만 드라이버의 진폭이 큰 것을 두려워해서 드라이버를 뽑아들지 않으면 결코 우승할 수가 없다. 드라이버의 비거리를 노려 좌우로 벗어날 리스크를 취하는 대가로서 우승이라는 보상이 있는 것이다. 리스크는 위험이나 모험이다. 사전적 정의로 볼 때 그렇다. 그렇지만 리스크와 기대보수라는 머니 게임에서는 리스크가 바로 위험이라는 선입견은 버려야 한다. 왜냐하면 리스크란 어디까지나 목표지점에서 벗어나는 것이므로 머니 게임에서는 기대보수를 웃도는가, 아니면 밑도는가 하는 폭의 문제가 중요하기 때문이다.

투자신탁이란 무엇인가

　캐디백 안에는 보통 13~14개의 채가 들어 있다. 드라이버를 비롯해 스푼, 클릭, 3~9번 등 아이언, 샌드웨지, 퍼터 등이다. 골프채는 각각 확실한 역할이 있다. 그린 위에서 드라이버로 퍼팅하는 골퍼는 없고 그린 가까운 벙커에서 탈출할 때는 보통 샌드웨지를 사용한다. 말하자면 각각의 채가 다른 목적을 갖고 설계돼 만들어졌다. 골퍼들은 이들 채의 특성과 역할을 파악해 사용한다. 말하자면 상황이나 각 환경에 따라 거리(리턴)와 진폭(리스크)을 감안해 채를 선택한다. 투자신탁을 간단히 설명하라면 이렇게 정리할 수 있다. 많은 사람들의 돈을 모아 국내외의 주식이나 채권에 투자해 그 투자수익을 배분하는 리스크 운용상품이라고 말이다. 모든 투자신탁이 리스크 운용상품이므로 원금(골프의 경우 파)의 보증은 일부 예외적인 것을 빼고는 없다.

　다만, 투자신탁의 종류는 캐디백 안에 들어 있는 채보다는 훨씬 다양하다. 즉 드라이버와 같이 비거리를 많이 내려는 것에서부터 피칭웨지처럼 비거리는 작지만 정확하게 핀에 붙이려는 것과 같은 상품까지 아주 다양하다.

　투자신탁이란 어떤 상황 아래에서든지 목표로 하는 비거리를 겨냥할 수 있는(목표로 하는 거리가 길면 길수록 리스크는 커진다) 자금운용을 위한 골프 채가 들어 있는 큰 캐디백으로 생각할 수 있다. 말하자면 모든 금융상품의 보따리라고 할 수가 있다. 개개의 상품명은 드라이버나 퍼터라고 하는 것과 마찬가지다.

　자금운용의 한 방법으로서 투자신탁을 생각할 경우, 골프에서 한 타 칠 때마다 채를 선택하는 상황을 떠올리면 그 역할과 특성을 쉽게 이해할 수 있을 것이다. 말하자면 비거리를 기대수익(리턴)으로 치환하고, 목표지점을 벗어날 수 있는 범위를 리스크로 생각하면 이해하기 쉽다. 말하자면 어느 정도의 거리를 어느 정도의 확실성으로 날리려는가 하는 것이다. 여기에서 거리는 기대수익, 확실성은 리스크, 날린다는 것은 운용하는 것으로 이해하면 된다. 당연히 풍향이나 잔디상태 등도 종합해서 생각해야 한다. 운용자금의 성격이나 욕구를 고려해 뒷바람을 타고 다소의 리스크를 각오하고 드라이버로 거리를 낼까, 아니면 비거리는 짧아도 확실한 목표지점을 겨냥할 것인가에 따라 결과가 달라진다.

뮤추얼 펀드로 돈 버는 비결

뮤추얼 펀드란

　1998년 말 선을 보인 뮤추얼 펀드는 증시활황 속에 급속도로 팽창하고 있다. 박현주 미래에셋투자자문 사장의 이름을 딴 박현주 펀드의 출현을 계기로 새로운 뮤추얼 펀드들이 잇달아 만들어지고 있다. 이들 뮤추얼 펀드는 높은 수익률로 기존 간접투자시장의 강자였던 투자신탁회사들과 고객쟁탈전을 벌이고 있다.
　뮤추얼 펀드(mutual fund)란 회사형 투자신탁이다. 유가증권투자를 목적으로 설립된 회사가 주식을 발행해 투자자로부터 모집한 자금을 운용하고, 여기에서 나오는 이익금을 주주들에게 배당금 형태로 나눠주는 투자신탁이다. 뮤추얼 펀드와 투자신탁회사의 수익증권은 투자자들의 돈을 펀드 매니저라고 하는 전문가들이 운용해 주고, 거기에서 생기는 수익금을 돌려준다는 점에서는 유사하다. 하지만 뮤추얼 펀드는 투자자가 주주 자격으로 돈을 대고 운용회사가 이를 운용해 수익금을 배당형태로 분배한다. 뮤추얼 펀드는 하

주식형 수익증권과 뮤추얼 펀드 비교표

구 분	주식형 수익증권	뮤추얼 펀드
설립형태	신탁약관에 의한 신탁계약	펀드 자체가 법인격을 가진 주식회사
발행형태	수익증권	주식
투자자 지위	수익자	주주
설립규제	설립요건 엄격	설립이 계약형에 비해 용이
통제제도	감독기관의 감독	주주의 자율규제
중도환매	언제든지 가능	불가능

나하나가 개별 회사라고 보면 된다. 이런 특성 때문에 여러 펀드의 수익률을 적당히 조정했던 기존 투자신탁회사들과 같은 물타기 행위는 할 수 없다. 운용 실적대로 수익금을 분배받게 된다. 한 마디로 자금운용 실태가 그대로 드러난다. 뮤추얼 펀드의 또 다른 특징은 기존 투자신탁들에 비해 몸집이 작기 때문에 시장변화에 신속히 대처할 수 있다는 점이다. 그만큼 신속한 판단과 결단으로 수익률을 높이거나 위험에 대처할 수 있다는 말이다.

하지만 뮤추얼 펀드도 약점을 안고 있다. 한국에서 허용된 뮤추얼 펀드는 폐쇄형이기 때문에 1년 간 중도해지할 수 없다. 단지 증권거래소나 코스닥 시장에 상장 또는 등록돼 중도에 환매할 수 있는 펀드도 있다.

뮤추얼 펀드는 중도에 되사주느냐 여부에 따라 개방형(open-end type)과 폐쇄형(closed-end type)으로 구분된다. 개방형은 주주인 투자자가 요구하면 순자산가치에 의거해 환매해주며, 필요한 경우 계속적으로 신주를 발행할 수 있다. 결국 주식의 발행이나 환매로 인해 자본금이 변동한다.

폐쇄형은 환매제도가 없으며 발행주식은 유동성 확보를 위해 거래소에 상장된다. 뮤추얼 펀드의 주식가격은 시장에서의 수요와 공급에 따라 결정되고 추가설정은 증자를 통해서만 가능하다. 따라서 폐쇄형 뮤추얼 펀드에 투자하려면 회사설립시 주주로 참여하든가 거래소에 상장된 뮤추얼 펀드 주식을 사면 된다. 그렇지 않으면 증자에 참여하면 된다.

투자자금 모집방식에는 공모와 사모가 있다. 뮤추얼 펀드는 원래 공모가 원칙이나 국내 뮤추얼 펀드는 공모와 사모를 모두 허용하고 있다. 공모 펀드는 불특정 다수인을 주주로 삼는 데 비해, 사모는 50인 이하의 투자자가 주주가 된다.

뮤추얼 펀드의 나라 미국

미국은 뮤추얼 펀드의 전성시대를 구가하고 있다. 1998년 4월 말 현재 미국 뮤추얼 펀드의 총자산 규모는 무려 5조 483억 달러에 달하고 있다. 1달러에 1,200원 정도로 잡으면 6,558조 원에 달한다. 우리나라 일반예산의 100배에 가까운 수준이다. 씨티은행이나 체이스맨해튼은행 등 미국의 대형 상업은행들의 저축액을 웃도는 규모다.

뮤추얼 펀드의 기원은 1868년으로 거슬러 올라간다. 당시 영국은 식민지 개척자금 마련을 위해 오늘날의 뮤추얼 펀드와 비슷한 회사를 런던에 설립했다. 중산층들은 이 뮤추얼 펀드에 투자함으로써 투자위험을 분산시키고 대자본가에 뒤지지 않는 투자수익을 올릴 수 있었다.

하지만 현대적인 뮤추얼 펀드는 1924년 3월 설립된 미국의 매사

추세츠 인베스터스 트러스트(신탁투자기금)가 효시다. 당시 이 펀드의 총자산은 5만 달러로 중도에 환매할 수 있는 개방형 펀드였다. 이 매사추세츠 펀드가 설립된 지 70여 년이 지난 오늘 미국에는 수많은 뮤추얼 펀드들이 성업 중이다. 1998년 4월 말 기준으로 미국에는 모두 6,976개의 뮤추얼 펀드가 활약 중이다. 주식형 펀드가 3,203개, 채권형 펀드가 2,228개, 혼합형 펀드 518개, MMF가 1,027개다. 주식형 펀드의 자산은 2조 7,950달러로 전체 뮤추얼 펀드의 55.4%를 차지한다. 그 다음이 양도성 예금증서(CD), 기업어음(CP) 등 유동성 자산에 투자한 후 이익을 돌려주는 MMF로 그 규모가 1조 1,380억 달러에 달한다. 전체 뮤추얼 펀드에서 차지하는 비중은 22.5%다. 채권형 펀드는 763억 달러에 이른다. 주식과 채권에 동시에 투자하는 혼합형 펀드는 351억 달러 규모다.

　미국의 뮤추얼 펀드는 1990년대 들어서도 성장속도를 늦추지 않고 있다. 주식형 펀드의 경우 1990년 이후 연평균 38%씩 증가하고 있다. 지난 1998년에는 월평균 200억 달러 이상의 자금이 뮤추얼 펀드로 유입되고 있다. 이 같은 자금력으로 뮤추얼 펀드는 명실상부한 최대의 기관투자가로 부상했다. 이들 뮤추얼 펀드는 상장기업 주식의 19%를 갖고 있다. 미국의 뮤추얼 펀드가 성공을 거둔 데는 그럴 만한 이유가 있다. 우선 운용수익률이 은행금리보다 훨씬 높다는 점이 매력으로 작용했다. 미국 투자자들의 75%는 뮤추얼 펀드를 선택할 때 운용수익률을 최우선 판단기준으로 삼는다. 고객들의 이러한 성향 때문에 뮤추얼 펀드 간에 수익률 경쟁이 치열하다. 월가의 신화적 펀드 매니저 피터 린치가 운용한 피델리티사의 마젤란 펀드는 천문학적인 운용수익률을 기록했다. 1977~90년까지 무려 660%의 수익률을 냈던 것. 이 기간 중 연평균 50% 이상의 성장을 달성했다는 얘기다.

또 프랭클린 템플사가 1954년 판매한 그로스 펀드는 1998년 3월 말 현재 4만 700%의 수익률을 올렸다. 물가상승률을 빼고 연평균 15%의 수익을 올린 셈이다.

높은 수익률이 뮤추얼 펀드가 갖고 있는 매력의 전부는 아니다. 무엇보다도 펀드 운용의 투명성이 높다는 점도 큰 매력이다. 7,000개에 가까운 뮤추얼 펀드들은 치열한 서비스 경쟁을 벌여왔다. 이 과정에서 투명성이 높아지게 됐다. 주주들에게 정기적으로 투자종목과 투자지역, 편입비율 등을 알려준다. 뮤추얼 펀드에 처음 투자한 주주들에게는 사업설명서를 보낸다. 이 설명서에는 펀드의 운용목적, 펀드 매니저의 인적 사항, 펀드의 위험 정도, 과거의 수익률 등이 담겨 있다. 그만큼 투명해지는 셈이다.

특히 뮤추얼 펀드의 수익률과 위험성을 객관적으로 평가하는 전문업체의 등장으로 뮤추얼 펀드에 대한 투자자들의 신뢰는 더욱 높아졌다. 모닝스타, 마이크로펄 등이 대표적인 평가기관이다. 이들은 투자자들에게 뮤추얼 펀드에 관해 다양한 정보를 제공한다. 그만큼 뮤추얼 펀드에 대한 신뢰도가 높아졌다. 신뢰는 다시 뮤추얼 펀드에 대한 투자를 유발했다.

이와 함께 베이비 붐 세대의 노후생활을 겨냥해 개인퇴직 연금계좌(IRA) 같은 신상품을 개발한 것도 뮤추얼 펀드의 성공요인으로 꼽힌다. 노후생활을 위해 매달 일정 금액을 뮤추얼 펀드에 투자하는 베이비 붐 세대로 인해 뮤추얼 펀드의 규모가 급속도로 커지게 됐다. 미국의 뮤추얼 펀드 시장은 앞으로도 상당 기간 성장가도를 달릴 것으로 보인다. 2,700억 달러가 넘는 뮤추얼 펀드 자산을 갖고 있는 푸트넘사의 글로벌코어 앤드 에쿼티의 운용책임자인 존 J. 모건은 몇몇 업종에서의 전례 없는 활황으로 21세기에 가서도 유망한 투자기회를 찾을 수 있을 것으로 낙관하고 있다.

마젤란 펀드

피델리티(Fidelity)사의 마젤란 펀드는 단일 펀드로는 미국 내에서 최대의 자산 규모를 자랑하는 뮤추얼 펀드다. 1998년 5월 말 현재 715억 달러의 순자산을 갖고 있다. 자산이 너무 많아 운용상 애로가 있어 1997년 9월 말에는 신규판매를 중단했을 정도다. 1963년 5월 2일 설립된 지 35년 만의 일이다.

마젤란 펀드가 미국 최대의 뮤추얼 펀드로 성장한 데는 월가의 천재적인 펀드 매니저 피터린치의 활약이 큰 기여를 했다. 피터린치는 1977년 2,000만 달러에 인수한 이 펀드를 1990년 은퇴할 때까지 132억 달러로 키워놓았다. 무려 660배로 불린 것이다. 마젤란 펀드는 주식에만 투자하는 성장형 펀드다. 보유한 주식의 가격이 올라 시세차익을 얻는 게 주 목적이다. 경영권 장악에는 관심이 없다. 포트폴리오를 살펴보면 주식이 98.6%로 압도적이다. 나머지는 현금을 포함한 유동자산 1.3%, 전환사채를 비롯한 전환증권 0.1% 등으로 구성돼 있다. 업종별로는 정보통신업 16.7%, 금융업 14.1%, 건강관련업 11.6%, 기계류 제조업 8.3% 등의 순이다. 보유하고 있는 상위 10대 주식은 GE, 마이크로소프트, 시티코프, 필립모리스, 월마트 등 세계적인 기업이 대부분이다. 해외 우량기업 주식도 많이 갖고 있다.

최근 운용실적은 종합주가지수의 상승폭보다 다소 처지는 편이다. 1998년 5월 말 기준 마젤란 펀드의 연평균 수익률은 24.96%였다. 이에 비해 미국의 대표적인 종합주가지수인 S&P 500은

30.69%가 올랐다. 3년 간 수익률은 22.13%였으며, 5년 간 수익률은 17.94%로 종합주가지수보다 5~7% 정도 낮았다. 그러나 10년 간 수익률은 18.69%로 종합주가지수 상승률 18.62%를 약간 웃돌았다. 1991년에는 41%, 1995년에는 36.8%의 높은 수익률을 기록했다.

마젤란 펀드가 기록한 수익률은 다른 경쟁 펀드와 비교하면 중간 수준이다. 1년 간 수익률은 872개 유사 펀드 중 318위, 5년 간 수익률은 332개 중 170위다. 10년 간 수익률은 182개 펀드사 가운데 35위를 차지하고 있다.

수익률과 더불어 뮤추얼 펀드를 평가하는 척도가 바로 위험률이다. 위험률은 일반적으로 종합주가지수와의 연관성을 나타내는 베타 계수로 판단한다. 1998년 5월 말 기준 마젤란 펀드의 베타 계수는 0.93이다. S&P 500이 10% 오르거나 내릴 때 마젤란 펀드의 수익률도 이와 비슷한 방향으로 움직였음을 뜻한다. 일반적으로 베타 계수가 1이면 S&P 500이 10% 오를 때 뮤추얼 펀드의 수익률도 10% 상승한다. 마젤란 펀드의 판매수수료는 초창기 8.5%였으나 1982년부터 3%로 인하됐다. 최저 투자금액은 2,500달러였다. 피델리티는 가입 고객들에게 이 펀드의 운용목적과 투자전략, 투자위험, 투자수익률 등을 자세히 알려준다. 특히 투자자들에게 운용 실패로 손실을 볼 수 있다는 점도 확실히 알린다.

푸트넘(Putnam)

이 펀드는 다소 공격적으로 운용되는 뮤추얼 펀드다. 성장가능성이 큰 중소기업이나 벤처기업 등에 투자해 시세차익을 얻는다. 1993년 4월에 설정됐다. 1년 간 수익률은 32.2%, 5년 간 수익률은

22.48%였다. 1995년에는 50.15%의 높은 수익률을 기록했다. 당시 S&P 상승률은 37.58%였다. 이 펀드는 보통주 97.65%, 현금 2%, 우선주 0.35%의 포트폴리오를 구성하고 있다. 소비재관련 업종을 40% 정도 보유하고 있는 것도 특징이다. 일반인들에 친숙한 언론 그룹 CBS, 소프트웨어 업체인 컴퓨터 어소시에이츠 등의 주식도 많이 갖고 있다.

로 프라이스(Rowe Price)

채권형 펀드는 국공채와 회사채 등에 투자해 이자소득을 올린다. 또 매입시점의 금리보다 판매시점의 금리가 낮을 경우 채권가격 상승으로 자본이득까지 노릴 수 있다. 로 프라이스사가 운용하는 글로벌 채권 펀드는 이 같은 특성을 잘 보여준다. 이 펀드는 1990년 12월 말 설정됐다. 현재 순자산이 4억 2,000만 달러에 달한다. 주로 미국과 외국정부가 발행한 국채에 투자한다. 판매수수료는 없다. 최저 투자액은 2,500달러다.

미국의 뮤추얼 펀드는 이처럼 주식형과 채권형에 따라 투자형태가 달라진다. 자본이득과 배당이득이 주식형 펀드의 1차적 투자목적인 반면, 채권형은 안정적인 이자수입과 자본이득을 겨냥한다. 물론 주식형이라 하더라도 운용목적에 따라 투자전략과 운용자산에 차이가 난다.

대기업 위주의 안정적 수익형 펀드가 있는가 하면, 벤처기업이나 급속도로 성장하는 중소기업에 투자하는 고수익형 펀드 등 다양하다. 투자자들에게 이 같은 특성을 미리 알려줌으로써 투자규모나 운용기간, 투자목적 등에 맞게 선택할 수 있는 기회를 제공한다.

뮤추얼 펀드 평가기관

　미국의 투자자들은 7,000개에 가까운 뮤추얼 펀드를 어떻게 선택하는가? 자신의 투자목적과 취향에 맞는 뮤추얼 펀드에 대한 정보는 어디에서 얻는가? 그것은 바로 LAS(Lipper Analytical Services Inc.), 모닝스타(Morningstar), 마이크로펄(Micropal) 등을 통해 얻는다.

　이들 평가기관은 펀드의 운용실적과 편입종목, 투자철학, 펀드매니저의 프로필 등 자세한 정보를 제공한다. 이들 업체의 활동으로 뮤추얼 펀드의 수익률 경쟁은 한층 치열해지고 투명성도 높아졌다. 투자자들도 이들의 객관적인 평가자료가 있기 때문에 안심하고 투자대상을 고를 수 있다. 이들 평가기관 중 대표적인 기관의 하나가 LAS다. 이 기관은 1973년 설립됐다. LAS는 뮤추얼 펀드의 독립된 이사들에게 뮤추얼 펀드에 관한 정확한 분석자료를 제공하고 있다. 특히 개방형 펀드나 각종 보험상품을 포함한 투자회사 분석에 정통하다는 평을 얻고 있다. LAS는 개인투자자들에게 수수료, 비용, 순자산, 판매망, 부담금, 포트폴리오 보유 내역, 펀드의 실적과 업계순위 등에 대한 정보를 제공하고 있다. 현재 LAS가 분석하는 펀드는 총 3만 7,500개 이상으로 자산기준 6조 7,000억 달러에 이르고 있다.

　LAS와 함께 명성이 있는 뮤추얼 펀드 평가업체 가운데 하나가 모닝스타다. 이 회사는 조맨수에토가 1984년 시카고에서 설립했다. 당시 뮤추얼 펀드가 급성장했지만 기관투자가나 개인투자자들이 펀드에 관련된 정보를 얻기가 힘들었다. 뮤추얼 펀드에 대한 투자자들의 정보욕구가 커지자 조맨수에토는 1차 자료를 만들어 제공하기 시작했다. 현재 〈월 스트리트 저널〉, 〈뉴욕 타임스〉 같은 일간지와 〈머니〉, 〈비즈니스 위크〉 등 경제잡지에 게재되는 뮤추얼 펀드 관련 정보는 대부분 LAS나 모닝스타 등이 제공하고 있다.

한국의 뮤추얼 펀드

뮤추얼 펀드는 주식이나 채권 등 유가증권 투자를 목적으로 설립되는 투자 전문회사다. 근거법은 증권투자회사법이다. 상법상의 주식회사 형태를 취하는 까닭에 주주총회와 이사회 등을 통해 중요한 의사결정이 이뤄진다. 단지 상임감사 대신에 회계감사인을 선임하는 게 일반 주식회사와 다른 점이다.

뮤추얼 펀드의 두드러진 특징은, 회사가 서류상으로만 존재하는 페이퍼 컴퍼니(종이 회사)라는 점이다. 따라서 지점과 같은 영업점을 설치할 수 없을 뿐 아니라 직원도 고용할 수 없도록 돼 있다. 투자자들은 주주자격으로 돈을 내 회사를 설립한다. 그러나 운영은 별도의 전문 보조기관이 맡아서 한다.

설립절차

발기인에 대해 특별한 자격제한은 없다. 뮤추얼 펀드를 설립하려면 정관을 첨부해 금융감독위원회에 신고해야 한다. 발기인들의 주식 인수 또는 모집은 설립신고 이후에 할 수 있다. 설립을 위한 최저 자본금은 10억 원인데, 이는 소규모 투자자들을 위한 배려로 풀이된다.

설립신고를 거쳐 주식을 모집해 설립자본금 요건이 충족된 경우에는 금융감독위원회에 등록을 해야 한다. 등록시에는 정관, 등기부 등본, 자산운용회사, 자산보관회사, 판매회사, 일반사무수탁회사 등과 맺은 계약서를 첨부해야 한다.

　금융감독위원회는 이들 서류를 심사해 설립자본금이 미달하거나 운용이사, 감독이사, 회계감사인 등이 부적격자인 경우에는 등록을 거부할 수 있다. 또 자산운용회사, 판매회사, 자산보관회사 등에 문제가 있을 경우에도 등록을 못 하게 할 수 있다.

주요 기관

　뮤추얼 펀드의 주요 기관은 주주총회, 이사회, 회계감사인 등으로 구성된다. 주주총회는 상법상의 주주총회이며 서면투표로써 의사결정이 이뤄진다. 운영이사는 이사회의 승인을 얻어 개별통지 또는 공고를 통해 총회를 소집한다. 소수주주권과 관련해 증권거래법상의 행사요건인 0.01~3%를 준용한다. 대표소송권은 현행 증권거래법상의 단독주주권(0.01%)을 인정한다.

　이사회는 운영이사와 감독이사로 구성된다. 이사회를 공정하게 운영하기 위해 운영이사보다 많은 수의 감사이사를 두도록 하고 있다. 의결은 운영이사 및 감독이사가 각각 과반수 이상 출석하고 출석 이사의 과반수 이상의 동의로 이뤄진다. 회계감사인은 상법상의 감사 대신에 공인회계사를 두도록 돼 있다.

자산운용

　뮤추얼 펀드의 투자대상은 계약형 투자신탁과 마찬가지로 유가증권·외화증권·콜 론(call loan) 등이다.

　그러나 부동산투자와 대출은 금지하고 있다. 자금조달 면에서도 채권발행이나 콜 차입 등이 제한된다. 빚보증이나 담보제공도 금지된다. 이는 투자자인 주주들을 보호하기 위한 조치다.

투자한도 규제도 가해진다. 우선 펀드 자산의 10%를 초과해 동일 종목의 유가증권에 투자할 수 없다. 특정 기업 발행주식의 10%를 초과해 주식을 취득할 수 없다. 이는 중소기업에 대한 적대적인 인수·합병행위를 막기 위한 취지이기도 하다. 이와 함께 10% 이상의 주식을 보유한 펀드의 주요 주주 등 이해관계인이 발행한 유가증권에 대해서도 일정 비율 이상 투자할 수 없도록 제한하고 있다. 다른 뮤추얼 펀드의 주식 및 투자신탁회사의 수익증권을 취득하는 것도 금지된다. 주가조작이나 담합 등 주식 불공정거래를 막기 위한 조치다.

투자시 고려사항

환금성을 따져보라

뮤추얼 펀드 등 간접투자 상품투자에 앞서 가장 먼저 고려해야 할 것은 투자기간이다. 중도에 환매가 불가능한 뮤추얼 펀드의 경우 최소한 1년 이상 돈이 묶이게 되므로 없는 셈 칠 수 있는 여유자금으로 투자해야 한다. 투자신탁회사의 수익증권도 마찬가지다. 대부분의 수익증권은 1년 이내에 돈을 빼려면 매우 높은 환매수수료를 물어야 한다. 투자수익의 60~70%에 해당하는 환매수수료를 내야 하는 수익증권도 많다. 환매기간이 짧을수록 수수료를 비싸게 물도록 돼 있다. 투자신탁회사들은 되도록 장기간에 걸쳐 안정적으로 자금을 운용하기 위해 이런 시스템으로 상품을 운용한다.

상품을 잘 골라라

투자자들이 투자대상을 고를 때 신경 써야 할 사항 중 하나가 바로 상품의 특성을 제대로 파악하는 일이다. 다른 물건을 살 때보다도 간접투자 상품을 살 때 상품의 특성과 장단점을 세밀히 파악해야 한다. 일반 물품은 마음에 안 들면 바꿀 수가 있지만 금융상품은 비싼 수수료를 물어야 한다. 리스크가 크지만 고수익이 기대되는 공격적인 상품인지, 고수익을 기대할 수는 없지만 일정한 수익이 보장되는 안정형인지를 따져 투자에 임해야 한다. 그러기 위해서는 목표수익률을 정해야 한다.

주식형 수익증권이라 해도 대형 블루칩(우량주)에만 투자하는 상품이 있는가 하면, 벤처기업이나 선물·옵션 등 파생상품에 투자하는 것도 있다.

펀드 매니저에 대한 정보를 입수하라

간접투자 상품은 전문가인 펀드 매니저들이 운용한다. 그래서 운용하는 펀드 매니저에 따라 수익률에 큰 차이가 난다. 〈한국경제신문〉 증권면에는 유명한 펀드 매니저들에 대한 기사가 자주 실린다. 그들을 유심히 관찰했다가 펀드별 투자수익률을 비교해 마음에 드는 펀드 매니저를 선택하면 된다.

분산투자하라

직접적인 증권투자뿐 아니라 간접투자를 할 때에도 분산투자는 바람직하다. 예를 들어, 지나치게 안정성을 중시해 공사채형 수익증권만을 샀는데 주가가 급등하면 주식형 수익증권보다 수익률이 크게 뒤지게 된다. 반대로 주식형 쪽에만 집중적으로 투자했다가는 증시상황이 악화되면 큰 손해를 볼 수도 있다. 따라서 적절한 분산투자가 바람직하다.

펀드 매니저 고르는 요령

고교 동창인 두 사람이 어느 날 같은 투자신탁회사의 주식형 수익증권에 투자했다. 주식전문가가 대신해서 투자해주는 까닭에 수익률도 높고 안전하다고 판단했기 때문이다. 그러나 만기가 되어 돈을 찾고 보니 수익률에 차이가 났다. 한 사람은 55%의 수익률을 낸 반면 다른 사람은 37%의 수익률을 기록했다. 수익률이 낮은 투자자는 당연히 투자신탁회사 직원에게 따졌다. 그러나 투자신탁회사 직원은 아무렇지도 않다는 듯 이런 대답을 했다.『수익증권을 운용해주는 펀드 매니저가 다르기 때문입니다.』

이처럼 펀드의 수익률은 예측할 수 없다. 주가는 항상 변화할 뿐 아니라 펀드 매니저의 운용능력이 다르기 때문이다. 사실상 1999년 초에 만들어진 뮤추얼 펀드의 경우에도 펀드 매니저에 따라 수익률이 들쭉날쭉하다. 100%를 넘는 곳이 있는가 하면 40%를 밑도는 곳도 있다. 그만큼 펀드 매니저를 잘 골라야 간접투자에서 돈을 더 많이 벌 수 있다.

그렇다면 펀드 매니저는 어떻게 골라야 할까? 관상이나 수상, 사주를 보는 투자자들이라면 모를까 보통의 개인 투자자들이라면 펀드 매니저들의 실적이나 성향을 보고 선택하는 수밖에 없다. 각 펀드 매니저들이 운용하는 펀드의 수익률을 비교해보는 것이다. 그리고 과거의 누적수익률이나 평균수익률을 따져보는 방법 말고는 뾰

족한 수가 없다.

  펀드 매니저의 능력을 재는 기준에는 크게 두 가지가 있다.

  하나는 펀드의 절대 수익률이다. 다시 말하면 펀드 설정 후 9개월이 지난 시점에서 기준가격보다 40%의 수익률을 기록했다면 이게 바로 절대수익률이다. 펀드 설정 후 비교시점까지의 누적수익률인 셈이다.

  또 하나는 지수대비 수익률로서, 구체적으로 말하면 펀드 수익률과 종합주가지수 상승률과의 차액이다. 만약 같은 기간 중 종합주가지수가 45% 올랐는데 펀드 수익률은 40%라면 펀드의 지수대비 수익률은 마이너스 5%다.

잘 나가는 펀드 매니저들

강신우

  현대투자신탁운용의 수석 펀드 매니저. 1조 5,000억 원 규모의 펀드를 운용하고 있다. 그가 운용하는 한남성장주식 5호는 불과 6개월 사이에 100% 이상의 높은 수익률을 기록해 증권가에 화제가 됐다. 그는 1999년 5월 초 1만 원대에 있던 삼성물산주식을 150만 주 정도 매집했다. 1998년 5,000원대에 있던 주식이 두 배나 올랐지만 과감히 샀다. 인터넷 관련주가 뜰 것으로 여겼던 그는 삼성물산이 전자상거래를 집중적으로 하는 회사로 탈바꿈하겠다는 방침을 높이 산 것이다. 그 후 삼성물산 주식은 2만 원대로 올랐다. 그의 투자원칙은 철저한 가치투자. 어떤 주식의 적정가를 예상해 투자한 뒤에 그 목표까지 오르기 전에는 주식을 팔지 않고 기다린다. 그리고 유망하다고 판단되면 투자한도에 가깝게 집중적으로 투자한다. 1960년생으로 서울대 법대와 대학원, 영국 클라인워트벤슨 자산운용에서 연수했다. 한국투자신탁과 동방페레그린투자신탁에서 근무했다.(TEL : 02-3770-7114)

강인호

한빛은행 단위형금전신탁 과장. 단위형금전신탁이란 주식형 수익증권이나 공사채형 수익증권의 하나로 펀드 재산의 30% 이내에서 주식투자를 할 수 있는 상품이다. 그가 운용하는 펀드인 천포인트 1호의 기준가격 상승률은 15%를 넘어선다. 신한은행이나 하나은행의 상품보다 수익률이 다소 낮은 것은 펀드의 설정 규모가 2,000억 원으로 네 배 정도 많기 때문이다. 그는 10년 간 근무하던 대한투자신탁을 그만두고 1999년 4월 한빛은행으로 옮겼다. 그는 1998년 연 17%대였던 회사채 금리가 한 자릿수로 떨어질 것으로 예측해 장기채권을 많이 사도록 유도해 회사에 큰 이익을 남겨주었다. 결정할 때까지는 신중하지만 일단 방향이 정해지면 과감하게 밀어붙이는 행동파다. 1961년생으로 고려대 통계학과 출신이다. 미국의 5대 투신사격인 푸트넘 등 미국 현지에서 네 차례나 근무한 미국통.(TEL : 02-2259-6266)

구재상

미래에셋 운용본부장. 한국에 뮤추얼 펀드 바람을 일으킨 펀드매니저 가운데 한 명. 가치분석에 입각해 철저한 가치투자를 하고 있다. 그만큼 주식투자에 따르는 위험관리에도 신경을 쓴다. 이는 고객재산을 보호해주는 프로 근성의 발로이기도 하다. 이글펀드,

드림펀드의 운용자문을 해주고 있다. 1964년생으로 연세대 경영학과 출신이다.(TEL : 02-782-5100)

김기환

마이다스에셋 자산운용 이사. 10년 간 근무하던 대한투자신탁에서 1999년 3월 초 마이다스에셋으로 옮겼다. 그는 「아는 기업에만 투자한다」는 자신만의 투자원칙이 있다. 주가의 변동폭보다는 기간을 중시한다. 즉 몇 % 오르내렸나보다 몇 개월 오르내렸나를 주시하며 시장변화에 대비한다. 이와 함께 대세 상승기와 하락기에 따라 투자방식을 달리 한다. 대세 상승기엔 매입해 보유하는 전략을, 하락기에는 매각하는 전략을 쓴다. 1962년생, 서울대 경제학과 출신이다.(TEL : 02-3787-3500)

김석규

리젠트 자산운용 이사. 한국투자신탁의 간판급 펀드 매니저였던 그는 1999년 6월 리젠트 자산운용으로 옮겼다. 저평가된 주식을 찾아내 장기 보유하는 게 그의 장기다. 그만큼 냉정하고 객관적인 분석과 일관성 있는 행동, 그리고 위험관리와 결단력을 중시한다. 1996년 〈아시안 월 스트리트 저널〉지는 과거 5년 간 한국에 투자한 해외 펀드 중 그가 운용한 외수펀드(SIT)의 누적수익률이 317%로 1위를 기록했다고 보도했다. 또 미국의 펀드 평가회사인 LAS는 그가 운용한 펀드의 10년 간 누적수익률이 1위라고 밝혔다. 1960년생으로 서울대 국제경제학과와 대학원을 졸업했다. 한국투자신탁에 근무할 때 미국 오리건 주립대에서 MBA 과정을 밟았다.(TEL : 02-3775-1893~8)

김영수

동양오리온투자신탁 주식운용1팀장. 동양증권 리서치 팀에 있을 때 모든 상장기업을 방문할 정도로 발로 뛰는 행동파 펀드 매니저의 대명사로 알려져 있다. 4~5번 방문한 기업도 많다. 1992년엔 저 PER 종목을 분석해 4만 원대에 있던 한국이동통신(현 SK텔레콤)을 적극 매수하도록 추천했다. 그의 투자철칙은 크게 세 가지다. 즉 종목 위주의 투자, 기준수익률을 주가지수 상승률이 아닌 금리로 하는 것, 기대수익률과 위험을 조화시키는 것이다. 그가 운용한 샛별 1호는 140% 이상의 수익률을 올려 〈한국경제신문〉 자매지인 〈한경 비즈니스〉로부터 1998년 가장 뛰어난 올해의 펀드 매니저로 선정되기도 했다. 1965년생으로 서강대 경영학과 출신이다.(TEL : 02-3787-2814)

김영일

미래에셋 자산운용 이사. 그는 지난 1998년 11월 한국투자신탁에서 자리를 옮겼다. 뮤추얼 펀드인 박현주 1호, 2호, 5호를 단독 운용하고 있다. 수익률은 90~100%다. 그가 관리하는 돈은 3,500억 원이나 된다. 그는 홍수를 이루는 정보 중에서 주가에 직접 영향을 주는 것들만을 골라내 종합적인 판단이 서면 투자에 나선다. 기본적인 것은 유망종목으로 좋은 포트폴리오를 짠다. 그 대신에 투자대상 기업은 사전에 반드시 방문해 확인하는 과정을 거친다. 1963년생으로 서울대 경영학과를 나왔다.(TEL : 02-786-7001)

나인수

한국투자신탁 운용본부장(이사). 한국투자신탁에서 주식, 채권

운용, 운용평가 등 주요 부서를 두루 거친 인물. 약 1조 원에 달하는 돈을 운용하고 있다. 한국투자신탁 펀드 매니저들의 총괄 관리도 맡고 있다. 1951년생으로 동국대학교 행정학과 출신이다. (TEL : 02-789-4301)

박경민

SEI에셋코리아 자산운용 상무이사. 1985년 9월 일본 노무라 증권 서울사무소에 입사하면서 증권과 인연을 맺게 됐다. 그는 이 곳에서 첨단 증권분석기법을 배우고 터득했다. 그는 현금흐름을 가장 중요한 투자척도로 삼는다. 또 경영자의 자질을 본다. 오너 경영체제인 회사의 주식은 가급적 투자를 기피한다. 그는 1998년 미국의 펀드회사인 LAS로부터 상을 받았다. 그가 운용하는 펀드의 수익률이 3년 동안 가장 높았기 때문이다. 1959년생으로 서울대 경제학과와 대학원을 졸업했다. 대우투자자문, 에셋코리아 투자자문에서 일했다.(TEL : 02-723-6492)

박정구

새턴투자자문 사장. 그의 경력을 보면 펀드 매니저가 되기 위해 거쳐야 할 과정을 제대로 걸어온 인물이라는 생각이 든다. 지난 1989~91년에는 동원증권 주식부에서 근무했다. 1991~96년에는 교보생명 주식운용부에서, 1996~99년 1월에는 삼성투자신탁운용 주식운용역을 맡았다. 그는 유망종목을 발굴하고 투자한 다음 주가가 오를 때까지 기다린다. 단기적인 수익률에는 관심이 없다. 가치투자를 중시하는 자세를 취하고 있는 것이다. 그는 증시가 개방된 만큼 해외 요인을 철저히 분석해야만 성공할 수 있다고 믿는다.

1963년생으로 연세대 경제학과와 대학원을 졸업했다.(TEL : 02-3775-0115)

박종규

LG투자신탁운용 주식운용팀장. 한국투자신탁 재임 중인 1997~98년 회사 안에서 가장 높은 수익률을 냈다. 그는 1999년 LG에 스카우트된 후에도 트윈스 첼린지 펀드로 100% 이상의 수익률을 올렸다. 그의 이런 실적은 8년 간의 주식 애널리스트와 9년 간의 펀드매니저라는 경험을 통해 이루어졌다. 그러면서도 노력을 게을리하지 않는다. 철저한 자기 관리와 공부를 계속하고 있다. 이런 노력에 힘입어 그가 운용하는 펀드의 수익률은 항상 상위권에 있다. 지난 1998년에도 수익률 상위 10개 펀드 가운데 6개가 그의 펀드였다. 집중력, 뚝심, 인내심을 강조한다. 그도 시장변화에 따라 새로운 가치기준으로 투자에 임하고 있다. 가치투자를 하되 패션을 따른다. 1957년생으로 부산대 법대와 부산대 경제대학원을 졸업했다.(TEL : 02-789-0563)

서임규

월드에셋 자산운용 운용담당 이사. 그는 증권시장에서 블루칩 선풍을 일으킨 주인공 중 한 사람이다. 지난 1992년 외국의 투자자금이 증시에 유입될 무렵 그는 저 PER 종목을 중심으로 포트폴리오를 운용했다. 그는 주가가 궁극적으로 내재가치에 따라 움직인다는 진리를 산업분석 업무를 하는 동안 터득했다. 그는 한국전력 주식을 조기에 투자해 200% 이상의 수익을 냈다. 포항제철, 삼성전자, 한국이동통신 등 블루칩을 집중적으로 매수해 보유함으로써 수익률이 엄청나게 높았다. 지난 1994~95년에는 2년 연속 대한투자신탁의 펀드 수익률 1위를 기록할 정도였다. 그는 자신감을 갖고 운용에 임해야 한다고 강조한다. 1960년 경북대 경영학과 출신이다.(TEL : 02-553-4100)

이창훈

삼성투자신탁운용 주식운용팀장.『장수하늘소』,『들개』등의 소설을 쓴 이외수 씨의 동생이다. 그는 1996년 7월 국민투자신탁에서 삼성-JP투신운용으로 자리를 옮기면서 저평가된 주식을 장기 보유하는 가치투자와 체계적인 운용 시스템을 배웠다. 그는 새 직장에서 1년 동안 JP모건에서 파견된 전문가들과 펀드 운용체계를 전면 개편하는 작업을 했다. 수익률보다는 리스크 운용관리에 역점을 뒀다. 1998년 코리아 프라임 펀드에 저평가된 블루칩을 대거 편입시켜 1년 만에 150% 이상의 투자수익률을 기록했다. 그가 운용하는 자산은 1조 5,000억 원 규모. 단일 종목에 집중투자하기보다는 적절한 포트폴리오를 구성해 팀플레이하는 것을 중시한다. 그래야 위험을 회피할 수 있기 때문이다. 1962년생으로 서울대 경영학과와 대학원을 졸업했다.(TEL : 02-3455-9154)

이채원

동원투자신탁운용 주식운용팀장. 그에게는 밸류 리라는 별명이 붙어 있다. 그가 운용하는 펀드가 밸류라는 이름을 갖고 있기 때문이다. 1998년 12월 설정된 이 펀드는 1년 만에 110% 이상의 수익률을 냈다. 그만큼 기업의 가치에 입각한 투자를 한 결과다. 포항제철, 삼성전자, SK텔레콤, 한국전력 같은 주식들이 대종을 이루고 있다. 그는 철저하게 경상이익과 순자산가치를 따진다. 경상이익을 기준으로 PER가 세 배 이하인 종목은 모두 대상으로 삼았다는 것이다. 그러면서 그는 무리를 하지 않는다. 자기가 개발한 종목이 시류를 탈 때까지 느긋하게 참고 기다린다. 그러다 보면 수익률은 자연스럽게 상위로 올라간다. 1998년 안정형 주식형 수익증권에서 수익률 1위를 기록했다. 1964년생으로 중앙대 경영학과 출신이다.(TEL : 02-786-3407)

이춘수

대한투자신탁 주식투자부 운용3팀장. 주가단말기를 보기보다는 기업이나 경제분석 리포트를 꼼꼼하게 챙긴다. 그만큼 자신감 넘치는 자세로 펀드 운용에 임하고 있다. 그는 기업의 과거 성적표를 철저히 분석한다. 경기변동 과정에서 투자대상 기업들의 수익성이 어떤 추세를 보이는지 따진다. 그런 다음 주당 순이익과 주가수익비율을 비교한다. 목표매수 가격대에서만 주식을 사고, 자신이 선택한 종목이 떨어져도 신경을 쓰지 않는다. 반드시 오른다는 신념을 갖고 있기 때문이다. 1998년에는 대한투자신탁의 최우수 펀드 매니저에 오르기도 했다. 펀드 운용 규모는 1조 3,000억 원. 1962년생으로 고려대 경제학과와 대학원을 졸업했다.(TEL : 02-3771-7199)

장인환

KTB자산운용 사장. 그는 삼성생명, 동원증권, 현대투자신탁운용에서 근무하다가 1999년 7월 한국종합기술금융이 설립한 KTB자산운용의 사장으로 자리를 옮겨갔다. 현대투자신탁운용에 있을 때 주식을 한꺼번에 사고 파는 단위가 최소한 몇십만 주에서 몇백만 주에 달하는 까닭에 장대포라는 별명이 붙었다. 그는 스폿 펀드 시장에서는 황제 소리를 들을 정도다. 스폿 펀드란 일정한 목표수익률을 달성하면 만기 전에 즉시 원리금을 상환할 수 있는 펀드다. 그가 운용하던 스폿 펀드 규모가 1조 9,000억 원에 달했고 주문 단위가 최소 500억 원에 달했다는 것만 보아도 그의 위력을 짐작할 수 있다. 장 사장은 엘리엇 파동이론을 바탕으로 한 기술적 분석에 능하다. 그만큼 시장의 단기흐름을 읽고 파는 타이밍을 잘 포착한다. 그렇지만 그는 위험관리를 가장 중시한다. 그래서 그가 운용하는 펀드는 주식편입비율이 다른 펀드보다 낮다. 주식을 사기 전에는 반드시 기업을 방문해 확인한다. 그것도 몇 차례나 방문하고 되도록 최고경영자를 만나 필요한 정보를 얻으려고 노력한다. 그리고 혼자 방문하는 것을 철칙으로 여긴다. 그래야만 고급정보를 얻을 수 있기 때문이다. 1959년생으로 서울대 일반사회학과와 연세대학원 경제학과를 졸업했다.(TEL : 02-3787-8401)

정진호

액츠투자자문 사장. 정 사장은 일본통이다. 고려대 통계학과를 나와 마루베니상사 서울사무소에서 일하다 본격적으로 일본을 공부하기 위해 일본 유학을 떠나 와세다대학 국제금융대학원에서 석사학위를 마친 후 노무라증권 애널리스트로 특채된다. 증권계에 발을 들여놓는 인연을 맺게 된 것. 그 뒤 미국의 프루덴셜증권에서 근무하다가 에셋코리아투자자문을 만들어 독립했다. 정 사장은 1996년 이 회사를 동양그룹에 넘기고 액츠투자자문을 설립했다. 그는 주식시장의 대세보다는 철저한 기업분석에 입각한 투자에 비중을 둔다. 주가는 궁극적으로 내재가치에 따라 움직인다는 판단에서다.

그만큼 빈틈이 없다. 후보 기업을 선정한 다음 40~50개 정도의 기업만을 정밀 분석한다. 그것도 몇 년에 걸쳐 분석한다. 이 자료를 토대로 컴퓨터로 적정 주가를 산출한다. 그리고 기업에 찾아가 현장 확인을 하고, 확신이 서면 그 종목을 과감히 사고 기다린다. 장기투자 자세로 임하는 까닭에 단기적인 주가흐름을 중시하지 않는다. 1954년생.(TEL : 02-783-7666)

조재홍

한국투자신탁 주식운용부 주식6팀장. 한국투자신탁의 간판급 펀드 매니저다. 그는 「한경 스타워즈」에서 발군의 실력을 나타냈다. 「한경 스타워즈」란 증권사에서 10명의 펀드 매니저와 브로커를 선발해 가상으로 주식투자수익률 경쟁을 벌이는 게임이다. 실제 돈을 투자하는 것은 아니지만 매일매일 신문지상에 누가 어떤 종목을 사고 팔았는지 보도된다. 수익률도 매일매일 공표된다. 이 게임은 1998년 3월 2일부터 시작됐다. 당시는 IMF 관리체제의 영향으로 종합주가지수가 전년 말 대비 300포인트나 떨어져 있을 때였다. 그러나 이 게임이 시작된 이후에도 주가는 속락, 6월 중순께는 277선까지 밀렸다. 이 와중에서도 그는 무려 562%의 수익률을 기록하며 1위를 차지하는 영광을 안았다. 증권계의 대스타로 탄생하는 계기였다. 그는 시장이 불안정하다고 보고 철저하게 작은 이익을 챙기는 단타매매에 비중을 두었다. 저점매수, 고점매도의 파도타기식 투자를 되풀이했던 것이다. 1963년생으로 연세대 경영학과 출신이다.(TEL : 02-789-4379)

최권욱

코스모투자자문 대표이사. 그는 한국에서 주가지수 선물투자의 1인자로 통하는 인물이다. 1996년 국민투자신탁에서 서울투자신탁운용으로 옮겨 타겟 펀드를 운용했다. IMF 관리체제로 종합주가지수가 폭락하는 가운데서도 그가 운용하는 펀드는 40% 이상의 수익률을 올리는 능력을 발휘했다. 1997년 주가지수 선물투자 성공률이 85%에 달했다. 그는 약세장세에서만 강한 게 아니라 강세장에서도 강하다. 1998년 중반 설정된 펀드의 수익률은 1년 사이에 100~179%에 달했다. 서울투자신탁운용이 최권욱펀드라는 실명펀드를 발매한 것도 그의 이런 능력을 인정한 결과였다. 그는 좋은 주식을 땅처럼 여기고 투자하라고 권한다. 그 대신 욕심을 버리라는 단서를 단다. 1960년생으로 서강대 독문학과와 서울대 경영학과 대학원을 나왔다.(TEL : 02-508-0010)

수익증권 환매신청은 「금요일에」

『수익증권 환매는 금요일에 신청해라.』
연초에 설정한 펀드들의 수익률이 대부분 40%를 넘어서고 80%를 웃도는 펀드까지 나오면서 환매에 대한 관심이 높아지고 있다. 대부분의 주식형 수익증권은 가입 후 6개월이 지나면 중도환매 수수료를 물지 않는다. 따라서 40% 이상의 높은 수익률을 올린 펀드에 가입한 투자자들은 지금 돈을 찾을 경우 40% 이상의 수익을 확정할 수 있다. 전문가들은 향후 주가전망이 괜찮아 구태여 환매를 서두를 필요가 없으나 급전이 필요해 환매를 해야 할 경우에는 요일을 잘 선택해야 한다고 강조한다.

◆ 3일 환매제
1998년 말 이후 새로 설정된 주식형 수익증권은 3일 환매제가 적용된다. 환매를 신청한 이튿날부터 영업일 기준으로 3일째 되는 날 돈을 찾을 수 있다.

화요일에 환매를 신청했다면 금요일에 돈을 찾게 된다. 투자신탁회사가 환매요청을 받은 다음 주식을 처분해 돈을 마련하는 데 시간이 걸리기 때문이다. 이에 따라 원리금을 계산할 때 사용되는 기준가격도 환매를 청구한 날의 기준가격을 적용받는 게 아니라 환매청구한 날로부터 3일째 되는 날의 기준가격을 적용받는다. 월요일에 환매를 청구하면 화요일 주가(종가기준)로 산정된 수요일의 기준가격을 적용받아 목요일에 돈을 찾는다는 얘기다.

◆ 환매신청은 금요일이 유리

환매를 신청한 후 이튿날 주가가 내리면 돈을 찾을 때 원리금이 줄어들게 된다. 예를 들어, 화요일 펀드의 기준가격이 1,500원인 것을 확인하고 환매를 신청했다고 하자. 그러나 수요일 주가가 폭락해 목요일 기준가격이 1,400원으로 떨어졌다면 결국 금요일에 손해를 보고 돈을 찾게 되는 셈이다.

물론 수요일 주가가 오르면 예상보다 더 많은 돈을 찾을 수 있다. 그러나 당일 환매제에 비하면 주가변동에 따른 위험성이 그만큼 높아진 셈이다. 이 같은 위험성을 최대한 줄이려면 금요일에 환매를 청구하는 것이 바람직하다. 이튿날인 토요일 주식시장이 휴장을 하기 때문이다. 금요일에 환매를 청구하면 영업일수로 3일째 되는 날인 화요일 돈을 찾게 된다. 이 때 월요일 기준가격이 적용된다. 그러나 토요일이 휴장이기 때문에 결국 금요일 주가로 산정된 기준가격으로 화요일 돈을 찾을 수 있게 되는 것이다. 방철호 대한투자신탁 상품개발부장은 『환매신청 후 이튿날의 주가변동에 따른 위험을 축소하기 위해서는 금요일에 환매를 신청하는 것이 유리하다』고 설명했다. (1999. 6. 29, 장진모 기자)

주식형 펀드 규모 어떤 것이 유리한가

주식형 펀드나 뮤추얼 펀드에 투자할 때 대상을 선택하는 기준 가운데 하나가 바로 펀드 규모다. 설정 규모가 30억 원짜리 소형 펀드가 있는가 하면 3,000억~5,000억 원에 이르는 초대형 펀드도 있다. 어떤 펀드에 가입하는 것이 유리할까? 펀드 규모는 통상 설정 규모를 말한다.

다시 말해 펀드의 자산운용 규모다.

　주식형 펀드는 초기에 설정한 규모를 만기 때까지 그대로 유지하는 「단위형」과 수시로 추가모집하는 「추가형」이 있다. 추가형은 운용을 개시한 후에도 투자자들의 신규자금을 계속 받기 때문에 펀드 규모가 갈수록 커질 수 있다. 설정 규모가 자본금이 되는 뮤추얼 펀드는 처음 설정된 금액이 일정하게 유지되기 때문에 단위형으로 보면 된다. 투자신탁회사들이 펀드를 팔기 전에 제시하는 모집 규모와 실제 설정 규모는 반드시 일치하지 않는다. 예컨대, 1,000억 원을 모집하겠다고 했으나 모집에 응한 금액이 100억 원밖에 되지 않아 펀드 규모가 100억 원이 되는 경우도 있다.

　보통 펀드 설정 규모가 △100억 원 미만이면 소형, △500억~1,000억 원이면 중형, △1,000억 원 이상은 대형 펀드로 분류하고 있다.

◆ 소형 펀드

　「몸집」이 가벼워 탄력적으로 운용이 가능하다. 장세에 민첩하게 대응할 수 있다. 일정한 목표수익률을 달성한 뒤 조기상환하는 스폿 펀드는 대부분 100억 원 미만인 소형 펀드로 운용된다. 펀드 규모가 적어 여러 종목에 분산 투자하는 데 한계가 있다.

　종목선정이 잘못되거나 주가흐름이 예상과 반대로 전개될 경우 투자 위험이 상대적으로 크다. 반면 주가상승시에는 펀드 수익률 상승속도가 대형 펀드보다 빠른 장점이 있다. 반대로 주가가 내릴 때는 수익률 방어가 제대로 되지 않는 것은 단점이다.

　전문가들은 증시상황이 급변할 때는 소형 펀드가 유리하다고 설명하고 있다. 주식을 사고 파는 데 시간이 걸리지 않기 때문이다. 상승장에서 순환매가 일어나 증권, 은행, 건설주 식으로 투자의 큰 흐름이 옮겨갈 경우에도 이런 흐름을 탈 수 있어 고수익을 낼 기회가 상대적으로 많다고 보면 된다.

　4월 초 주가가 연일 급등할 때 스폿 펀드들이 10% 이상씩 수익률을 달성함으로써 조기 상환된 것도 이런 맥락으로 이해할 수 있다.

◆ 중·대형 펀드

　펀드 규모가 크기 때문에 단기간에 주식을 사들이거나 팔아치우기가 어렵다는 게 약점이다. 몸집이 큰 만큼 움직임이 둔하다는 뜻이다. 가령 큰 시세를 낸 종목을 한두 개 보유하고 있더라도 펀드 규모가 크기 때문에 수익률에 미치는 영향은 미미하다. 한두 개 종목이 큰 폭으로 하락할 경우에도 마찬가지다. 여러 종목에 분산투자하고 있어 펀드 수익률이 안정적이라는 게 장점이다. 이에 따라 주가변동이 심하지 않고 장세가 안정적일 때 중·대형 펀드가 상대적으로 유리하다고 전문가들은 설명한다.

◆ 추가형보다는 단위형이 유리

운용 규모가 확정돼 종목 구성이나 목표 매수량 등을 미리 정할 수 있는 단위형이 펀드 운용을 안정적으로 운용하기에 적합하다. 투자자 처지에서도 「물타기」가 배제되는 단위형 펀드가 주가상승의 이익을 최대한 누릴 수 있다. 스폿 펀드가 대부분 단위형이다. 스폿 펀드를 제외한 대부분의 주식형 펀드는 추가형인데, 요즘에는 500억 원 정도에서 추가모집을 중단하고 2, 3호 형식으로 새 펀드를 설정하는 추세를 보이고 있다.

(1999. 4. 19, 장진모 기자)

펀드 규모별 장·단점 비교

◀ 소형 펀드(100억 원 미만)
　장점 • 신속한 운용
　　　• 장세에 탄력적 대응
　　　• 상승장에 유리함
　단점 • 수익률 급변 가능성
　　　• 투자 판단 착오시 후유증이 큼
◀ 중형 펀드(500억~1,000억 원)
　장점 • 적절한 시장 대응력
　　　• 비교적 안정장세에 유리
　단점 • 충분한 시장 영향력과 탄력성이 떨어짐
◀ 대형 펀드(1,000억 원 이상)
　장점 • 시장에 영향력을 행사할 수 있음
　　　• 펀드 수익률이 안정적임
　단점 • 급격한 시장 변화에 대한 대응력이 약함

수익률만 보고 펀드 고르면 낭패 — LG경제연구원 조사

펀드의 수익률이 높다고 해서 무조건 좋은 펀드는 아니라는 지적이 제기됐다. LG경제연구원은 10일 「뮤추얼 펀드의 투자성과」란 보고서에서 지난 3월 이전에 설정된 15개 뮤추얼 펀드를 대상으로 수익률과 샤프 지수, 트레이너 지수를 이용한 위험도를 함께 조사할 결과 수익률이 높은 펀드 중 위험성이 상대적으로 높은 펀드들이 있는 것으로 조사됐다고 밝혔다.

위험도와 수익률이 높은 펀드는 주가상승장에서는 높은 수익률을 낼 수 있지만, 주가하락시에는 다른 펀드에 비해 수익률이 더 떨어질 가능성이 있다는 것을 의미한다고 LG연구원은 지적했다.

샤프 지수란 펀드 수익률의 변동편차와 수익률의 비율을 나타내는 수치다. 위험도를 나타내는 수익률편차에 비해 수익률의 비율이 높으면 적은 위험으로 높은 수익을 올렸다는 것을 의미한다.

트레이너 지수란 종합주가지수의 변동에 수익률이 얼마나 민감하게 반응하느냐를 측정하는 것으로, 위험지표인 민감도에 비해 수익률의 비율이 높으면 위험에 비해 높은 수익을 올렸다는 것을 나타낸다.

보고서는 측정대상 15개 펀드 중 수익률 1위였던 펀드가 위험도를 측정하는 샤프 지수에서 14위를 기록, 위험도가 다른 펀드에 비해 높은 것으로 조사됐다고 설명했다.

LG경제연구원은 『국내에서는 뮤추얼 펀드의 성과는 설정일 이후 기준가격 상승률을 나타내는 단순 절대수익률로 비교되고 있다』면서 『그러나 미국 등 선진국에서는 펀드 위험도를 나타내는 샤프 지수 등을 함께 제시해 투자자들이 올바른 선택을 할 수 있도록 하고 있다』고 말했다.

(1999. 6. 11, 장진모 기자)

증권 길라잡이 — 「이젠 간접투자 시대」

상품보다 펀드 매니저를 사라. 저금리시대가 지속되자 여유자금을 들고 증권사 객장으로 가는 사람들이 갈수록 늘어나고 있다. 주식투자를 위해서다. 막상 증권사에서 위탁 계좌를 트고 주식매매를 해보지만 기대했던 수익을 올리기가 무척 어렵다는 것을 실감하게 된다.

증권사 영업부 관계자들은 『종합주가지수는 잘 오르는데 왜 내가 가진 종목은 오르지 않느냐고 하소연하는 투자자들이 갈수록 늘고 있다』
고 전하고 있다. 실제로 지난 주 후반께 주가가 하루 만에 40포인트가
량 폭락, 일반 투자자들의 가슴이 철렁 내려앉기도 했다.
　재테크 전문가들은 초보자일수록 수익성보다 안정성을 먼저 따지고,
직접투자보다는 간접투자 수단을 활용하는 게 바람직하다고 강조한다.
　주식형 수익증권, 뮤추얼 펀드 등 간접투자상품에만 올들어 16조 원
정도가 들어왔다. 주식형 수익증권과 뮤추얼 펀드가 어떤 상품이고 어
떻게 이용해야 하는지 알아본다.

◆ 주식형 수익증권
　고객의 돈을 모아 펀드(뭉칫돈)를 만든 뒤 이를 주식·채권 등에 투
자한 뒤 그 결과를 실적대로 되돌려주는 상품이다. 주식투자에 따른 높
은 수익을 기대할 수 있는데다 직접투자할 때의 위험성을 최소화할 수
있다는 것이 최대 장점으로 꼽힌다.
　전문가인 펀드 매니저들은 과학적인 투자기법과 기업정보를 최대한
활용해 자금을 굴린다. 대규모 자금을 운용하기 때문에 위험 대처 능력
이 개인투자자보다 훨씬 뛰어나게 마련이다.
　주식형 펀드는 펀드 규모가 크고 투자기간이 최소 6개월 이상인 대
형 펀드와 단기간에 고수익을 겨냥하는 스폿(spot) 펀드로 크게 구분된
다. 대형 펀드는 안전성이, 스폿 펀드는 수익성이 투자 포인트다. 공격
적인 성향의 투자자는 스폿 펀드를, 안전성을 추구하는 투자자는 대형
펀드를 택하라는 조언도 이래서 나온 것이다.
　요즘에는 일정한 수익률을 낸 뒤 안전한 공사채형으로 전환하는 이
른바 카멜레온 펀드도 틈새 상품으로 인기를 끌고 있다. 주식형 펀드는
투자신탁회사가 주식투자를 대신해주지만, 그 결과는 투자자 자신이 전
적으로 책임을 지는 실적배당 상품이라는 것을 명심해야 한다.

◆ 뮤추얼 펀드
　투자자로부터 돈을 모아 주식에 투자한 뒤 그 결과를 되돌려준다는
점에서 주식형 펀드와 비슷하다. 차이점은 뮤추얼 펀드의 경우 상법상
주식회사의 형태를 띠고 있다는 점이다. 따라서 돈을 맡기는 사람은 단
순 고객이나 투자자라기보다는 투자금액만큼의 주식을 보유하는 주주
의 신분을 갖게 된다. 펀드 자체는 형식상 회사에 불과하고 실제 돈을

굴리는 곳은 투자신탁운용회사나 자산운용회사다. 투자자들이 원리금을 돌려받는 방법도 주식형 펀드와 다소 차이가 있다. 대부분 주식형 펀드는 중도환매 수수료를 부담하면 만기 전이라도 돈을 찾을 수 있다. 그러나 뮤추얼 펀드는 결산기(1년) 전에 중도인출을 할 수 없다. 가령 가입 후 4개월 만에 수익률이 30%를 기록했다 하더라도 그 때 돈을 찾을 수는 없다. 국내에 도입된 뮤추얼 펀드는 모두 만기 전에 중도환매가 가능한 개방형 펀드가 아니라 폐쇄형이기 때문이다.

뮤추얼 펀드는 증권거래소와 코스닥에 상장되기 때문에 증권시장에서 펀드의 주식을 팔아 자금을 중도에 회수할 수는 있다. 그러나 이 때 원래 펀드 기준가격보다 10% 정도 할인된 가격으로 거래되기 때문에 어느 정도 손해 볼 수 있다. 그래서 뮤추얼 펀드에 가입할 때는 반드시 1년 이상의 여유자금으로 투자하는 게 원칙이라고 전문가들은 조언한다.

뮤추얼 펀드 가입은 증권사에서 뮤추얼 펀드의 주식을 사는 식으로 이뤄진다. 가입할 때는 실명 확인을 위한 주민등록증과 도장, 투자자금 등이 필요하다. 주식매매를 할 때처럼 위탁계좌를 개설한 다음 청약신청서를 내고 청약금(투자금)을 내면 된다. 각 뮤추얼 펀드는 최소 투자금액을 100만~300만 원 등으로 정하고 있다.

증권사는 단지 판매만 대행할 뿐이란 것을 명심해야 한다. 실제 돈을 굴리는 곳은 투자신탁운용회사나 자산운용회사다. 한 증권사에서 여러

간접투자상품 체크 리스트

1) 주가전망을 알아본다.
2) 가입시기를 전문가와 상의한다.
3) 자신의 투자성향에 맞는 펀드를 고른다.
4) 펀드 매니저의 과거 운용실적을 확인한다.
5) 투자설명서와 펀드 약관을 꼭 읽어본다.
6) 펀드 운용전략을 알아본다.
7) 수수료 등 부대비용을 다른 상품과 비교해본다.
8) 수익률, 펀드 구성 내용을 수시로 확인한다.
9) 투자금액이 많으면 분산투자한다.
10) 주가동향을 수시로 체크한다.

운용회사의 뮤추얼 펀드를 함께 판매하고 있다.
 가입하기 전에 어떤 자산운용회사가 운용능력이 있는지 꼼꼼히 따져 봐야 한다. 또 상품마다 투자성격이 다르기 때문에 투자설명서를 세밀히 읽어본 뒤 가입해야 한다.

주요 주식형 뮤추얼 펀드 판매현황

운용회사	펀드명	주식편입비율	판매회사
한국투신	파워코리아골드칩	20~90%	한국투신
	파워코리아MVP	20~90%	한국투신
대한투신	윈윈에이스	20~90%	대한투신
	홀인원	90% 이하	대한투신
현대투신운용	바이코리아르네상스	20~50%	현대투신, 현대증권
	바이코리아스폿	20~90%	현대투신, 현대증권
삼성생명투신	새천년홀인원	20~60%	삼성투신증권
	새천년재규어	20~90%	삼성투신증권
제일투신운용	파이오니아	20~90%	제일투신증권
	CB메리트	20~90%	제일투신증권
중앙투신	비너스	20~90%	중앙투신
	하이그로스	20~90%	중앙투신
서울투신운용	파일럿 1호	20~90%	대우증권
	대우인덱스	20~90%	대우증권
삼성투신운용	삼성밀레니엄	44%	삼성증권
	삼성프라임플러스	20~90%	삼성증권
LG투신운용	밀레니엄매직스폿	20~90%	LG증권
	밀레니엄파트너	20~90%	LG증권
한화투신운용	하이프로	80% 이하	한화증권
	에이스칩	20~90%	한화증권
교보투신운용	교보천리안	20% 이하	교보증권
	교보초이스	20~90%	교보증권
신한투신운용	새턴스폿	20~90%	신한, 대우증권
대신투신운용	양유식펀드	20~90%	대신증권
동원투신운용	밸류	20~90%	동원증권
미래에셋자산운용	미래에셋드림2호	20~90%	삼성증권

◆ 투자시 고려사항

　주식형 펀드와 뮤추얼 펀드 등 간접투자상품은 안전하면서도 고수익을 보장해주는 상품으로 잘못 이해하고 있는 사람들이 의외로 많다. 그러나 이는 사실과 다르다.

　주식형·뮤추얼 펀드는 대부분 주식에 주로 투자한다. 만약 사둔 주식의 가격이 폭락할 경우 원금 손실마저 감수해야 한다.

　많은 투자자들이「전문가들이 운용하는데 설마 원금마저 날리겠어?」라고 생각하지만 이는 매우 잘못된 것이다. 주가가 떨어지기 시작할 경우 아무리 뛰어난 재주를 가진 펀드 매니저라도 당할 재간이 없는 게 주식투자란 점을 명심해야 한다.

　이는 간접투자상품에 가입하는 모든 이들이 알아둬야 할 필수상식에 속한다. 문제는 주식형 펀드에 투자할지, 아니면 뮤추얼 펀드에 돈을 맡길지 결정하는 것이다. 투자자의 성향에 따라 방향을 정해야 한다. 물론 어느 쪽을 택하든지 펀드 매니저의 능력을 다시 한번 따져보고 운용회사도 믿음직스러운지 알아보는 것도 잊지 말아야 한다. 기본원칙에 충실한 투자가 바로 성공의 비결이다. 　　　(1999. 5. 3, 장진모 기자)

제 9 장

주식선물 옵션 거래 읽기

주식 선물거래

요즘 신문이나 방송에 금융파생상품이라는 말이 자주 오르내리고 있다. 선물 옵션(선택권), 스왑 등이 대표적인 파생상품이다. 이들 상품은 주식·채권·통화 등 현물시장의 움직임을 바탕으로 거래가격이 매겨진다. 현물에서 파생됐기 때문에 파생상품(derivatives)으로 불리기도 한다.

금융파생상품은 크게 네 가지로 나뉜다. 주식·채권·금리·통화관련상품 등이다. 이 중에는 거래소에 상장돼 매일 청산기관을 통해 정산되는 상장물이 있다. 또 증권회사나 은행이 기관투자가나 기업 등을 상대로 거래하는 장외물도 있다.

한국은 미국이나 일본 등에 비해 이러한 금융상품 거래 역사가 짧다. 증권거래소는 1994년 6월 16일부터 KOSPI 200(Korea Stock Price Index 200)을 채택했다. 이 지수는 1990년 1월 3일 100.00을 기준으로 한 200개 종목의 시가총액식 주가지수다. 특징은 200종목의 시가총액이 증시 시가총액의 70% 이상이 되도록 한 것이다. 1996년 5월 3일에는 KOSPI 200 선물시장이 문을 열었다. 1997년 7

KOSPI 200종목

강원산업	고려화학	고합	국도화학	굿모닝증권	금강	금강개발산업
금호산업	금호석유화학	녹십자	농심	대륭정밀	대림산업	대신증권
대우전자부품	대우증권	대한전선	대한제당	대한항공	동국제강	동부제강
동부한농화학	동성화학	동아건설산업	동아제약	동양시멘트	동양제과	동양화학공업
동원산업	동원증권	동화약품공업	두산	밤림	삼보컴퓨터	삼성물산
삼성SDI	삼성전기	삼성전자	삼성항공산업	삼양사	삼환기업	새한
새한미디어	서울은행	서통	성신양회공업	성창기업	세아제강	센츄리
신세계백화점	신한은행	쌍용양회공업	쌍용정유	아남반도체	아세아시멘트공업	오리온전기
유한양행	이수화학	인천제철	일양약품	일진	제일모직	제일은행
제일제당	조흥은행	종근당	중외제약	코오롱	태평양	포항종합제철
풍산	하이트맥주	한국유리공업	한국전력공사	한국전자	한국제지	한국철강
한국타이어	한미은행	한빛은행	한솔제지	한일시멘트공업	한화	한화석유화학
인천정유	현대강관	현대건설	현대미포조선	현대시멘트	현대자동차	현대정공
현대증권	효성	흥아타이어공업	LG건설	LG전선	LG전자	LG증권
LG화학	SK	SK증권	SK케미칼	SK텔레콤	경인양행	계양전기
고려산업개발	고려아연	광동제약	광전자	국민은행	남해화학	대덕전자
대상	대성산업	대성전자	대영전자공업	대영포장	대웅제약	대원화성
대창공업	대한알루미늄공업	덕성화학공업	데이콤	동일제지	디아이	로케트전기
메디슨	미래산업	미래와사람	부광약품공업	빙그레	삼성정밀화학	삼성중공업
삼성증권	삼양제넥스	삼양통상	삼영전자공업	삼진제약	삼화페인트공업	새한정기
샘표식품	서흥캅셀	선도전기	성미전자	성안	세원중공업	세풍
신도리코	신동방	신무림제지	아세아제지	에넥스	오뚜기	웅진출판
율촌화학	창원기화기공업	청호컴퓨터	케드콤	케이씨텍	코리아써키트	콤텍시스템
태림포장공업	펜택	하나은행	한국고덴시	한국수출포장공업	한국쉘석유	한국안전유리
한국외환은행	한국전기초자	한국전기통신공사	한국주택은행	한국카본	한국포리올	한국합섬
한라공조	한미약품공업	한솔전자	한솔화학	한진중공업	한진해운	현대반도체
현대산업개발	현대상선	현대엘리베이터	현대전자산업	현대종합상사	호남석유화학	호텔신라
홍창	LG산전	LG정보통신	신영증권	SJM	SKC	한국담배인삼공사
현대중공업	이화산업	신대양제지	영원무역			

월 7일에는 KOSPI 200 옵션 시장이 개설됐다. 1999년 4월 23일에는 부산에 선물거래소가 문을 열고 본격적인 활동에 들어갔다.

　선물시장은 외국에 비해 그 역사가 짧지만 최근 거래가 크게 늘어나는 등 규모가 팽창하고 있다. 하루 평균 거래대금이 줄잡아 4조 원에 달하고 있다. 선물거래가 이처럼 활발한 것은 적은 돈으로 많은 이익을 남길 수 있기 때문이다. 위탁금액의 15%만 내면 선물거래를 할 수 있다. 현물투자 때보다 6~7배에 달하는 이익을 올릴 수 있다는 게 매력 중 하나다.

선물거래란

　선물거래란 장차 특정 상품의 가격이 변동할 것에 대비해 미리 사두거나 파는 거래를 말한다. 그 대상은 일반 상품과 금융상품으로 나뉜다. 상품선물거래는 원유 · 곡물 · 축산물 · 광물 등에서 이뤄진다. 금융선물은 외환 · 금리 · 주식 · 주가지수 등이 그 대상이다. 그만큼 일반인들에게는 선물거래를 이해하기가 쉽지 않다. 그러나 아파트 딱지 전매를 알면 선물거래를 이해하기 쉽다. 아파트 분양권은 이른바 딱지라는 형태로 시중에서 거래된다. 딱지 투자자들은 아파트를 마련하려는 목적을 가진 사람도 있지만, 분양권의 전매차익을 노리는 투자자들도 적지 않다. 선물거래는 이처럼 어떤 상품을 미리 사고 파는 행위이자 그 권리를 사고 파는 행위로 이해하면 된다.

　주식선물거래는 KOSPI 200 주가지수가 미래의 일정 시점에 얼마가 될 것인가를 예측하고 행하는 거래를 말한다. 매매쌍방은 계약

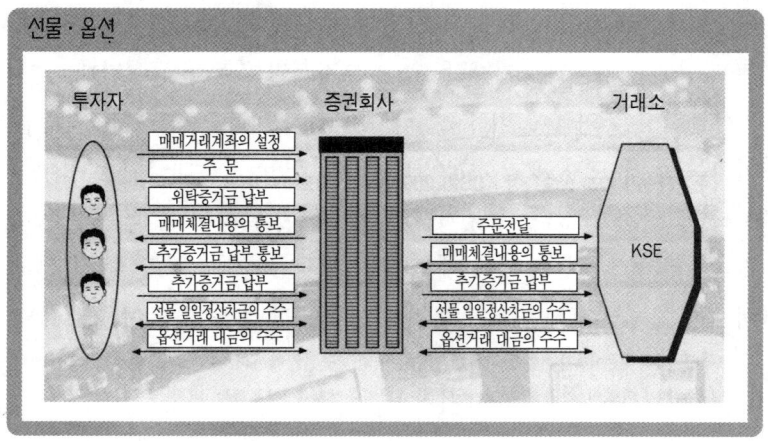

때 정한 값으로 장래 일정 시점에서 KOSPI 200을 반드시 인수·인도해야 하는 의무를 진다. 장래 일정 시점이란 증권거래소가 정한 최종결제일이다. 계약시 정한 가격이란 계약 당시의 선물가격이다. 결제시에는 계약 때 정한 가격과 최종결제가격 차이에 KOSPI 200 지수 1포인트당 50만 원을 곱해 산출된 금액을 주고받게 된다. 이익을 보거나 손해를 본 만큼만 현금으로 결제하는 차익결제방식이다. 그만큼 소액의 위탁증거금만 있으면 된다. 잘 하면 이익을 얻을 수 있는 반면, 잘못되면 큰 손해를 볼 수 있는 시스템이다.

국제시장에서는 선물의 움직임이 현물시장에 큰 영향을 준다. 일본의 닛케이 평균선물의 경우를 보자. 밤에 일어난 국제경제 뉴스에 따라 시카고선물거래소(CME)의 닛케이 선물이 먼저 움직이고 그 이튿날 아침 도쿄주식시장이 따라가곤 한다.

기관투자가들은 선물이 비싸고 현물이 싸면 선물을 팔고 현물을 산다. 반대로 선물이 싸고 현물이 비싸면 현물을 내다 팔고 선물을 매입한다. 일종의 차익거래다. 이런 차익거래는 현물시세를 좌우하는 까닭에 투자자들은 선물거래 동향을 주시해야 한다.

매매제도

 선물의 결제월은 3월, 6월, 9월, 12월이다. 새로 상장되는 종목의 거래기간은 최장 1년이다. 선물거래에서는 거래 최종일이라는 날짜가 있다. 이 기일까지 산 투자자는 팔아야 하고 판 투자자는 사야

KOSPI 200 선물·옵션 거래제도 개요

구 분	선 물	옵 션
대상지수	KOSPI 200	
옵션의 종류	—	콜 옵션, 풋 옵션
결제월	3, 6, 9, 12월(4 결제월 종목)	연속 3월과 3, 6, 9, 12월 중 1개(4결제월 종목)
권리행사가격	—	2.5포인트 간격으로 5개
1계약의 크기	1포인트당 10만 원	1포인트당 10만 원
호가가격 단위	0.05포인트(=2만 5,000원)	가격이 3P 이상 : 0.05P(=5,000원) 가격이 3P 미만 : 0.01P(=1,000원)
가격제한폭	기준가격의 상하 7%(단, 일정 기준에 따라 상하 중 한쪽에 10% 적용 가능)	없음(정상 호가범위 이외의 호가는 접수 거부)
매매거래최종일	결제월의 두번째 목요일(휴장일인 때는 순차적으로 앞당김)	
계좌개설	선물·옵션 거래계좌로 선물·옵션을 동시에 거래	
기본예탁금	신규거래시 3,000만 원 이상의 현금 또는 대용증권을 예탁	
위탁증거금	주가지수가 15% 불리하게 변동할 경우 보유 중인 선물·옵션 포트폴리오에서 발생 가능한 최대 손실액	
매매거래 시간	전장 : 09 : 00~11 : 30(단, 토요일은 09 : 00~11 : 45) 후장 : 13 : 00~15 : 15(단, 매매거래최종일은 13 : 00~14 : 50)	

한다. 거래 최종일은 각 결제월의 두번째 목요일이다. 결제월의 두 번째 목요일이 되면 해당 결제월 종목은 당일 거래시간이 끝난 뒤 상장 폐지되고 새로운 종목이 자동으로 상장된다.

계약금액

선물·옵션 거래는 거래의 편의를 위해 일정 규모를 1계약으로 정해 거래한다. KOSPI 200의 경우 주가지수에 50만 원을 곱한 금액을 1계약으로 한다. 어떤 투자자가 KOSPI 200선물을 100포인트에서 2계약 매수했다면 계약금액은 1억 원이 된다.

KOSPI 200 옵션은 주가지수 1포인트에 10만 원을 곱한 금액을 1계약으로 한다. 위탁증거금을 낸 뒤 매매거래는 차익결제방식을 취한다. 따라서 매매주문을 내는 증권회사에 일정액의 위탁증거금을 적립해야 한다. 예상이 빗나가 손실이 나는 경우에도 원활한 결제가 되도록 하기 위해서다. 위탁증거금은 신규매매 거래와 기보유 중인 포트폴리오에 대한 위탁증거금을 각각 산출해 합산한 금액으로 한다.

신규매매거래에 대한 위탁증거금은 선물매도·매수의 경우에는 위탁금액(위탁수량에 위탁가격과 50만 원을 곱한 금액)의 15%다. 옵션 매수의 경우에는 미수대금(위탁수량에 위탁가격과 10만 원을 곱한 금액), 옵션 매도의 경우에는 매도 옵션 위탁증거금(당일 중 동종목의 최대 이론가격에서 전일 종가를 뺀 가격에 위탁수량과 10만 원을 곱한 금액)을 각각 더한다.

주가지수선물 시세

(단위:포인트, 계약, 만주)

종 목	이론가	종가	전일대비	시 가	고 가	저 가	거래량	미결제약정
KOSPI 200	—	84.55	+0.53	83.85	86.53	83.64	25,155	—
99년 6월물	85.35	86.55	+0.50	86.20	87.90	85.70	87,802	36,360
99년 9월물	86.66	87.45	+2.45	87.00	87.45	85.00	9	31
99년12월물	87.96	88.05	+1.30	90.85	91.35	86.85	8	9
2000년3월물	88.82	89.30	-0.35	87.70	89.30	87.70	3	100

선물 투자주체별 매매 동향

(단위:계약)

구 분	투 신			증 권			은 행		
	신규	전환매	합계	신규	전환매	합계	신규	전환매	합계
매 도	1,017	511	1,528	17,599	15,714	33,313	36	93	129
매 수	525	1,197	1722	15,372	17,063	32,435	79	30	109
순매수	-492	686	194	-2,227	1,349	-878	43	-63	-20

구 분	보 험			개 인			외 국 인		
	신규	전환매	합계	신규	전환매	합계	신규	전환매	합계
매 도	140	15	155	17,193	31,597	48,790	1,526	811	2,337
매 수	10	—	10	31,951	18,955	50,906	226	753	979
순매수	-130	-15	-145	14,758	-12,642	2,116	-1,300	-58	-1,358

주식선물거래표 보는 방법

〈한국경제신문〉은 주식선물시장의 움직임을 매일매일 보도하고 있다. 주가지수선물 시세표와 선물투자 주체별 매매동향을 증권1면「지표로 읽는 한경 마켓 트렌드」에 싣고 있다. 주가지수 선물시세표에는 시가·고가·저가·종가 등 4개 가격과 전일대비 등락을 기록함으로써 하루 동안의 시세변동을 파악할 수 있게 하고 있다. 1999년 4월 17일자 15면 주가지수선물 시세표를 보자. KOSPI 200 6월물은 86.20계약으로 시작돼 한때 87.90계약에 고가, 85.70에 저가를 기록한 뒤 최종적으로 전날보다 0.50계약 높은 86.55에 마감됐다는 것을 보여주고 있다. 저가 다음에 있는 게 거래량이다. 거래량을 보면 인기도를 가늠할 수 있다. 또 시세표의 맨 오른쪽은 매매된 후 아직 반대매매되지 않고 남아 있는 계약분을 나타낸다. 이 같은 미결제 약정은 시장이 어느 정도 견조한가를 나타내는 눈금과 같다.

가격변화와 미결제 약정 추이를 살펴보면 앞으로 어느 정도의 가격에서 반대매매가 나오고, 어느 정도의 환매가 일어날지 엿볼 수 있다. 가격변동을 어림할 수 있다는 얘기다. 현물주식시장의 신용거래 잔고처럼 선물거래에서는 중요한 지표 가운데 하나다.

〈한국경제신문〉은 이와 함께 투자주체별 선물매매동향도 증권1면에 게재하고 있다. 이것을 보면 은행·투자신탁·보험 등이 얼마나 사고 팔았는지, 또 개인이 얼마나 사고 팔았는지를 파악할 수 있다.

이 같은 숫자 정보는 선물뿐 아니라 현물시장의 향후 움직임을 판단할 수 있는 좋은 재료가 된다. 〈한국경제신문〉은 시세에 큰 변화가 일어나면 증권1면을 통해 그 배경과 전문가 전망 등을 소개해 투자판단에 도움을 주고 있다.

선물거래방법

1) 헤지 거래

주가는 정치·경제·사회·국제정세 변화에 따라 민감하게 반응한다. 마치 미모사와 같다. 그래서 주식투자자들은 전혀 예상치 못한 상황이 발생하면 큰 손해를 볼 수 있는 위험을 안고 있다. 외환대란에서 빚어진 IMF 관리체제 직후 수많은 주식투자자들이 막대한 손실을 본 게 단적인 예다. 시장여건이 나빠지면 거래가 줄어든다. 이렇게 되면 갖고 있는 주식을 빨리 팔아치우려 해도 잘 팔리지 않는다. 이런 경우에 이용할 수 있는 게 헤지(hedge) 거래다. 현물로 갖고 있는 주식의 가격변동 리스크를 선물거래를 통해 회피하려는 거래다. 주가지수 선물·옵션 시장에서 주가변동시 주가보유손익과 반대되는 손익구조를 가진 선물 옵션 포지션을 취하는 것이다. 포지션이란 계약을 가리킨다. 반대매매로 계약을 해지하는 것을 청산이라고 한다.

헤지 거래에는 크게 두 가지가 있다. 하나는 시세가 떨어졌을 경우 갖고 있는 현물주식의 가격하락 손실을 보완하기 위해 처음부터 선물을 팔아놓는 매도 헤지다. 또 하나는, 현재는 돈이 없지만 앞으로 들어올 돈이 있고 주가가 오를 것으로 판단되는 경우에 선물로 사두는 매수 헤지다.

현재 50억 원의 현물주식을 갖고 있는 기관투자가가 있다. 그 기관투자가는 주가하락에 따른 손실에 대비하기 위해 KOSPI 200선물을 이용하려고 한다. KOSPI 200지수는 100포인트이고 선물가격은 이론가격인 102포인트에 거래되고 있다고 가정하자. 이 기관투자가가 선물가격 102포인트에 보유주식 50억 원 상당의 KOSPI 200 선물 100계약(금액으로는 102포인트×50만 원×100계약=51억 원)을 매도한 후 최종결제시 KOSPI 200지수가 하락한 경우와 반대로 상승한 경우로 나눠 헤지 거래 결과를 보자.

먼저 주가지수가 10% 내려 KOSPI 200지수가 90포인트가 된 경우를 따져보자. 50억 원의 보유주식이 10% 내렸으니 5억 원의 손실을 냈다. KOSPI 200 선물거래손익은 12포인트×50만 원×100계약이니 6억 원의 이익을 냈다. 따라서 전체적으로는 1억 원의 이익을 낸 셈이다.

이번에는 주가지수가 10% 올라 KOSPI 200지수가 110포인트가 된 경우를 계산해보자. 보유주식은 10%가 올랐으니 5억 원의 이익이 된다. KOSPI 200 선물거래에서는 4억 원의 손실을 보게 된다(8포인트×50만 원×100계약=4억 원 손실). 전체적으로는 1억 원의 이익을 보게 되는 셈이다.

이처럼 주가지수 선물은 대규모 주식을 일시에 팔아치웠을 때 발생할 수 있는 위험을 회피할 수 있는 수단이다. 이런 헤지 거래는 선물시장에서 자주 이용되고 있다. 선물시세 기사에는 헤지 거래라는 말이 자주 나온다. 매도 헤지가 늘어나면 투자자는 현물시장이 약세로 돌아설 것으로 전망하고 있다는 증거다. 반대로 매수 헤지가 증가하면 강세장이 지속될 것으로 보는 투자자가 많다는 뜻이다.

2) 차익거래

차익거래(arbitrage)는 여러 가지 의미가 있다. 하지만 현물시장과 선물시장 간 차이가 났을 때 이익을 얻는 방법을 가리키는 게 일반적이다. 즉 선물과 현물 중 가격이 높은 쪽을 팔고 낮은 쪽을 산 뒤 가격이 정상으로 돌아왔을 때 이들을 반대매매함으로써 위험부담 없이 이익을 낼 수 있다. 선물이 고평가된 경우 선물을 팔고 현물을 사는 매수차익거래를 하면 된다. 반대로 현물이 고평가된 경우에는 현물을 팔고 선물을 사는 매도차익거래를 한다. 선물가격이 고평가된 경우의 투자전략을 생각해보자. 앞으로도 지수가 더 올라갈 것으로 판단되면 포지션(계약)을 그대로 끌고 간다. 그래야 이익이 커진다. 그러나 주가가 내릴 것 같다면 반대매매를 통해 계약을 청산하면 된다.

3) 스프레드 거래

주식선물거래에서 9월말, 12월말, 3월말 등 기일이 다른 선물은 금리변동, 현물시세 전망 등에 따라 가격차가 확대되기도 하고 축소되기도 한다. 보통은 매매가 많은 최근월물이 높게 거래되지만 후월물이 가격변동폭도 크고 높게 거래되는 경우도 있다. 이런 가격차(spread)를 잘 이용해 매매하면 이익을 얻을 수 있다. 이런 거래를 스프레드 거래라고 한다. 증권거래소는 KOSPI 200지수 선물의 만기를 3, 6, 9, 12월로 정해 네 차례 결제하도록 하고 있다. 하지만 대부분의 경우 최근월물의 거래가 제일 많다. 최근월물이란 가장 가까운 결제월 상품이다.

한국 선물거래소 23일 개장 — 거래 어떻게

선물시장의 3대 주체는 투자자·선물회사·선물거래소다. 투자자가 선물회사에 주문을 내고 선물회사가 이를 선물거래소에 전달해 계약을 체결하면 거래가 성사된다. 선물거래소는 계약이 체결됐음을 선물회사에 알려주고 선물회사가 이를 투자자에게 통보한다. 선물거래는 현물거래에 비해 적은 돈으로 많은 거래를 할 수 있다는 게 특징이다. 주식투자의 경우 투자자금을 다 내야 한다.

하지만 선물투자는 증거금(거래대금의 10% 미만)만으로 거래가 맺어진다. 이 때문에 적은 돈으로 떼돈을 벌 수도 있지만, 한순간에 망할 수도 있는 게 바로 선물이다.

◆ 선물회사 계좌만 유효하다

증권투자를 하기 위해서는 증권사에 위탁계좌를 만들어야 한다. 이와 마찬가지로 선물거래를 하려면 선물회사에 가서 위탁계좌(선물·옵션 거래계좌)를 개설해야 한다.

선물거래를 취급하는 회사는 선물거래소의 정회원인 11개 선물회사다. 국민, 농협, 대우, 동양, 부은, 삼성, TS, 제일, 현대, 외환, LG 등이다. 현재 대한선물과 한맥선물 등 2개 회사가 정회원 가입을 준비 중이다. 계좌를 만들 때에는 반드시 신분증과 도장을 갖고 가야 한다.

◆ 상품별로 증거금이 다르다

계좌를 개설하고 투자를 하기 위해서는 선물회사에 증거금을 내야 한다. 증거금은 일종의 거래 보증금이라고 생각하면 된다. 증거금에는 두 종류가 있다. 시작할 때 내는 개시증거금과 거래를 유지하기 위한 유지증거금이 필요하다.

개시증거금을 상품별로 살펴보면 달러 선물이 500만 원, CD선물과 금선물이 각각 100만 원이다.

현재 증권거래소에 거래 중인 주가지수선물의 3,000만 원보다는 훨씬 적다. 선물거래소가 거래 활성화를 위해 증거금을 낮추었기 때문이다. CD선물이 달러 선물보다 증거금이 작은 이유는 가격(수익률) 변동이 상대적으로 작다는 판단 때문이다.

그러나 달러 옵션은 증거금이 필요 없다. 옵션은 권리만 사고 파는 것이기 때문이다. 대신 프리미엄(권리금)만 주고받는다. 프리미엄은 옵션 가격에 1만 원을 곱한 수치다. 예를 들어, 옵션 가격이 10포인트인 달러 옵션의 경우 10만 원이 프리미엄이다. 옵션 가격이 5포인트라면 5만 원이 프리미엄이다. 프리미엄을 주는 측은 옵션 매도자다.

◆ 일일정산으로 매일 투자성과를 확인시켜준다

선물은 증거금만 내고 거래를 하기 때문에 고수익·고위험 거래다. 선물가격 변동에 따라 수익과 손실이 엄청나게 달라진다는 말이다. 이에 따라 선물시장에서는 선물가격의 변동에 따라 손익을 매일 정산해 손실 규모를 줄이는 제도가 마련돼 있다.

손실규모가 미리 예탁한 증거금의 3분의 1 수준 이상이면 그 부족액을 추가증거금으로 예탁해야 한다. 예를 들어, 개시증거금 500만 원을 내고 미국달러 선물 1계약을 거래한 후 손실규모가 300만 원을 초과해 증거금이 200만 원 아래로 떨어지면 증거금을 300만 원 이상 채워 넣어야 한다. 이를 채우지 못할 경우 강제로 반대매매를 당한다. 반대로 이익이 발생하면 초과금액을 인출할 수 있다.

◆ **매매시간이 주식시장의 선물거래와는 다르다**

선물거래에도 수수료가 붙는다. 현재 수수료는 회사마다 약간씩 다르다. 공정거래위원회가 담합을 금지해 조금씩 차이나게 만들었다.

하지만 큰 차이는 없는 편. 투자자들이 1계약당 1만~1만 3,000원을 선물회사에 내야 한다. 정액제로 돼 있어 정률제인 주가지수 선물보다 싼 편이다. 선물회사는 이 중 1,500원을 선물거래소에 낸다. 거래는 오전 9시 반부터 시작된다. 끝나는 시간은 CD금리선물이 오후3시이며, 달러 선물·달러 옵션·금선물은 오후 4시 반이다. 점심시간에도 매매는 계속된다.

◆ **매매결과 조회는 주식투자와 동일하다**

주문은 선물회사를 찾아가거나 전화로 가능하다. 선물거래소는 선물회사를 통해 고객이 주문한 내용을 가격우선, 수량우선원칙에 따라 계약을 체결한다. 선물시세는 증권전산에서 제공하는 CHECK 단말기 외에 인터넷상의 동양, 제일, 삼성, 현대 등 선물회사의 홈페이지에서도 조회가 가능하다. (1999. 4. 23, 박준동 기자)

선물거래소 회원사 명단

회사명	계 열	전 화
◆ 국민선물	국민은행	02-3786-0800
◆ 농협선물	농협	02-3787-8200
◆ 대우선물	대우	02-768-2323
◆ 동양선물	동양	02-3770-2900
◆ 부은선물	부산은행	051-643-4900
◆ 삼성선물	삼성	02-783-2020
◆ TS선물	대한제당	02-2240-8500
◆ LG선물	LG	02-3774-0300
◆ 제일선물	제일제당	02-3771-8888
◆ 현대선물	현대	02-3787-7000
◆ 외환선물	외환은행	02-527-3900

고수익·고위험 선물 초보자 길라잡이

선물투자는 전형적인 고위험·고수익(high risk, high return) 투자다. 투자에 성공하기만 하면 투자금액의 몇십 배나 되는 수익을 얻을 수 있다. 반대로 실패하면 투자금액의 몇십 배를 손해 보게 된다. 천당과 지옥을 오가는 투자라 불리는 이유가 바로 여기에 있다.

선물이 이처럼 고위험·고수익인 이유는 약정금액의 15%만 있어도 투자가 가능하기 때문이다. 예를 들어, 선물 3월물을 2억 원 매수하려고 생각하는 투자자가 있다면 3,000만 원만 있어도 거래를 할 수 있다. 85%가 외상매매인 셈이다. 선물 3월물의 가격이 15% 올랐다고 생각해 보자. 투자자는 수익금으로 3,000만 원을 벌게 된다. 현물에선 3,000만 원의 15%인 450만 원밖에 벌지 못한다.

만약 상승폭이 30%라면 증거금의 두 배에 이르는 수익을 올릴 수 있다. 이를 지렛대(레버리지) 효과라 부른다. 지렛대가 길면 길수록 더 많은 무게를 들어올릴 수 있는 것처럼, 선물은 적은 돈을 들여 큰 이득을 볼 수 있다. 선물의 레버리지 효과는 6.7배다.

그러나 투자에 실패할 경우에는 외상거래한 85%에 대한 손실금도 물어야 한다. 선물투자의 장점 중 하나는 가격이 하락할 경우에도 수익을 낼 수 있다는 점이다. 선물을 매수하지 않고 매도하면 가격하락에 따라 이득을 챙길 수 있다. 현물주식은 가격이 오를 경우에만 수익을 올릴 수 있다는 점과 비교하면 선택폭이 커졌다.

다음은 초보자를 위한 선물투자 길라잡이 내용이다.

◆ 주가지수 선물

KOSPI 200지수를 거래대상으로 삼고 있다. KOSPI 200지수란 시가총액이 큰 200개 종목으로 생각하면 된다. 이 지수에 기초해 선물종목을 결제월별로 3월물, 6월물, 9월물, 12월물 등 네 종목으로 나눈 것이다.

현재 최근월물은 3월물이며, 거래는 주로 최근월물을 중심으로 이뤄진다. 3월물의 만기일은 오는 3월 11일이다. 결제월의 둘째 목요일이 선물만기일이다. 3월 12일이 되면 최근월물이 6월물로 넘어간다. 선물투자란 이 네 종목을 사고 파는 것이다.

◆ 선물투자 방법

앞으로 KOSPI 200지수가 올라갈 것으로 예상하면 선물을 사고, 내려갈 것으로 보면 선물을 판다. 만기일에 KOSPI 200지수 종가와 매수 또는 매도한 선물종목의 가격과 비교해 최종결제(청산)가 이뤄지기 때문이다.

예를 들어보자. 연초 가격이 70포인트였던 3월물 종목을 몇 계약 매수했다고 치자. 그런데 오는 3월 11일 만기일에 KOSPI 200지수 종가가 80포인트로 올라 마감됐다면 투자자는 10포인트의 가격차를 얻게 된다. 10계약을 샀다면 5,000만 원(10계약×10포인트×50만 원)의 수익금을 올리게 된다. 선물매도의 경우는 반대다. KOSPI 200지수가 내려야 수익을 낼 수 있다. 70포인트에 매도했는데 60포인트까지 떨어지면 5,000만 원의 이득을 보게 된다. 만기일까지 기다리지 않고 중간중간 매수했다가 다시 매도(전매)하거나 매도했다가 다시 매수(환매)해 결제할 수도 있다. 만기일 KOSPI 200지수와 상관없이 단기간 선물가격의 등락을 예측해 사고 파는 것이다. 가격이 75포인트인 3월물이 오를 것으로 기대해 사뒀는데 이틀 만에 80포인트로 오를 경우 팔아서 차익을 실현할 수 있다. 물론 장 중에도 선물가격차를 이용한 이런 매매는 가능하다. 「선물시장의 큰 손」으로 불리는 장기철 대신증권 차장은 단기매매에 매우 능하며, 실제로 단기매매로 고객들에게 엄청난 수익을 안겨준 것으로 알려져 있다.

◆ 매매절차 및 증거금

증권사에 주식계좌가 있더라도 새로 선물계좌를 만들어야 한다. 일단 최저증거금 3,000만 원을 맡겨야 거래가 가능하다. 이후 만약 선물 3월물을 75포인트에 2계약을 매수하고자 한다면, 거래대금은 7,500만 원(75포인트×2계약×50만 원)이다. 50만 원은 1계약당 거래를 위해 의무적으로 내야 하는 금액이다.

그런데 실제 7,500만 원의 15%인 1,125만 원만 있으면 거래를 시작할 수 있다. 그러나 매매 도중 거래증거금이 모자랄 경우 증권사로부터 증거금을 추가로 내야 한다는 통보를 받는다. 증권사가 통보한 일시까지 돈을 내지 않을 경우 반대매매를 당한다는 점에 유의해야 한다.

◆ 선물거래의 종류

크게 헤지 거래와 투기거래로 나뉜다. 주식 100억 원어치를 갖고 있는 투자자가 있다고 치자.

그는 동시에 100억 원어치만큼 선물을 매도해놓는다면 현물주가가 하락해도 손실을 피할 수 있게 된다. 현물에선 손해를 보지만 선물에서 이익을 보기 때문이다. 이것이 헤지 거래다. 투기거래는 선물을 현물과 연계하지 않거나 선물 및 현물투자의 방향이 같을 때를 지칭한다. 선물만을 사고 팔거나 선물과 현물을 동시에 매수하는 경우다. 투기거래의 경우 막대한 이익이나 막대한 손실 중 하나로 결론이 나게 된다.

◆ 선물거래 현황

1998년 1월 선물거래대금은 15조 원이었다. 당시 현물주식 거래대금은 19조 원이어서 선물이 현물의 73%에 불과했다. 그러나 주식시장이 지지부진하자 이후 선물의 규모가 현물 규모를 웃돌기 시작했다. 특히 1998년 7월엔 현물주식 12조 원에 비해 선물이 39조 원에 달해 선물시장이 현물시장의 네 배에 육박하기도 했다. 일반인들의 선물계좌도 1998년 초 3,000여 개에서 같은 해 11월 말 5,000여 개로 급증했다. 다만, 최근 주가가 급등양상을 보이자 선물시장이 다소 위축되는 모습을 보이고 있다. (1999. 1. 20, 박준동 기자)

주식 옵션 거래

옵션(option)이란 선택권을 말한다. 자동차를 살 때나 아파트 분양을 받을 때 옵션이라는 말을 자주 듣는다. 자동차를 살 때 판매업자는 에어백을 달지, 시트를 가죽으로 할지 등을 물어본다. 이것은 전적으로 사는 사람의 선택 문제다. 이런 게 옵션이다.

금융시장과 증권시장에서는 일정한 조건으로 금융상품을 사고 팔 수 있는 권리를 가리킨다.

매수할 수 있는 권리를 콜(call) 옵션이라 하고, 매도할 수 있는 권리를 풋(put) 옵션이라고 한다. 옵션권을 행사할 수 있는 가격은 사전에 정해지는데, 이를 행사가격이라 한다. 콜 옵션이든 풋 옵션이든 매입한 투자자를 매입자라 한다. 옵션을 사서 보유하는 것을 롱 포지션(long position)이라 한다. 반면에 옵션을 매도하는 것을 숏 포지션(short position)이라 한다. 옵션 거래에는 지정된 증권이나 상품이 있다. 이를 기초자산이라 한다. 거래가격을 옵션 가격이라고 한다. 권리를 사고 파는 까닭에 프리미엄이라고 한다. 옵션을 사고 파는 것은, 한 마디로 아파트 딱지를 사고 파는 것과 같다고 이해하면 된다. 실제로 아파트를 사려면 딱지 값 말고도 중도금과 잔금을 내야 한다. 옵션은 이처럼 권리만을 사고 팔기 때문에 선물보다 싸다. 또 옵션은 선물보다 투자위험이 적은 편이다. 선물은 주가지수의 가격변동에 따라 부담이 무한대로 커질 수 있으나, 옵션은 딱지와 같은 속성으로 인해 잘못될 경우 딱지 값만큼만 손해 보면 된다.

주가가 오를 것으로 전망되면 콜 옵션을 사거나 풋 옵션을 팔면 된다. 주가지수 콜 옵션 매수는 주가가 오를 것으로 판단되는 경우 높은 투자수익을 낼 수 있는 간단한 투자 수단이다. 예를 들어보자. 주가지수가 100포인트일 때 행사가격이 100포인트인 콜 옵션 1계약을 3포인트의 프리미엄을 주고 산 투자자가 있다. 그가 이 옵션을 매입하기 위해 준 돈은 30만 원(3포인트×10만 원)이다. 그 후 만기에 옵션 가격이 105포인트가 됐다면 그는 20만 원의 이익을 남기게 된다. 주가지수가 오르면 오를수록 콜 옵션 매수자의 이익은 불어나게 된다. 그러나 옵션 가격이 102포인트로 떨어졌다면 10만 원의 손실을 보게 된다. 그러나 설령 주가가 90선대로 떨어진다 해도 투자자는 처음에 옵션 매수대금으로 낸 30만 원만 손해 보면 그만이다. 그 권리행사만을 포기하면 되기 때문이다.

반대로 장차 주가가 오르지 않고 떨어질 것으로 예상되는 때에는 콜의 매도나 풋 옵션을 매입한다. 풋 옵션 매입은 주가가 떨어지면 떨어질수록 이익이 불어난다. 예상이 빗나가 주가가 상승하면 손실이 발생하지만 권리를 포기하면 되기 때문에 손실액은 이미 지불한 옵션 가격으로 한정된다.

옵션 : 재테크 수단 초보자 길라잡이

1998년 말 주가가 급등하면서 증시에는 콜 옵션을 매수해 엄청난 수익을 남긴 투자자들 얘기가 화제가 됐다. 우리나라에 주가지수 옵션이 첫선을 보인 것은 1997년 7월. 도입 1년 반 만에 일반인에게 친숙한 금융상품이 됐다. 옵션은 선물에 비해 적은 돈으로 투자가 가능한데다 위험도 낮아 개인들의 재테크 수단으로도 안성맞춤이라는 평가다.

이용재(증권거래소 옵션팀장) 박사는 『옵션 거래는 선물에서 찾아볼 수 없는 틈새시장이 있어 매력적인 투자수단이 될 것』이라고 말했다.

◆ 선물과 옵션의 차이

주가지수 선물은 거래대상 자체를 매매하는 데 비해, 옵션은 거래대상을 사거나 팔 수 있는 권리를 매매하는 점이 다르다. 또 선물거래는 계약내용에 따라 이익과 손실에 대한 권리와 의무가 동시에 부여되는 반면, 옵션 거래는 권리와 의무가 분리된다.

옵션 거래에서 매도자는 매수자가 권리행사를 할 경우 반드시 이에 응해야 할 의무가 있지만, 매수자는 옵션을 행사할 권리만 보유할 뿐 의무는 없다.

◆ 옵션 거래절차

먼저 주민등록증과 도장을 가지고 증권사에서 주식거래 계좌와 별도로 옵션 매매용 계좌를 개설해야 한다. 계좌를 개설할 때는 현금 또는 유가증권(대용증권)으로 3,000만 원 이상을 예탁해야 한다.

기본 예탁금은 증거금으로 사용이 가능하다.

주문을 할 때는 옵션의 종목, 수량, 가격 등을 정해 증권사에 접수하거나 전화 및 컴퓨터로 접수할 수도 있다. 호가는 프리미엄 3포인트 이상이면 0.05포인트(5,000원) 단위로, 3포인트 미만이면 0.01포인트(1,000원) 단위로 낼 수 있다. 옵션 결제는 선물 포지션과 함께 매매일 이튿날 결제가 이뤄진다.

◆ 투자사례

개인투자자 A씨는 국가신용등급 상향과 실물경제 회복에 대한 기대감 등으로 KOSPI 200 지수가 상승할 것으로 예상하고 옵션 투자를 시작했다. 그는 KOSPI 200 지수가 75포인트인 시점에서 1999년 2월물의 권리행사 가격이 75포인트인 콜 옵션을 프리미엄 2포인트에 10계약을 매수했다. 매수 당시의 투자원금은 2포인트×10계약×10만 원으로 200만 원이었다.

A씨가 이 포지션을 만기까지 유지하여 권리행사를 하기로 했다면, 2월 두번째 목요일(11일)의 주가지수에 따라 손익이 달라지게 된다. 만일 예상대로 주가가 상승해 만기일에 KOSPI 200 지수가 80포인트에 끝났다면, A씨는 (만기일 주가지수 80 - 권리행사가격 75)×10계약×10만 원으로 500만 원의 행사 차익을 받게 된다.

따라서 콜 옵션을 매수할 때 지불한 200만 원을 빼면 300만 원의 순이익이 확정된다. 결국 투자자 A씨는 만기에 주가지수가 손익분기점(권리행사 가격+지불 프리미엄)인 77포인트 이상만 되면 이익을 남길 수 있는 것이다. 그러나 만일 만기 때 주가지수가 행사가격인 75포인트 이하로 내려가면 권리를 포기하면 그만일 뿐, 아무리 주가가 떨어져도 손실은 프리미엄인 200만 원에 국한된다.

그런데 A씨는 2포인트에 샀던 프리미엄이 시장에서 3포인트로 올라 있는 시점에서 만기까지 기다리지 않고 반대매매를 할 수도 있다. 전매 시점에서 A씨는 (전매 프리미엄 3 - 매수프리미엄 2)×10계약×10만 원으로 100만 원의 수익을 얻게 된다.

◆ 투자전략

옵션 투자전략에는 기본적으로 콜 옵션 매수, 콜 옵션 매도, 풋 옵션 매수, 풋 옵션 매도의 단순 포지션 전략이 있다. 요즘 증권사 등 기관투자가들은 이러한 단순 포지션을 투자목적에 맞게 적절히 조합해 헤지 거래, 스프레드 거래, 콤비네이션 등 여러 가지 전략을 짜고 있다.

예를 들어 KOSPI 200과 연동하는 현물 포트폴리오를 보유하고 있는 투자자는 선물을 이용한 헤지 전략을 쓸 수 있다. 이 때 최대 단점은 포트폴리오의 가치가 상승하면 선물이 이익부분을 상쇄해버린다는 점이다. 이럴 경우 옵션으로 헤지를 하면 포트폴리오의 가치하락 위험을 줄일 수 있다. 또 주식 포트폴리오를 보유하고 있는 투자자가 향후에 시장이 하락해 포트폴리오의 가치가 하락할 위험에 대비해 풋 옵션을 매수, 방어를 하고 이익을 얻는「방어적 풋 전략」도 있다.

스프레드 거래는 행사가격과 만기일이 다른 옵션을 동시에 매수하거나 매도하는 전략으로 행사가격 차이에 의한「수직강세 스프레드 전략」등이 있다.

만기는 같으나 행사가격이 서로 다른 옵션을 이용해 기초자산의 상승 때 이익을 얻도록 구성하는 전략이다. 낮은 행사가격의 콜 옵션을 매수하고 높은 행사가격의 콜 옵션을 매도해 만든다. 최근 증권사들이 즐겨 쓰는 스트랭글 전략도 있다. 만기일은 같고 행사가격이 다른 콜 옵션과 풋 옵션을 동시에 매수하거나 매도하는 방식이다.

(1999. 1. 20, 최인한 기자)

옵션 : 콜·풋 두 종류 — 옵션이란

특정 상품을 미리 약정된 가격으로 미래의 일정 시점에서 매매할 수 있는 권리다. 옵션 거래는 옵션을 매매대상으로 하여 매도자가 매수자에게 옵션(권리)을 제공하고, 매수자는 매도자에게 그 대가(프리미엄)를 지급하는 거래를 말한다.

따라서 옵션 보유자는 불리할 경우 권리를 행사하지 않아도 된다.

주가지수 옵션 거래제도

- ◆ 대상지수 : KOSPI 200
- ◆ 옵션의 종류 : 콜 옵션, 풋 옵션
- ◆ 권리행사 유형 : 유럽형(만기일에만 권리행사 가능)
- ◆ 결제월 : 최근 3개월＋3, 6, 9, 12월 주기 중 1개
- ◆ 권리행사 가격 : 2.5포인트 간격으로 5개
- ◆ 1계약의 크기 : 1포인트당 10만 원
- ◆ 호가가격단위 : • 프리미엄이 3P 이상 : 0.05P(＝5,000원)
    • 프리미엄이 3P 미만 : 0.01P(＝1,000원)
- ◆ 가격제한폭 : 없음(정상호가 범위 이외의 호가는 접수 거부)
- ◆ 거래 최종일 : 결제월의 두번째 목요일
- ◆ 계좌개설 : 선물·옵션 거래계좌로 선물·옵션을 동시에 거래
- ◆ 기본예탁금 : 신규거래시 3,000만 원 이상의 현금 또는 대용증권
- ◆ 위탁증거금 : 주가지수가 15% 불리하게 변동할 경우 보유 중인 포트폴리오의 발생가능 최대 손실액(매도자에 국한)
- ◆ 매매거래시간 : 주식시장보다 15분 늦게 종료(만기일은 10분 빨리)

주가지수 옵션은 주가지수 선물에 이어 두번째로 우리나라에 도입된 파생금융상품이다. 주식시장의 상승기나 하락기에 관계 없이 높은 수익 효과를 기대할 수 있어 최근 일반인의 관심을 끌고 있다. 1997년 7월 도입 이후 시장 규모가 급팽창하고 있다. 옵션에는 살 수 있는 권리를 나타내는 콜 옵션과 팔 수 있는 권리를 나타내는 풋 옵션이 있다. 현재 우리나라에서 거래되는 주가지수 옵션의 거래대상은 주가지수 선물과 마찬가지로 KOSPI 200지수다. 거래 대상물은 만기일로 구분한다. 1월 18일을 기준으로 할 경우 연속 3개월물인 2, 3, 4월물과 6월물 등 네 가지다.

1계약의 크기는 포인트당 10만 원이다. (1999. 1. 20, 최인한 기자)

프로그램 매매

　KOSPI 200지수는 200개 종목으로 구성돼 있다. 이런 현물 바스켓의 특성으로 인해 선물이 고평가된 경우에는 이 200지수 선물을 팔고 지수편입종목인 200개 종목의 주식을 사면 그만큼 이익을 보는 셈이다. 하지만 200개 종목을 한꺼번에 사고 판다는 것은 쉬운 일이 아니다. 개인투자자들은 특히 더 그렇다. 따라서 기관투자가들은 이들 200개 종목 가운데 지수와 동일하게 움직이는 종목들을 뽑아 또 다른 바스켓을 만든다. 20개 또는 30개 종목의 바스켓을 만드는 것이다. 이를 컴퓨터에 입력해놓고 일정 조건이 충족되면 자동적으로 주식매매가 이뤄지도록 프로그램화해놓는다. 이를 프로그램 매매라 한다.
　주식시장에서는 하루에도 몇천억 원대의 프로그램 매매가 일어나고 있다. 선물과 현물시장 간의 가격차가 벌어지면 무위험 차익을 올리려는 프로그램 매매가 많이 일어나게 된다. 따라서 투자자들은 선물가격의 움직임은 물론, 프로그램 매매 동향까지 신경을 써야만 좋은 결과를 낼 수 있다. 선물시장과 현물시장을 분리해 생각할 수 없는 게 오늘의 주식시장이기 때문이다.

미결제 약정

선물시장과 관련되어 관찰해야 할 지표 가운데 하나가 미결제 약정이다. 선물시장에서는 상당수의 투자자들이 어느 정도의 차익이 생기면 계약을 만기까지 가져가지 않고 청산하는 경우가 많다. 하지만 주가가 더 오를 것으로 전망되면 선물시장에서는 팔자 세력이 크게 줄어들게 된다. 이렇게 되면 결제되지 않는 미결제 거래가 늘게 된다. 이를 증권회사 입장에서는 미결제 약정이라고 한다. 반대로 주가가 떨어질 것이라는 분위기가 지배적일 경우에도 이 같은 미결제 약정이 늘어난다.

프로그램 매수가 주가 낙폭 줄여 — 매수차익 잔량 늘어

선물을 팔고 현물을 사는 프로그램 매수세가 폭락하는 주가를 붙잡는 역할을 톡톡히 했다. 22일 프로그램 매수 규모는 1,320억 원에 달했다. 이로써 비차익거래를 제외한 순수 매수차익거래 잔량은 6,200억 원으로 늘어났다. 이 날 선물가격이 줄곧 약세를 보였지만 시장 베이시스 (선물가격－KOSPI 200)가 장중 2포인트를 넘어서 매수차익거래 여건이 조정됐기 때문이다. 이 같은 프로그램 매수는 후장 들어 더욱 증가해 종합주가지수 하락폭을 좁히는 공을 세웠다. 전장에 고개를 숙였던 한국전력, 삼성전자를 상승세로 돌려놓은 것을 비롯해 지수관련 대형주의 하락폭을 줄여놨다. 그 결과 장중 20포인트나 추락한 종합주가지수 낙폭이 크게 좁혀졌다.

증권업계 관계자들은 『앞으로도 시장 베이시스가 1포인트 이하로 급격히 줄어들지 않는 한 프로그램 매도에 대한 부담은 적을 것』이라며

『현물주가가 상승세로 돌아서면 프로그램 매수세도 늘어나는 시너지 효과가 기대된다』고 말했다. (1999. 4. 23, 김홍열 기자)

프로그램 매수 폭등 견인차

주가가 힘찬 상승행진을 벌이는 데는 프로그램 매매가 많은 요술을 부렸다. 프로그램 매매는, 주가가 오를 땐 매수차익거래가 달리는 말에 더욱 채찍질을 해대지만 내릴 땐 더욱 끌어내리는 지렛대 역할을 한다. 프로그램 매매란 현물과 선물을 동시에 사고 파는 매매다. 선물가격과 현물가격의 차이를 이용하는 무위험 차익거래다. 국내외 증권사 등 기관투자가들이 주도 세력이다.

선물가격이 현물가격(KOPSI 200)보다 높은 고평가를 보일 때는 프로그램 매수가 성행한다. 반대일 경우에는 프로그램 매도가 활개를 친다. 이런 점에서 프로그램 매매는 두 얼굴을 가진 야누스다. 주가가 상승세를 보일 때는 프로그램 매수(현물매수, 선물매도)로 주가를 밀어올리는 「원군」 역할을 한다. 주가가 침체를 보일 땐 프로그램 매도(현물매도, 선물매수)로 성가신 「마녀」짓을 한다.

특히 프로그램 매매 종목이 지수영향력이 큰 한국전력, 삼성전자 등이어서 그 영향력은 막강할 수밖에 없다.

최근 주가가 오른 것도 프로그램 매수세가 큰 뒷받침이 됐다. 현재 증권거래소에 신고되지 않은 물량까지 합치면 프로그램 매수 잔고는 1조 원 가까이 되는 것으로 추정되고 있다. 그 동안 선물가격과 KOSPI 200의 차이인 시장 베이시스가 2포인트를 웃돌면서 차곡차곡 쌓였다. 15일에만 1,000억 원이 넘는 프로그램 매수세가 일었다.

이 날도 선물가격이 현물가격인 KOPSI 200보다 2포인트 이상 높게 형성됐다. 이런 프로그램 매수 잔고가 큰 부담이 되는 것은, 선물가격이 급변해 KOSPI 200보다 낮아지는 저평가 상태로 들어설 수 있다는 이유에서다. 악재 출현시 저평가 상태로 전환돼 장중 언제든지 프로그램 매수 잔고가 청산되면서 프로그램 매도로 돌변할 수 있다. 선물 6월물의 만기일이 다가올수록 청산압력도 커진다.

기관투자가들이 사놓았던 현물을 팔아 이익을 실현시키려고 하기 때문이다. 프로그램 매수 잔고가 많다는 것은 프로그램 매물 압력도 높다는 얘기다. 그러나 증권전문가들은 주식시장으로 시중자금이 집중되면서 주식매수세가 높아지고 있는 모습이어서 이런 프로그램 매물을 충분히 소화할 것으로 내다보고 있다. 주식형 수익증권이나 뮤추얼 펀드가 계속 주식을 사들이고 있고 고객예탁금도 풍부하다는 게 그 배경이다. 실제 최근 프로그램 매도 물량이 하루 1,800억 원어치가 쏟아진 적도 있으나 별 무리 없이 소화됐다. 게다가 선물가격이 떨어질 당장의 큰 악재가 없다.

선물 6월물 만기일도 멀찌감치 떨어져 있어 선물가격의 고평가가 유지될 경우 프로그램 매수가 더 늘어날 것으로 전망되고 있다. 대우증권 선물·옵션팀의 주제식 조사역은 『프로그램 매물이 나오면 오히려 저가에 매수하려는 기관투자가들과 일반투자자들이 많아 주가가 바로 회복될 것』이라고 설명했다. (1999. 4. 16, 김홍열 기자)

제 10 장

코스닥 시장에서 노다지 캐기

투자자들 중에는 주식을 사고 파는 곳이라면 언뜻 증권거래소만을 떠올리는 사람들이 많을 것이다. 하지만 비상장기업들의 주식만을 사고 팔 수 있는 제2의 주식시장이 있다. 바로 코스닥(KOSDAQ)시장이다. 증권거래소를 통해 거래되는 상장기업 주식들보다는 신용상태가 다소 떨어지지만 성장성이 좋고 기술력이 있는 기업들의 주식이 거래 대상이다. 정부가 미국의 주식 장외시장인 나스닥(NASDAQ) 시장을 본떠 만들었다. 증권거래소 상장요건을 갖추지 못한 중소기업이나 벤처기업들에게 자금조달을 원활히 할 수 있도록 하기 위해서다.

정부의 코스닥 육성정책

정부는 1999년 5월 초 다각적인 코스닥 시장 육성책을 내놨다. 골자는 크게 두 가지다. 세제상의 혜택과 등록요건의 완화다.

코스닥 시장에 등록하는 중소 벤처기업들은 1999년부터 매년 세전 순이익의 50%를 사업순손실 준비금으로 계상해 법인세 납부를 유예받을 수 있는 길이 열렸다. 그만큼 수익성이 좋아지게 됐다.

다음으로 등록요건 완화 내용을 보자. 자기자본이 1,000억 원 이상인 대기업들의 코스닥 등록요건도 완화됐다. 부채비율이 동종업계 평균 이상이거나 자본잠식상태인 기업이라 하더라도 직전 사업연도의 영업현금흐름이 플러스인 경우에는 코스닥 시장에 등록할 수 있도록 했다.

전용 펀드의 등장

코스닥 종목투자를 전문으로 하는 펀드들이 잇달아 선을 보이고 있다. 코스닥 종목들은 일반적으로 수익성이 크지만 거래 규모가 작아 환금성이 떨어진다. 투자손실을 볼 위험성도 높다. 이런 취약점을 보완해줄 수 있는 코스닥 종목 간접투자상품이 생겼으니 해당 기업과 투자자들에게는 희소식이다. 대한투자신탁이 1999년 5월 7일부터 500억 원 규모의 코스닥 주식투자신탁을 판매했다. 그 뒤를 이어 현대증권 등이 대규모 코스닥 전용 펀드를 만들었다.

코스닥 시장 인기

최근 주식투자 열풍과 코스닥 시장에 대한 육성책 등으로 코스닥 종목들이 각광을 받고 있다. 지수 상승률이 종합주가지수 상승률보다 두 배 이상 웃돌 정도다. 1999년 11월 22일 현재 코스닥 시장에 등록된 종목은 400여 개에 달하고 있다. 시가총액은 40여조 원대에 달한다.

어떻게 투자하나

코스닥 종목에 투자하는 것은 상장주식 투자와 다를 게 없다. 신분증과 도장, 돈을 갖고 증권회사에 계좌를 개설하면 된다. 물론 일반주식계좌 개설 때와 마찬가지로 위탁증거금을 입금해야 한다. 증권저축에 가입하면 코스닥 신규등록 종목의 공모주 청약 때 1그룹 배정을 받을 수 있다. 근로자형인 경우에는 투자 규모가 연 600만~2,000만 원으로 제한된다.

매매주문은 증권사 창구를 통하거나 인터넷으로도 할 수 있다. 호가단위는 1만 원 이하는 10원 단위, 5만 원 이하는 50원, 10만 원 이하는 100원 단위로 낼 수 있다. 매매결제는 3일 뒤에 이뤄진다. 코스닥 종목의 거래는 1단위로 이뤄진다. 그만큼 소액투자가 가능하다. 하루에 오르내릴 수 있는 가격제한 폭도 12%로 거래소 상장종목보다 3%포인트가 낮다. 매매시간은 오전 9시부터 오후 3시까지다. 점심시간에도 쉬지 않고 거래를 계속한다. 그 대신 오후 동시호가와 시간외 거래는 없다.

증권회사에 내는 위탁매매 수수료는 0.4%로 거래소 시장의 0.5%보다 0.1%포인트 싸다. 주식을 팔 때 내는 증권거래세는 0.3%로 같다. 다만, 주가가 액면가 이하인 종목은 면제된다.

코스닥 시장 등록요건

등록요건		일반기업			벤처기업	증권투자회사
		선택1	선택2	선택3		
설립 후 경과연수		3년 이상	-	-	-	-
납입자본금		5억 원 이상	-	-	-	8억 원 이상
자기자본		-	100억 원 이상	1,000억 원 이상	-	-
자산총계		-	500억 원 이상	-	-	-
자본상태		자본잠식이 없을 것			자본잠식이 자본금의 50% 미만일 것	-
경영성과		최근 사업연도에 경상이익이 없을 것	-	-	-	-
부채비율		동업종 평균부채 비율의 1.5배 미만	동업종 평균 부채비율 미만	400% 미만일 것	-	-
무상증자 규모 제한		등록 전 1년 간 2년 전 자본금의 100% 이하(전입 후 자본금에 대한 자기 자본의 비율이 200% 이상)				-
유상증자 등 규모 제한		등록 전 1년 간 2년 전 자본금의 100% 이하(CB, BW 등 포함)				-
주식의 분산(택 1)	공모분산	발행주식 수의 20% 이상 또는 10% 이상으로서 200만 주 이상을 모집하고 주식을 소유한 소액주주가 100인 이상일 것				모집 또는 매출. 단, 등록예정일 전 1년 이내에 모집 또는 매출 외의 방법으로 발행한 주식은 1년 간 예탁원에 보호 예수
	기분산	소액주주 300인 이상이 발행 주식총수 20% 이상 또는 10% 이상으로서 200만 주 이상 보유하고 있을 것				
감사의견		적정 또는 한정				-
명의개서대행위탁		계약 체결				
통일규격 유가증권		사용할 것				
합병, 분할, 분할 합병 및 영업의 양도, 양수		합병 등의 기일이 속한 사업 연도의 결산확정(합병 등의 기일로부터 사업연도 말까지의 기간이 3월 미만인 경우 다음 사업연도 결산이 확정될 것)				-

소송 및 부도 발생	소송 등의 분쟁 사건이 없고 부도발생시 등록예비심사 청구일 6개월 전에 사유 해소	
주식의 양도 제한	정관에 양도제한이 없을 것	
액면가액	100, 200, 500, 1,000, 2,500, 5,000원	-
기타	법인의 계속성, 시장성, 성장성 및 주식의 유통 및 가격형성 면에서 부적당하다고 인정되는 사유가 없을 것	-

* 자료제공 : 코스닥증권(주).

투자 유의사항

고위험·고수익 투자가 바로 코스닥 종목 투자다. 고위험 벤처기업이나 중소기업이 많은 만큼 부도위험이 도사리고 있다. 전반적으로 거래량이 많지 않기 때문에 증권시장이 약세일 경우에는 주식을 팔고 싶어도 팔리지 않는 경우도 있다. 따라서 무리한 투자보다는 손익계산서나 대차대조표 등 재무내용을 꼼꼼히 따져보거나 업종 분석 후에 투자에 임해야 한다.

〈한국경제신문〉은 증권 3면에 코스닥 시황 기사를 싣고 있다. 또 증권면 주식시세표에는 2부시장 다음에 코스닥 시장의 시세표를 매일 게재하고 있다.

코스닥 시장 성장성 높다 — 「커버 스토리」

코스닥 시장이 뜨고 있다. 코스닥 지수가 연일 사상 최고치를 경신하며 폭등세를 보이자 증권거래소 상장주식에만 눈길을 주던 투자자들이 대거 코스닥 시장으로 몰려들고 있는 것. 지난달 26, 27일 이틀 간 실시된 서울방송(SBS), 매일유업, 보양산업 등 3사의 코스닥 공모주 청약에는 무려 1조 원(청약증거금)의 시중자금이 밀려들어 「코스닥 러시」를 실감케 했다. 경쟁률도 최고 1,195 대 1에 달했다.

거래소시장에 비해 「2류」로 치부되던 코스닥 시장이 이처럼 갑자기 주목을 받기 시작한 것은 높은 주가상승률 때문. 코스닥 시장 등록종목의 주가수준을 나타내는 코스닥 지수는 1999년 말 75.18에서 지난 7일 현재 140.82로 무려 87.3% 상승했다. 증권거래소 종합주가지수 상승률 37.95%의 두 배가 넘는 수치다.

특히 지난 3일에는 개장 이후 최대폭인 8.49포인트(7.13%)나 급등했으며 6일과 7일에는 사상 최고치를 잇달아 경신했다. 종목별 주가상승률을 보면 코스닥 열풍은 더욱 실감이 난다. 골드뱅크, 한국정보통신, 한국디지탈라인 등은 연초에 비해 10배 이상 올랐다.

고수익을 노리는 투자자들로선 눈길을 주지 않고는 배겨낼 도리가 없을 정도로 증권거래소 상장종목에 비해 상승폭이 크다.

코스닥 시장이 개설된 것은 1996년 7월. 아직 3년도 되지 않았지만 등록회사 335개, 시가총액 15조 원 규모로 급성장했다. 시가총액에서는 아직 거래소 상장주식의 10% 수준에도 미치지 못하지만 정부가 벤처 첨단산업 육성을 위해 코스닥 시장을 집중 지원할 계획이어서 성장속도는 훨씬 빠를 것으로 예상된다. 물론 주가상승 속도도 빠를 것으로 전망된다.

정부는 코스닥 시장을 나스닥(미국의 장외시장)과 같은 벤처 첨단주식 시장으로 키운다는 목표 아래 지난 4일 등록요건 완화, 세제감면 등을 골자로 하는 코스닥 활성화 방안을 내놓았으며 그 덕에 코스닥 지수는 연일 급등했다(나스닥의 시가 총액은 2조 8,600억 달러로 뉴욕 증권거래소의 시가총액을 앞질렀으며, 등록기업도 5,000여 개 사로 뉴욕보다 2,000개 정도 많다).

기관투자가들도 본격적으로 코스닥 주식 매입에 나설 태세다. 기관들은 올 1/4분기까지만 해도 143억 원을 순매도, 사기보다는 파는 데 치중했다. 그러나 4월에는 364억 원의 순매수로 돌아서 코스닥 지수 상승에 한몫을 했다. 정부의 코스닥 활성화 조치에 맞춰 투자신탁회사들이 잇달아 코스닥 전용 펀드 판매에 들어가 기관의 뒷받침은 더욱 탄탄해질 것으로 보인다.

코스닥 증권 관계자는 1998년까지만 해도 거래소 상장주식의 매수세가 넘쳐나야 코스닥 주식에 돈이 몰렸으나 이제는 투자자들의 관심이 높아져 독자적인 파워를 갖게 됐다고 말했다. 문제는 수익성이 높은 데 비례해 리스크도 크다는 점이다.

증권전문가들은 『코스닥 지수가 본격 상승세에 접어든 지난 3월 29일 이후 한 달여 만에 70%가 넘는 상승률을 기록하는 등 단기급등했다』며 『앞으로 주가가 급락할 수도 있다는 점을 염두에 두고 무분별한 뇌동매매는 자제해야 한다』고 말했다.

유동성도 부족하다. 현재 335개 등록종목 가운데 절반 정도만 거래되고 있어 거래소 상장주식에 비해 환금성이 크게 떨어진다. 설립된 지 몇 달밖에 되지 않아 실적이 아예 없는 종목도 적지 않다. 코스닥 주식에 대한 투자는「블라인드 게임」을 하는 것과 같다는 말이 나올 정도로 투자정보를 얻기도 쉽지 않다.

등록주식의 56%는 투자 유의 종목이다. 코스닥 시장이 투기장화하고 있다는 지적이 제기되는 이유도 여기에 있다. 정부와 코스닥 증권은 이같은 문제를 해결, 투자자들을 보호하기 위해 거래소시장에 비해 취약한 기업공시제도를 강화한다는 방침을 세워놓고 있다. 기업내용이 잘 알려지지 않아 투자를 하고 싶어도 못 하는 경우가 많은 점을 감안해 홍보기능도 확대한다는 방침이다.

또 증권사와 연계해 기업설명회(IR)를 자주 열고, 치밀하게 분석한 기업내용을 공개토록 유도하기로 했다. 하지만 자본잠식 상태의 기업이 수두룩하고 무거래 주식이 허다한 현 상황에서는 한계가 있다. 코스닥 주식의 성장성은 분명 높다. 정부의 육성의지도 확실하다. 그러나 코스닥 주식에 투자하려면 리스크를 감내하거나 기대수익률을 다소 낮게 잡더라도 부도 등으로 쓰러질 염려가 없는, 좀더 안전한 종목을 선택해야 한다.

(1999. 5. 10, 김태철 기자)

코스닥 종목 업종별 분류표

업종	종목코드	업종	종목코드
[음식료품 제조업]		보성인터내셔날	A33300
대주산업	A03310	원풍물산	A08290
도드람사료	A27710	좋은사람들	A33340
매일유업	A05990	풍연	A17090
무학	A33920		
신라수산	A25870	[가죽, 가방, 마구류 및 신발제조업]	
엠에스씨	A09780	경우	A18890
영남제분	A02680	삼우	A19120
제일곡산	A11890	성진피혁	A26220
제일사료	A03380	써-니상사	A23770
진로발효	A18120	피.엠.케이	A25980
풍국주정공업	A23900		
하림	A24660	[목재 및 나무제품 제조업(가구 제외)]	
한일사료공업	A05860	대한제작소	A10170
협성농산	A05670	동화기업	A25900
		청담물산	A30390
[섬유제품 제조업]			
가희	A30270	[펄프, 종이 및 종이제품제조업]	
교하산업	A13850	개나리벽지	A23430
대양산업	A10670	대림제지	A17650
범양사	A02480	대양제지공업	A06580
부산방직공업	A25270	바른손	A18700
신라섬유	A01000	삼륭물산	A14970
신안화섬	A17050	삼보판지공업	A23600
신화직물기업	A24080	신양화성	A25320
한올	A19260		
호신섬유	A16040	[출판, 인쇄 및 기록매체복제업]	
		보진재	A30950
[의복 및 모피제품 제조업]		양지사	A30960
금홍양행	A14590	정문정보	A33050
대하패션	A17680		
데코	A13650	[화합물 및 화학제품 제조업]	
동산진흥	A31960	경동제약	A11040
마담포라	A32860	대덕공업	A06890

업종	종목코드	업종	종목코드
대원제약	A03220	남성정밀	A32030
대한약품공업	A23910	다산금속공업	A15150
보령메디앙스	A14100	대동금속	A20400
신일제약	A12790	대원기공	A28040
유진화학공업	A03430	덕은산업	A25970
일칠화학	A20490	동신금속	A09730
조아제약	A34940	동신특강	A24920
주화산업	A17740	동일철강	A23790
지엠피	A18290	미주제강	A02670
한국알콜산업	A17890	부국철강	A26940
한국콜마	A24720	삼보산업	A09620
한국협화화학공업	A07840	삼정강업	A09520
한일화학공업	A07770	성원파이프	A15200
호성석유화학	A13450	세명코레스	A08340
화인텍	A33500	아세아조인트	A13340
		알미늄코리아	A21570
[고무 및 플라스틱제품 제조업]		우경철강	A25920
두림화성	A33330	원일특강	A12620
세화	A09010	제일제강공업	A23440
에이콘	A22220	태광벤드공업	A23160
원풍	A08370	한국선재	A25550
		협동금속	A13030
[비금속광물 제품 제조업]		화승강업	A21040
국영유리공업	A06050	황금에스티	A32560
원익	A32940		
원진	A05370	[조립금속제품 제조업(기계 및 장비제외)]	
유진기업	A23410	다다	A23140
유진종합개발	A23420	대륙제관	A04780
풍정산업	A06140	대륭산업	A27610
한국내화	A10040	동보중공업	A07390
한일홍업	A06920	삼우이엠씨	A26250
행남자기	A08800	세광알미늄	A24940
		세명전기공업	A17510
[제1차 금속산업]		양지원공구	A19210
광진실업	A26910	영신금속공업	A07530
남성알미늄	A33220	유니슨산업	A18000

업종	종목코드	업종	종목코드
제룡산업	A33100	[전기 기계 및 전기변화장치 제조업]	
한국볼트공업	A24880	동방전자산업	A04480
		라이텍산업	A25690
[기계 및 장비 제조업]		모아텍	A33200
국제정공	A28300	보성중전기	A06910
금강정공	A22770	삼화기연	A33210
대동기어	A08830	우진산전	A33310
대양이앤씨	A33030	이화전기공업	A24810
대현테크	A26230	풍성전기	A02230
동성플랜트	A33280	한국강업	A33550
삼목정공	A18310	한국성산	A24840
삼천전기	A08920	한국전지	A23890
삼한콘트롤스	A33070		
스페코	A13810	[영상, 음향 및 통신장비 제조업]	
아토	A30530	고려전기	A27440
아펙스	A32800	국제전열공업	A14470
엔트	A33850	국제전자공업	A07120
웅진코웨이	A21240	극광전기	A12340
유일반도체	A33430	기라정보통신	A19930
정일이엔씨	A10810	기륭전자	A04790
카스	A16920	대성정밀	A25440
파라다이스산업	A33540	대신전연	A32790
파워-텍	A20860	동일기연	A32960
피.에스.케이테크	A31980	두고전자	A08780
한국체인공업	A12350	두일전자통신	A32590
		보암산업	A33180
[사무, 계산 및 회계용기계제조업]		삼경정밀	A13320
가산전자	A26260	삼우통신공업	A31860
경덕전자	A32570	삼진	A32750
동호전기	A22510	삼협전자공업	A14420
두인전자	A31970	스탠더드텔레콤	A27890
비티씨정보통신	A32680	시공테크	A20710
삼보정보통신	B00002	씨.엔.아이	A32580
서울시스템	A31950	씨티아이반도체	A31800
와이티씨텔레콤	A35620	아남에스엔티	A13780
제이씨현시스템	A33320	아일인텍	A32290

업종	종목코드	업종	종목코드
에이스테크놀로지	A32930	아진산업	A13310
엠케이전자	A33160	윤영	A31510
우영	A12460	일지테크	A19540
인터링크시스템	A30420	적고	A11320
인터엠	A17250	청보산업	A13720
자네트시스템	A32050	한국베랄	A24120
청람	A35270	한일	A22610
케이디씨정보통신	A29480	한일단조공업	A24740
태진미디어	A32540		
테라	A32780	[기타 운송장비 제조업]	
텔슨전자	A27350	대선조선	A31990
텔슨정보통신	A18180	삼천리자전거공업	A24950
프로칩스	A30350		
필코전자	A33290	[가구 및 기타 제조업]	
한국통신	A15710	동양토탈	A20070
휴맥스	A28080	에이스침대	A03800
		영실업	A15050
[의료, 정밀, 광학기기 및 시계 제조업]		한국가구	A04590
세인전자	A34660		
이디	A33110	[건설업]	
케미그라스	A21090	국제종합건설	A07720
코닉스	A17210	대아건설	A00380
터보테크	A32420	대정기계공업	A13630
		동신건설	A25950
[자동차 트레일러 제조업]		동원개발	A13120
경방기계	A09220	라인건설	A17620
경창산업	A24910	미주실업	A15060
광림특장차	A14200	삼보지질	A11870
대원산업	A05710	삼일기업공사	A02290
동양기공	A18720	삼주건설	A25150
두원중공업	A13900	서한	A11370
삼영케불	A23810	세보기계	A11560
성우금속	A15750	신세계건설	A34300
세원물산	A24830	신원종합개발	A17000
세종공업	A33530	쌍용건설	A12650
신창전기	A12860	유원건설	A04320

업종	종목코드	업종	종목코드
이화공영	A01840	삼일	A32280
임광토건	A01850		
자유건설	A01990	[통신업]	
특수건설	A26150	부일이동통신	A31310
희훈	A19640	서울이동통신	A31390
		세림이동통신	A33040
[자동차판매, 수리업]		하나로통신	A33630
서부트럭터미날	A06730	한국정보통신	A25770
[도매 및 상품중개업]		[은행]	
대신석유	A07930	중소기업은행	A24110
동국산업	A05160	평화은행	A22870
동서	A26960		
명화물산	A28090		
보양산업	A34970	[리스]	
삼미정보시스템	A16670	경남리스금융	A21930
삼산	A12010	동남리스금융	A26240
삼정신역	A14190	신보리스금융	A21880
서울일렉트론	A32980	신한캐피탈	A23780
석천	A14090	외환리스금융	A25080
소예	A35010	조흥리스금융	A23460
중앙석유	A00440	주은리스	A30970
한세실업	A16450	중부리스금융	A23760
홍구석유	A24060		
		[상호신용금고]	
[소매업]		대동상호신용금고	A07090
그랜드산업개발	A19010	대백상호신용금고	A26970
대백쇼핑	A27700	대전상호신용금고	A06300
서능상사	A33190	부산상호신용금고	A07830
인터파크	A35080	삼보상호신용금고	A25450
		신민상호신용금고	A31920
[숙박 및 음식점업]		제온상호신용금고	A32150
서주관광개발	A16140	푸른상호신용금고	A07330
		한솔상호신용금고	A07640
[육상운송업]			
동특	A12700		

업종	종목코드	업종	종목코드
[창업투자]		대신정보통신	A20180
광은창업투자	A22780	디지탈임펙트	A35500
대신개발금융	A19570	디지틀조선일보	A33130
부산창업투자	A19430	메디다스	A32620
신영기술금융	A19590	비트컴퓨터	A32850
웰컴기술금융	A21740	새롬기술	A35610
한국개발투자금융	A16600	인성정보	A33230
한국기술투자	A19550	한국디지탈라인	A32600
한국창업투자	A19660	한글과컴퓨터	A30520
한미창업투자	A21080		
		[기타사업관련 서비스업]	
[증권업]		범아종합경비	A32610
삼성투자신탁증권	A22060	신천개발	A32040
[부동산업]			
남송개발	A06000	[오락, 문화 및 운동관련산업]	
성담	A03860	미래케이블티브	B00001
해성산업	A34810	서울방송	A34120
		한국케이블티브이동작방송	A34750
[정보처리, 기타컴퓨터 운용관련업]			
골드뱅크커뮤니케이션즈	A33880		

부 록

「티끌모아 태산」 증권저축

　주식투자를 하고 싶어도 자금여력이 없어 애태우는 사람들이 이용할 만한 투자 수단이 있다. 바로 증권저축이다. 이 제도는 증권에 대한 전문지식이나 정보수집력이 뒤지는 증권초보자들에게 안성맞춤이다. 매월 또는 수시로 5,000원 이상의 저축금을 증권회사에 내고 주식을 사 모을 수 있기 때문이다.
　증권저축은 매매단위를 밑도는 적은 돈으로도 주식투자를 할 수 있을 뿐 아니라 기업공개시 공모주 청약 우선권이 주어지는 장점이 있다. 그만큼 샐러리맨들에게 유리하다. 증권회사가 소액투자자들을 대신해 주식이나 채권, 수익증권 등을 운용해주기 때문에 관리에 편하다. 증권저축상품 가운데는 은행의 세금우대저축이나 비과세 금융상품같이 세제혜택을 주는 상품도 있다.
　증권저축에는 근로자 증권저축, 근로자 장기증권저축, 비과세 근로자 증권저축, 일반 증권저축, 세금우대 증권저축 등 다섯 가지가 있다. 이들 다섯 가지 상품은 모두가 예금보호 대상이다. 물론 가입 후 일정 기간이 지나면 공모주 청약 자격도 주어진다. 그야말로 1

석2조의 저축상품이라 할 수 있다.

근로자 증권저축

근로자 증권저축이란 소득이 낮은 봉급생활자 등 근로자들의 재산형성과 증권시장의 안정적인 성장을 기하기 위해 도입된 저축제도다. 이 상품은 일반 증권저축이 갖고 있는 장점에다 세제혜택까지 누릴 수 있다. 다만, 가입대상이나 금액이 제한돼 있다. 일반 근로자가 계좌를 처음 개설하려면 상여금을 제외한 월급여가 60만 원 이하여야 한다. 일용직의 경우에는 일당 2만 4,000원 이하여야만 가입할 수 있다.

가입한도는 매달 5,000원 이상, 월급여액의 30%로 연간 216만 원까지다. 저축기간별로는 1년, 2년, 3년, 5년 등이 있다.

저축형태별로는 매달 일정액을 내는 정액적립식, 연간저축액을 일시에 내는 임의적립식 등으로 나뉜다.

근로자 증권저축은 주식형·채권형·혼합형 등 세 가지가 있다. 주식형은 관리종목을 제외한 상장주식이나 코스닥 종목에 투자할 수 있다. 채권형은 만기일을 감안해 채권에 투자해준다. 혼합형은 주가수준이나 금리수준을 고려해 주식이나 채권을 혼합해 운용한다. 그러나 해외이주나 사망 등 특별한 사유 없이 중도에 해지하면 세금혜택을 받을 수 없다는 사실을 염두에 두어야 한다.

근로자 장기증권저축

근로자 장기증권저축은 외국인을 제외한 모든 근로자들이 월급여에 관계없이 가입할 수 있는 상품이다. 가입기간은 3~5년으로 근로자 증권저축기간보다 길다. 매달 50만 원씩 연 600만 원까지 저축할 수 있다. 이 상품의 이자 및 배당소득세는 일반 세율보다 낮은 11.2%가 적용된다. 3년이 되기 전에 계약을 해지하면 공제세액과 감면세액이 추징된다.

세금우대 증권저축

세금우대 증권저축은 기존의 세금우대 소액채권저축과 일반 증권저축의 장점을 결합한 상품이다. 세금우대뿐 아니라 공모주 청약자격까지 주어진다. 세금우대 소액저축은 액면가 합계가 2,000만 원 이하이며, 상환기간이 1년 이상인 국공채를 1년 이상 보유할 경우에 생기는 이자소득에 대해 분리과세 혜택을 주는 증권저축이다. 세금우대 증권저축은 누구든지 가입할 수 있고 저축기간이나 한도 제한이 없는 게 특징이다. 입출금도 자유롭다. 세금우대 증권저축은 세금우대 소액채권저축과 같이 상환기간이 1년 이상인 국공채를 1년 이상 갖고 있어야 세제혜택을 받을 수 있다. 단 1인 1통장에 한해 유효하다.

비과세 근로자우대 증권저축

비과세 근로자우대 증권저축은 고용안정대책의 일환으로 지난 1997년 10월 만들어진 비과세 금융상품이다. 연간 급여총액이 2,000만 원 이하인 근로자에 한해 가입할 수 있다. 저축기간은 3년, 4년, 5년 등 세 가지. 매달 1만~50만 원까지 연간 600만 원 이내에서 자유롭게 적립할 수 있다. 주식형이나 채권형·혼합형 등 어디에나 가입할 수 있다. 단 6개월 이상 저축액을 내지 않으면 강제 해약당한다. 강제해약시에는 저축금의 추가 납입도 안 되며 그 동안 받았던 면세혜택도 다시 반납해야 한다. 3년 이상 예치할 경우에 한해 이자 및 배당소득에 대한 비과세 혜택을 받을 수 있다. 그러나 이 상품 말고도 은행의 근로자우대저축이나 투자신탁의 근로자우대 수익증권저축 등에 가입한 경우에는 가장 먼저 가입한 계좌에 대해서만 비과세 혜택을 준다.

일반증권저축

일반증권저축은 누구든지 가입할 수 있다. 입출금도 자유롭다. 세금혜택은 없지만 공모주 청약시 우선해서 배정받을 수 있는 장점이 있다.

일반증권저축에는 적립식과 할부식 두 종류가 있다. 적립식은 정기 또는 수시로 저축금을 불입해 유가증권에 투자하는 상품이다. 3개월 이상 불입해야 공모주 청약시 우선 배정받을 수 있는 자격이 있다. 적립식은 저축기간 및 한도에 특별한 제한이 없다.

할부식은 증권회사에서 융자를 받아 주식이나 채권 등을 산 뒤 원리금을 일정 기간에 걸쳐 분할 상환하는 방식이다. 할부식은 6개월 또는 1년 단위로 2,000만 원까지 가입할 수 있다.

큰돈 되는 공모주 청약

　기업공개가 활발해지고 있다. 기업공개란 증권거래법 등의 규정에 따라 주식회사가 발행한 주식을 일반인들을 상대로 똑같은 조건으로 공개 모집해 자금을 조달하는 것을 가리킨다. 물론 이미 발행이 끝나 대주주들이 갖고 있는 구주의 일부를 일반에게 매출하는 것도 기업공개에 해당된다. 이런 절차를 통해 몇몇 대주주나 일부 특수 관계인들에 의해 지배되던 주식회사는 전문경영체제로 옮아가게 된다. 특정인들이 소유하던 주식이 일반 불특정 다수인들에게 분산됨으로써 해당기업은 증권시장을 통한 자금조달이 쉬워지게 된다. 또 자본과 경영이 분리됨으로써 경영의 합리화를 도모할 수 있다. 기업공개방법에는 크게 두 가지가 있다. 하나는 기존주주들에게 신주인수권을 포기하게 하고 신주를 공모하는 신주공모방법이다. 또 하나는 기존주주가 갖고 있는 주식만을 일반인들에게 파는 구주매출방식이다. 물론 신주공모와 구주매출을 병행하는 기업공개방식도 있다.

　기업공개에는 증권거래소 시장에 상장하거나 코스닥 시장에 등

1999년도 신규 상장주식 주가 동향

회사명	신규상장일	상장주식 수	공모주식 수	공모가격	1999.11.22 주가	등락률
자화전자	1999. 1. 6	1,620	491	35,000	122,000	248.6
대한유화공업	1999. 8. 11	8,200	2,460	25,000	32,000	28.0
애경유화	1999. 8. 11	6,000	1,800	30,000	40,900	36.3
백산	1999. 8. 11	2,800	840	40,000	47,300	18.3
LG애드	1999. 9. 11	2,286	686	33,000	61,600	86.7
삼립정공	1999. 8. 11	975	300	16,000	18,600	16.3
디씨엠	1999. 8. 11	1,200	360	45,000	28,000	-37.8
현대중공업	1999. 8. 24	55,200	12,030	52,000	50,400	-3.1
한국담배인삼공사	1999. 10. 08	190,992	34,369	28,000	28,900	3.2
기라정보통신	1999. 11. 18	13,800	4,140	6,700	11,650	73.9
화천기공	1999. 11. 18	1,680	504	13,000	11,800	-9.2
합계(평균)		284,752,897	57,980,844	29,427	41,195	40.0

록하는 두 가지 방식이 있다. 증권거래소나 코스닥 시장을 통해 주식을 공모하는 것은 기업으로서는 일반대중을 상대로 한 거액 자금의 모집활동이라 할 수 있다. 일반 투자대중들에게는 성장성이 있는 유망회사들에 대한 투자를 통해 재산을 증식시킬 수 있는 기회이기도 하다. 부동산으로 비유하면 신규로 분양하는 아파트의 청약이라고 할 수 있다. 따라서 잘 하면 땅 짚고 헤엄치기 식으로 쉽게 재산을 증식할 수 있다. 기업공개나 코스닥 시장 등록을 위한 주식 공모가격이 시가보다 낮게 책정되기 때문이다. 발행가와 시가 차이가 나는 만큼 청약자들은 차익을 낼 수 있다.

증권시장의 역사를 보면 공모주 청약열기는 증시 호황기일수록 더하다. 지난 1970년대 중동건설 붐을 타고 기업공개가 줄을 이었다. 공모주청약이 있는 날이면 증권회사들이 밀집돼 있던 명동일대에는 투자자들이 장사진을 이루곤 했다. 그 때에는 액면가로 발행된 주식의 공모였기 때문에 배정받기만 하면 가만히 앉아 몇 배의 차익을 남길 수 있었다.

　1980년대 후반 이후에도 공모주 청약열기가 뜨거웠다. 3저 호황이라는 순풍 속에 증권회사 영업장에는 투자자들의 열기가 넘쳤다. 증권회사의 객장에 있는 시세판이 벌겋게 달아올랐다. 당시에는 『골치 아프게 어떤 주식을 살까 망설이지 말고 전광판에 볼펜을 던져 맞는 종목을 사라』는 말이 유행어가 되기도 했다. 때마침 포항제철의 공개 등 국민주 보급까지 겹쳐 증시는 용광로처럼 달아올랐다. 울산이나 창원·마산 등에는 공모주를 청약하려는 투자자들의 행렬이 200여 미터나 생기는 진풍경이 벌어지기도 했다. 심지어는 소나 논을 팔고 경운기를 타고 와 신주청약을 하는 농부들이 있을 정도였다.

　종전에는 기업이 주식을 공개할 때 우리사주조합에게 20%의 주식을 우선 배정하고 공개를 주선하는 주간사 증권회사에 60%가 할당됐다. 나머지 20%가 증권저축 가입자들에게 배정됐다. 그러나 1999년 5월부터 제도가 바뀌었다. 이에 따라 9월부터는 주간사 등 기관투자가들에게 30%가 배정되고 증권저축 가입자에 대한 20% 배정조항은 없어졌다. 대신에 일반투자자에게 50%를 배정하도록 했다. 우리사주조합 배정비율은 종전대로 유지된다.

　공모주 배정방식도 변경됐다. 종전에는 청약주식 비율대로 공모주를 안분배정했다. 그러나 이제는 경쟁입찰 방식으로 바뀌었다. 개인투자자들은 공모주 청약신청서를 증권회사에 낸다. 물론 가격과 수량을 기재하고 그에 해당하는 청약증거금을 내야 한다. 증권회사는 이를 집계해 주간사 회사에 낸다. 주간사 회사는 증권회사별로 가격과 수량에 따라 공모주를 배정한다. 경쟁입찰 방식인 까닭에 가격을 낮게 써낸 증권회사는 상황에 따라서는 한 주도 돌아가지 않을 수 있다. 이렇게 되면 이 증권회사와 거래하는 공모주 청약자들 역시 배정을 못 받게 된다. 증권회사들이 물량을 많이 확보한 경우에도 투자자의 공모신청 가격이 다른 신청자들보다 낮다면 공모주를 배정받을 수 없다는 사실도 염두에 두어야 한다. 결과적으로는 주간사 증권회사에서 청약하는 게 더 많은 주식을 배정받을 수 있다. 청약제도의 변경으로 증권회사의 선택뿐 아니라 투자자 자신들의 판단도 대단히 중요해졌다.

달라진 공모주청약제도 — 일반청약자 20~30% 배정

증권거래소에 상장하거나 코스닥 시장에 등록하기 위한 기업들의 공개가 줄을 잇고 있다. 현대중공업, 대한유화 등 7개 기업은 7월 중 주식을 공모한다. 이들 기업은 8월께 증권거래소에 상장할 예정이다. 이와 함께 코스닥 시장에 등록하는 기업도 갈수록 늘어나고 있다.

공모기업이 많아진다는 것은 개인투자자들에겐 싼 가격에 주식을 살 수 있는 기회가 많아진다는 걸 뜻한다. 보통 공모가격이 시장에서 형성되는 주가보다 10~20%가량 싸기 때문이다. 중요한 건 공모주를 얼마나 배정받느냐다. 아무리 공모주의 장점이 크더라도 자신에게 돌아오는 주식이 적으면 소용이 없다. 특히 6월 하순부터는 공모주청약제도가 많이 변화됐다. 7월부터는 코스닥 등록기업에 대한 공모제도도 달라진다. 또 9월부터 증권저축 가입자에 대한 우선배정제도도 폐지된다.

따라서 달라진 공모주청약제도를 잘 알고 공모주청약에 참여하는 게 현명하다.

◆ 공모가격 결정

증권거래소 상장기업에 이어 코스닥 시장 등록기업에 대해서도 「수요예측(book building)방식」이 도입된다. 수요예측방식이란 거래소 상장이나 코스닥 등록 예정기업이 신주 공모가격을 결정할 때 미리 수요를 파악하는 제도다.

구체적으로는 주간사 증권사가 기관투자가들로부터 수요(희망 공모수량)를 조사해 수요와 공급의 적정한 수준을 맞춰 가격을 결정한다. 공모절차를 대행하는 주간사 증권사와 발행기업이 공모가를 알아서 결정하던 종전과는 다르다. 따라서 해당 기업들이 금융감독원에 제출한 신고서에서 밝힌 공모예정가격도 얼마든지 변할 수 있다.

만일 희망하는 공모수량이 많으면 공모가는 올라갈 수 있다. 반대로 공모주를 가져가려는 사람이 적으면 공모가는 낮아지게 된다.

◆ 공모주 배정방식

종전에는 일정한 기준에 따라 공모주가 배분됐다. 거래소 상장기업의 경우 우리사주조합원과 증권저축 가입자에게 각각 20%가 돌아갔다. 나머지 60%는 주로 기관투자가가 가져갔다. 하지만 7월 중 공모기업의 경우엔 다르다. 우리사주 조합원과 증권저축 가입자에겐 종전대로 각각 20%씩 우선 배정된다. 30%는 기관투자가에게, 나머지 30%는 일반청약자에게 돌아간다.

일반인들도 얼마든지 공모주를 청약할 수 있는 길이 열린 셈이다. 9월부터는 증권저축 가입자에 대한 우선배정이 사라진다. 전체의 50%가 일반청약자에게 배정된다. 코스닥 등록기업도 마찬가지다. 기관투자가와 증권저축 가입자에게 각각 30%와 50%가 돌아간다. 나머지 20%는 일반투자자의 몫이다. 역시 9월부터는 증권저축 가입자에 대한 특례 배정이 사라져 70%가 일반청약자에게 돌아간다.

배정방식도 달라진다. 지금까지는 경쟁률에 따라 균등 배분됐다. 예컨대, 일반투자자의 청약경쟁률이 10 대 1일 경우 100주를 청약했다면 10주만 배정받았다. 그러나 이 달부터는 다르다. 주간사회사는 수요예측에 응한 증권사에 일정 물량을 배정한다. 증권사들은 거래 고객으로부터 청약을 받아 나름대로 정한 기준에 따라 물량을 나눠 준다. 배정기준은 증권사별로 다르다. 증권사들은 배정기준을 고객들에게 공시해야 한다.

경우에 따라선 청약을 아무리 많이 하더라도 배정을 받지 못할 수도 있다. 따라서 공모주를 배정받으려면 증권사별로 배정기준을 알아본 뒤 청약하는 게 현명하다.

◆ 공모주 청약한도

1인당 청약한도가 완전 폐지됐다. 원하는 만큼 청약할 수 있다. 그러나 증권저축 가입자의 경우에 한해 8월 말까지는 종전 한도가 유지된다. 즉 증권저축 가입자는 공모금액의 0.3%와 2,000만 원 중 적은 금액까지만 청약할 수 있다.

◆ 실질심사제도 도입

이제까지 코스닥 시장에 등록하려면 먼저 금융감독원에 유가증권신고서를 제출해야 했다. 이것이 수리되면 청약을 통해 신주를 공모하고 마지막 단계에서 코스닥 위원회의 등록심사를 거쳤다. 사실상 공모가 끝난 후 등록 여부가 결정되는 구조였다.

얼마 전 코스닥 사상 처음으로 공모를 마치고도 등록이 취소됐던 인터파크와 같은 사례가 충분히 생길 수 있는 것이다. 금융감독원은 이런 문제를 방지하기 위해 7월 1일부터는 공모를 하기 전에 예비심사제도를 도입키로 했다. 사전에 실질적인 심사를 받도록 한다는 것이다.

이에 따라 7월부터 코스닥 시장에 등록하려는 기업은 유가증권신고서를 제출하기 전에 증권업협회에 심사청구서를 제출하고 예비심사를 받아야 한다. 예비심사를 받은 기업은 「예비심사 의견서」를 첨부해 금

공모주 배정 절차

- 유가증권 신고서 제출 : 발행기업이 금융감독원에 사업설명서 등 제출
- 투자설명회 : 주간사회사가 기관투자가를 대상으로 기업분석 내용 등을 설명
- 수요예측 실시 : 주간사회사가 기관투자가, 증권회사로부터 매입주문을 받아 집계표에 기록
- 인수가격 결정 : 주간사회사가 매입집계표에 보고된 수요를 기초로 발행회사와 협의해 인수가격을 최종 결정
- 물량배정 : 주간사회사가 인수기관 등에 물량배정
- 청약 및 납입 : 주간사회사가 기관투자가 등에게 배정물량 할당. 일반청약자는 할당된 물량에 대해 청약 및 주금 납입

융감독원에 유가증권 신고서를 제출한다. 이것이 수리되면 공모를 실시하게 된다.

특히 예비심사 과정에 코스닥위원회가 참여할 예정이어서 인터파크와 같이 공모 후 등록이 보류되는 상황은 발생하지 않을 것으로 보인다. 미국 나스닥 시장의 경우도 상장심사 과정에 질적 심사가 포함돼 있어 기업의 재무상태뿐 아니라 평판 등을 종합적으로 심사한다. 예비심사가 이런 기능을 하게 된다.

◆ 청약요령

우선 공모예정 기업의 상태를 면밀히 살펴야 한다. 그 후 공모예정가가 얼마인지를 알아야 한다. 만일 공모예정가가 장외시장에서 거래되는 시가보다 낮으면 청약을 검토할 만하다. 이 때 반드시 앞으로의 주가추이를 염두에 둬야 한다. 만일 상장이나 등록 후 주가가 고꾸라지면 낭패를 당할 수 있기 때문이다.

청약대상 기업을 정했으면 거래하는 증권사를 찾아 공모주 배정기준을 알아봐야 한다. 배정기준이 자신에게 불리할 경우 다른 증권사도 찾아가 기준을 따지는 게 좋다.   (1999년 7월 1일, 주용석 기자)

사이버 투자로 돈 버는 비결

　벽면의 울긋불긋한 대형 전광판. 의자에 깊숙이 몸을 묻은 채 연신 담배를 피워대는 사람들. 초초한 듯 두리번거리면서 주식시세표를 주시하는 와이셔츠 차림의 샐러리맨들. 몇 년 전까지만 해도 흔히 볼 수 있었던 증권회사 객장 풍경이었다. 그러나 이제 이러한 객장 풍경은 전설의 고향처럼 옛날 예기가 되고 있다. 컴퓨터 통신의 발달로 집에 앉아서도 직접 주식을 사고 팔 수 있는 시대가 됐기 때문이다.
　정년퇴직한 김일만 씨(가명 57세). 그는 요즘 자기 아파트의 빈 방에 사무실을 차렸다. IMF 후유증으로 대학을 졸업하고도 아직 취직을 못 한 아들과 함께 사이버 주식거래를 한다. 김 씨는 컴퓨터를 잘 다루지 못하는 컴맹이다. 그러나 그의 아들은 컴퓨터에 관한 한 프로급이다. 그래서 김 씨 부자는 역할분담을 하고 있다. 김 씨는 전 직장동료와 학교동창 등 정보 네트워크를 가동해 투자종목을 선정하고 그의 아들은 인터넷으로 주문을 낸다. 이렇게 하여 그는 지난 6~7월 두 달 동안 8,000만 원을 벌었다. 그가 투자한 반도체 관련주의 주가가 많이 오른 결과다.

저녁에는 그의 아들이 증권회사의 홈페이지에 접속해 얻은 각종 투자정보를 분석해 이튿날의 투자전략을 짠다.

이처럼 인터넷과 PC통신을 이용한 사이버(가상) 공간에서의 주식거래가 급증하고 있다. 우리나라에서 인터넷 주식거래 서비스가 시작된 것은 1997년 5월. 그 후 사이버 주식시장 규모가 급팽창하고 있다. 1999년 11월 19일 현재 사이버 거래 위탁계좌 수가 700만 개에 달하고 있다. 이는 전체 위탁계좌의 32.2%에 달하는 셈이다. 거래금액도 가히 폭발적이라고 할 만하다. 1999년 10월 중 사이버 거래 규모는 56조 6,000억 원으로 전체의 38.3%에 달했다.

사이버 주식거래가 활발한 가운데 각 증권회사들 간에 사이버 주식거래자들을 잡기 위한 경쟁도 치열해지고 있다. 싸움이 치열해지면서 사이버 트레이딩 수수료를 일제히 인하하고 있다. 대형 증권회사들은 1999년 5월부터 수수료를 최고 50%까지 낮췄다. 한화증권의 경우는 홈트레이딩의 위탁수수료를 최고 62.5%나 내렸다. 일부 증권회사는 자사보다 더 싼 곳이 있으면 수수료를 돌려주겠다고 나설 정도로 사이버 주식거래 수수료를 대폭 낮춰 증권업계로부터 눈총을 받기도 했다. 증권회사들의 사이버 고객 유치를 위한 서비스 경쟁은 수수료 인하경쟁에만 그치지 않는다. 서울·한빛·조흥증권 등 많은 증권회사들이 인터넷으로 은행이체 서비스를 하고 있다. 일부 증권회사들은 인터넷으로 투자상담도 해준다. 교보증권은 전자우편을 통해 투자자의 투자금액과 투자성향에 맞춰 포트폴리오 구성 등 투자상담 서비스를 전개하고 있다. 삼성증권도 고객이 재테크 상황을 전자우편으로 보내면 그에 알맞은 상담을 전자우편으로 회신한다. 한양증권이나 세종증권 등은 거액 투자자들에게는 단말기를 무료로 주기도 한다.

사이버 주식거래의 매력

　인터넷을 이용한 사이버 증권거래는 여러 가지 장점을 갖고 있다. 첫째, 주식을 사고 파는 데 따라다니는 수수료가 매우 싸다. 사이버 거래는 가상공간이라는 말 그대로 임대료가 들지 않고 인건비도 거의 먹히지 않는다. 이로 인해 주식매매 수수료 부담이 매우 적다. 더구나 증권회사들 간에 고객확보전이 치열해지는 과정에서 수수료를 경쟁적으로 낮추는 움직임이 나타나고 있다. 투자자들은 주식매매 수수료 부담이 줄어드는 만큼 투자종목 선정이나 매수시점이 잘못됐다고 판단되면 미련없이 주식을 팔아치울 수 있다. 그만큼 투자손실을 줄일 수 있다는 얘기다.
　둘째, 정보를 신속하게 입수·분석할 수 있으며 객관적으로 판단할 수 있다. 증권회사 객장은 어수선할 때가 많다. 따라서 투자종목을 차분히 검토한다거나 정확한 정보를 얻기가 어렵다.
　그러나 사이버 공간을 통하면 실시간대에서 여러 가지 정보를 입수하고 체계적으로 분석해 의사결정을 내릴 수 있다. 특히 증권회사 객장에 있으면 분위기에 휩쓸리는 뇌동매매로 손해를 보기 쉽지만 사이버 주식투자는 냉철하게 매매를 할 수 있다.
　셋째, 비밀이 보장된다. 주식투자자들 가운데 상당수는 신분 노출을 꺼린다. 특히 사회적 저명 인사나 큰손일수록 이런 경향이 강하다. 그래서 일부 투자자들은 비서나 증권사 영업맨을 시켜 주식매매를 대행케 한다. 이런 사람들에게 인터넷 주식거래는 좋은 도

피처가 된다. 남을 의식할 필요도 없으며 옷매무새에 신경 쓸 필요도 없다. 그저 원하는 종목을 필요할 때 사고 팔아 이익을 남기면 되는 것이다. 이 밖에도 증권회사 객장까지 가야 하는 번거로움이 없으므로 시간과 비용이 절약되는 장점이 있다.

이용방법

사이버 주식거래를 가장 손쉽게 할 수 있는 방법은 홈트레이딩 시스템(HTS)을 이용하는 것이다. 투자자가 PC통신이나 인터넷을 통해 증권회사에 접속해 여러 가지 정보를 검색한 후 주식매매 주문을 내면 된다. PC통신은 하이텔이나 천리안 등 통신망에 등록된 증권회사의 홈 트레이딩 시스템 방에 들어가면 된다. 인터넷은 증

증권사 웹 사이트 주소

- 신한 : www.shcyber.com
- 대우 : www.securities.co.kr
- 삼성 : www.cyberstock.co.kr
- 동원 : www.dws.co.kr
- 한일 : www.hanilsecurities.co.kr
- 신영 : www.shinyoung.com
- 현대 : www.stockmarket.co.kr
- 세종 : www.cybertrading.co.kr
- 일은 : www.ileun.co.kr
- 신흥 : www.shs.co.kr
- LG : www.lgsec.co.kr
- 조흥 : www.chts.co.kr
- 대유 : www.drs.co.kr
- 대신 : www.daishin.co.kr
- 쌍용 : www.ssyisc.co.kr
- 한화 : www.koreastock.co.kr
- 교보 : www.kyobotrade.co.kr
- 한진 : www.hanjinsec.co.kr
- 부국 : www.bookook.co.kr
- 보람 : www.boramsec.co.kr
- 유화 : www.yhs.co.kr
- 동양 : www.myasset.com
- 동부 : www.tuja.co.kr

권회사의 인터넷 홈페이지를 통해 주식거래를 할 수 있다. 그러나 인터넷 주식거래를 시작하려는 투자자들은 처음에는 증권회사 객장에 나가 신청서를 작성하고 ID와 비밀번호를 부여받아야 한다.

최근에는 주식 이동거래 시스템도 빠르게 보급되고 있다. MTS(mobile trading system)는 수첩만한 단말기로 주식을 거래하는 무선 데이터 시스템이다. 투자자들은 이를 통해 실시간으로 투자정보 조회는 물론 주문까지 할 수 있다.

사이버 증권 — 집·사무실서 주식투자 척척

얼마 전까지만 해도 컴맹이란 소리를 듣던 주식투자자 김 씨가 몰라보게 달라졌다. 컴퓨터와 아주 친해졌다.

사이버 주식거래 덕분이다. 뻔질나게 드나들던 객장에도 이젠 나갈 필요가 없게 됐다. 마우스 클릭만으로 원하는 주식을 사고 판다. 관련 종목 정보와 그래프도 한눈에 띄워 볼 수 있어 금상첨화다. 욕설이 오가는 영업직원과의 분쟁도 줄어들었다.

인터넷이나 PC통신, 휴대용 단말기, 이동전화기 등이 새로운 주식거래 수단으로 떠오르고 있다. 집·사무실 등 어디에서나 거래할 수 있다는 편리함은 둘째 문제다. 사이버 주식거래의 장점은 무엇보다 수수료가 싸다는 점. 기존 위탁매매 수수료에 비해 최대 80%가 낮은 수준이다.

증권사들 간에 수수료 인하경쟁도 치열하다. 앞다퉈 사이버 거래 수수료를 인하하고 있으며 안정적인 시스템 구축에 열을 올리고 있다. 사이버 주식거래에 익숙지 않으면 이젠 「왕따」가 될 형편이다.

◆ 증권사 사이버 거래 현황

지난 5월 한 달 동안 5대 증권사(대신, 대우, 현대, LG, 삼성)의 사이버 거래금액은 15조 원을 웃돈다. 5대 증권사의 전체 주식거래 규모 중 16.1%를 차지했다. 지난 한 해 동안 이루어진 5개 회사의 사이버 거래 액수가 17조여 원이었던 것에 비하면 폭발적인 증가세다. 올 들어 5월 말까지 5개월 동안 5대 증권사의 사이버 거래실적은 39조 8,000억 원을 기록했다. 1998년 같은 기간에 비해 13배 성장했다. 이들 회사의 사이버 주식투자자만 45만 5,000명에 달하는 것으로 추정된다. 이런 추세는 앞으로 계속 이어질 것으로 전망된다. 고객유치를 위해 부가 서비스도 더욱 늘어날 것으로 보인다.

◆ 수수료인하 경쟁

대형 증권사를 중심으로 대부분의 사이버 주식거래 수수료가 0.1%로 낮아졌다. 동양증권은 한술 더 떠 최저 0.06%까지 다운시켰다. 업계 최저수수료를 자랑하지만 거래금액이 1억 원 이상일 때에만 해당된다. 평균적으로 0.1%에서 크게 벗어나지는 않는다. 다른 증권사들도 속속 0.1% 대열에 합류하고 있다.

증권사별로 거래금액에 따라 차등을 두고 있어 투자자들은 꼼꼼하게 따져볼 필요가 있다. 선물과 옵션 사이버 거래의 수수료율도 다르게 적용하고 있다.

사이버 주식거래 5대 주의점

1) 접속ID와 비밀번호를 잘 간수하라 : 사이버 주식거래는 ID와 비밀번호만 맞으면 본인 계좌로 인정된다.
2) 충분히 연습하라 : 게임이 아닌 돈이 걸린 문제다. 따라서 실수를 방지하려면 사전에 매매방식을 완벽하게 익혀둬야 한다.
3) 매매사항을 반드시 확인하라 : 사자와 팔자가 헷갈릴 수 있고, 수량과 가격을 잘못 입력할 수도 있다. 따라서 마지막 클릭에 앞서 여러 번 확인해야 한다.
4) 사고에 대비하라 : 정전, 전화회선 불통 등 사이버 거래 시스템이 다운될 수 있다는 점을 명심하고, 매매주문 및 거래확인이 가능한 대체 수단(전화매매주문)을 강구해야 한다.
5) 지나친 단타매매에 빠지지 마라 : 수수료가 싸다고 하루에도 과도하게 매매하다간 큰코 다친다. 수수료는 수수료대로 많아지고 손실도 볼 수 있기 때문이다.

◆ 수수료 더 떨어질까

사이버 거래가 늘어날 것이라는 데에는 이견이 없다. 일부에선 아예 수수료가 0%에 가깝게 떨어질 것으로 전망하기도 한다. 물론 이렇게 된다면 투자자들이야 더 바랄 게 없을 것이다.

세종증권 사이버 영업팀을 이끌고 있는 노규식 이사는 『수수료 외에는 사이버 트레이딩을 통해 증권사로 들어오는 수입이 거의 없는 상황이다』며 『더 이상 수수료 인하는 힘들 것』이라고 말했다. 0.1%선이 최저수준이라는 얘기다.

그는 『사이버 주식거래 수수료가 싸진 만큼 투자자들의 자기책임도 높아지게 됐다』고 덧붙였다.

◆ 문제는 없나

증권사 점포 수는 대개 많아야 100여 개 수준이다. 일단 증권사에 가서 계좌를 개설한 후 사이버 거래를 할 수 있다. 지점 수가 많은 증권사일수록 사이버 거래도 늘어날 전망이다. 그 동안 전산 인프라 구축에 투자할 여력이 없었다는 것도 문제점으로 지적되고 있다.

올 들어 너도나도 사이버 거래 전산 시스템 구축에 나서고 있다. 짧은 기간에 치열한 경쟁을 하다 보니 사이버 거래 환경이 아직은 완벽하지 못하다는 게 단점으로 드러나고 있다. 종종 시스템이 다운되는 사고가 발생하는 이유다.

특히 향후 인터넷뿐만 아니라 PC통신 등 여러 가지 사이버 거래방식이 도입될 예정이어서 대폭적인 시스템 개선이 불가피하다. 계좌개설, 투자상담 등 주식거래에 필요한 모든 사항이 원스톱으로 처리되도록 일괄 시스템이 개발돼야 할 것으로 보인다.

(1999. 6. 21, 안재석 기자)

주식거래 수수료 제로 시대 — 인하 전쟁

증권회사 간 수수료 인하경쟁은 대우증권이 지난 14일 사이버 수수료를 0.1%로 내리면서 본격화됐다. 대우의 공세는 세종증권 등이 수수료를 인하한 그 이전과는 판이했다. 동원, 한화, 동부, 유화, 신흥 등이 곧바로 그 뒤를 따랐다.

현대, 삼성, 대신, LG증권 등도 사이버 고객을 빼앗기지 않기 위해

인하를 준비 중이다. 더 나아가 일반 위탁수수료까지 내리는 방안을 검토 중이라는 얘기도 들린다. 동원경제연구소는 사이버 거래 수수료를 포함한 평균 수탁수수료율이 1998년 0.46%, 1999년 0.38%, 2000년 0.32%, 2001년 0.30%로 낮아질 것으로 예상했다.

(1999. 6. 22, 조주현 기자)

증권기사 100% 활용하기

지은이 / 김 형 철
펴낸이 / 김 경 태
펴낸곳 / 한국경제신문 한경BP
등록 / 제 2−315(1967. 5. 15)
제1판 1쇄 인쇄 / 2000년 1월 1일
제1판 3쇄 발행 / 2000년 2월 1일
주소 / 서울특별시 중구 중림동 441
기획출판팀 / 3604−553~6
영업마케팅팀 / 3604−595~7
FAX / 360−4599

* 파본이나 잘못된 책은 바꿔 드립니다.
ISBN 89−475−2295−3

값 9,500원

한국경제신문 출판법인 한경BP의 책들
— 평생 한번은 꼭 읽어야 할 물과 공기 같은 책 —

권력이동
앨빈 토플러 지음 / 이규행 감역

21세기를 맞이해 폭력·부·지식 등 사회 각 부문의 권력격변은 어떤 형태를 취하고 있는가? 이러한 격변은 어디에서 기인하는가? 앞으로 다가올 변화는 누가 어떻게 통제할 것인가? 세계 곳곳에서 일어나고 있는 권력의 대지진과 격변을 놀라운 통찰력으로 예견하고 있다.

양장/12,000원

미래쇼크
앨빈 토플러 지음 / 이규행 감역

인간에게 격심한 변화가 닥쳤을 때 인간은 도대체 어떤 상태에 이르게 될 것인가? 어떻게 하면 미래의 변화에 적응할 수 있을 것인가? 오늘의 현대인에게 미래의 충격적 상황을 예시하고 이를 극복할 방향을 제시하고 있는 역작. 미래 기술적·사회적 변화의 속도를 예감할 수 있는 구체적 내용을 담았다.

양장/10,000원

제3물결
앨빈 토플러 지음 / 이규행 감역

기존질서의 붕괴와 전자문명의 개막이 가져다 준 생활패턴의 변화라는 격량에 현대인은 표류당하고 있다. 어떻게 이러한 새로운 시대의 질서와 생활패턴에 적응하고 나아가 이에 능동적으로 대처해 나갈 것인가를 예리한 문명비판적 시각에서 제시해 주고 있다.

양장/11,000원

전쟁과 반전쟁
앨빈 토플러 지음 / 이규행 감역

새로운 세기로 접어들고 있는 오늘의 지구촌에서 새 문명의 등장으로 촉발된 대규모 평화위협의 실상을 파악하고 「신세계질서」의 이상형을 예측하고 있다. 전쟁과 반전쟁에 관한 저자의 방법론적 탁견은 전쟁을 예방하기 위한 평화적 해결책을 제시하고 신비한 미래사의 문을 활짝 열어주고 있다.

양장/9,500원

경영혁명
톰 피터스 지음 / 노부호 옮김

정보화사회는 불확실성이 심화된 사회로 기업경영의 경기규칙과 새로운 경영스타일 등 생존을 위한 변화는 가히 혁명적이라 할 수 있다. 이 책은 전통적 사고에 도전하고 조직이 사람을 위해 존재할 수 있도록 변화를 유도하는 45가지 경영 실천전략을 제시한 기업경영자의 「비즈니스 핸드북」이다.

양장/13,000원

해방경영
톰 피터스 지음 / 노부호 외 옮김

2000년대의 경영사조는 무엇이며, 이를 주도할 기업의 생존철학은 무엇인가? 장장 1,300여 페이지에 걸쳐 좋은 기업을 만들기 위한 조직의 창조적 파괴와 일반통념으로부터의 해방을 핵심테마로 다루고 있다. 자유분방한 필치와 수많은 은유, 패러독스가 곳곳에 번득여 방대한 분량임에도 불구하고 읽는 동안 재미와 해방감·지적 충족감을 더한다.

양장/19,000원

경영파괴
톰 피터스 지음 / 안중호 옮김

이제 리스트럭처링·리엔지니어링으로는 급변하는 시대를 이길 수 없다. 기업의 조직은 상상을 초월하는 혁신적인 네트워크형이 되어야 한다. 이 책은 기업을 운영하는 사람들이 재창조와 혁명을 향해 전진할 수 있도록 9개의 「넘어서」를 중심으로 구체적인 혁신방안을 제시한다. 변화지 않는 기업이나 조직은 망한다는 것이 저자의 한결같은 주장이다.

양장/8,500원

혁신경영
톰 피터스 지음 / 이진 옮김

팀, 권한위임, 리엔지니어링, 품질관련 책은 많은데 혁신에 관한 책은 왜 없는가? 혁신의 순환을 이루는 15개의 불연속적인 아이디어를 독특한 방식으로 설명하고 있다. 톰 피터스는 모든 조직이 지속적으로 혁신을 추구할 수 있도록 극단적이지만, 실용성 있는 가이드 라인을 제시하고 있다. 혁신이야말로 개인과 조직이 살아남는 최후의 생존전략이 될 것이다.

양장/15,000원

강대국의 흥망

폴 케네디 지음 / 이왈수 외 옮김

역사학자이자 미국 예일대 교수인 저자는 이 책에서 지난 5세기 동안에 전개되었던 강대국들의 흥망성쇠는 그들의 경제력과 군사력의 변화 추이에 따라 좌우되어 왔다고 진단하면서 다가오는 21세기에는 미국·소련·서유럽 등의 쇠퇴와 중국·일본 등 아시아 강국들의 부상을 예언하고 있다. 〈뉴욕 타임스〉 선정 최우수 도서.

양장 / 13,000원

21세기 준비

폴 케네디 지음 / 변도은·이왈수 옮김

우리에게 충격을 던졌던 「강대국의 흥망」 저자 폴 케네디 교수가 다가올 21세기 문명세계의 각종 위기를 명쾌히 분석·정리한 역저. 향후 30년 사이 우리에게 닥칠 도전들과 그 대응방법 그리고 인구폭발, 환경오염, 생명공학, 로봇, 통신수단, 가공할 파워의 양태 등을 특유의 통찰력으로 분석·예견하고 있다.

양장 / 11,000원

메가트렌드 2000

존 나이스비트 외 지음 / 김홍기 옮김

90년대는 정치개혁과 경이적인 기술혁신 등으로 인류에게 지금까지와 전혀 다른 변화양상을 안겨줄 것이다. 이 책은 90년대의 변화로 경제호전, 예술의 번영, 시장사회주의의 출현, 복지국가의 쇠퇴 등을 예시하고 있다. 과거 어둡고 비관적인 세기말적 변화보다는 밝고 새로운 흐름을 부각시키고 있다.

양장 / 9,800원

메가트렌드 아시아

존 나이스비트 지음 / 홍수원 옮김

미래예측가로 세계적 명성을 떨치고 있는 나이스비트는 21세기에는 아시아가 미국주도의 상품과 소비시장에 가장 중요한 경쟁자로 떠오를 것으로 내다보고 현재 역동적으로 변화하는 아시아의 모습을 8가지 트렌드로 분석했다. 특히 아시아와 세계라는 맥락 속에서 한국에 나타나고 있는 폭넓은 변화들을 살펴보고 한국이 아시아에 기여할 수 있는 방안도 짚고 있다.

양장 / 9,500원

20세기를 움직인 사상가들

기 소르망 지음 / 강위석 옮김

20세기 사상계에 결정적인 영향을 끼친 사람들은 과연 누구인가? 프랑스의 저명한 경제학자이자 사회학자인 기 소르망이 29명의 생존해 있는 현대 최고의 사상가들과 직접 인터뷰를 통해 그들 자신이 선택한 분야에 전 생애를 바친 사상과 사색의 놀라운 통찰을 기록·정리한 「살아있는 도서관」.

신국판 / 8,000원

자본주의 종말과 새 세기

기 소르망 지음 / 김정은 옮김

세계적인 석학인 저자는 자본주의 체제를 위협하는 것은 「도덕적 불만」과 「자본주의에 대한 몰이해」라고 주장하고 러시아·중국·독일·인도 등 20여개국의 자본주의의 현재 모습을 생생히 그리고 있다. 또한 현재의 자본주의의 위기를 극복하기 위한 구체적인 실천방안에 대해서도 통찰하고 있다. 방대한 분량인데도 르포형식이어서 전혀 지루하지 않다.

양장 / 13,000원

열린 세계와 문명창조

기 소르망 지음 / 박 선 옮김

서로 다른 문화가 충돌하는 유럽, 러시아, 중국, 일본, 아프리카, 라틴아메리카의 국경으로 우리를 이끈다. 서양인의 독백이나 나르시시즘이 아니라 바로 한반도에 대한 진단이며 치료제가 될 수 있다. 통독 이후의 문제, 북한의 실상과 우리의 미래, 미국화로 상징되는 맥몽드(McMonde)의 악몽 속에서 나름대로의 대응법을 찾을 수 있다.

양장 / 13,000원

편집광만이 살아남는다

앤드류 그로브 지음 / 유영수 옮김

인텔 불패(不敗) 신화의 주인공, 앤드류 그로브의 경영과 인생! 경쟁에서 이기기 위한 키워드 「편집광」을 주목하라. 지루함을 모르는 직장, 도전정신으로 머릿속이 꽉찬 편집광 직원들, 그리고 인텔에 대한 진솔한 이야기가 담겨 있다. 예리한 판단력과 관찰력을 겸비한 그로브는 첨단산업을 경영하는 데 필요한 이론으로 「전략적 변곡점」을 정립해 자세히 설명하고 있다.

양장 / 10,000원

미래기업

피터 드러커 지음 / 고병국 옮김

우리 시대의 가장 뛰어난 사회·경영학자이자 미래학자인 드러커의 「변혁시대 기업생존전략 연구서」! 세계경제가 빠르게 바뀌어 감에 따라 기업의 새로운 생존 경영전략 모델, 즉 기업이 살아남기 위한 5가지 변화조건을 예리하게 분석·고찰했다. 특히 사회·경제학 시각에서 세계경제 흐름을 독특하고 분석적으로 통찰했다.

양장 / 9,500원

자본주의 이후의 사회

피터 드러커 지음 / 이재규 옮김

사회주의권의 급격한 몰락 이후 탈냉전 분위기가 고조되고 있는 시점에서 향후 세계 변화가 주요 관심사로 떠오르고 있다. 저자는 향후 세계는 자본주의적 시장구조와 기구는 그대로 존속되겠지만 주권국가의 통제력은 약화되고 전문지식을 갖춘 지식경영자 중심의 글로벌화 사회가 될 것으로 예측하고 있다.

양장 / 9,000원

미래의 결단

피터 드러커 지음 / 이재규 옮김

현대 경영학의 대부, 피터 드러커는 이 책에서 「스스로를 다시 생각함으로써 회생할 수 있다」고 전제하고 기업의 5가지 치명적 실수, 가족기업을 경영하는 규칙, 대통령을 위한 6가지 규칙, 새로운 국제시장의 개발, 3가지 종류의 팀조직, 오늘날 경영자들이 필요로 하는 정보 등 바람직한 미래를 실현하기 위한 방안을 제시했다. 21세기를 위한 새롭고 시의적절한 경영지침서.

양장 / 9,000원

비영리단체의 경영

피터 드러커 지음 / 현영하 옮김

선진국에서는 학교, 자선단체 등 비영리단체의 경영혁신이 선풍을 일으키고 있다. 이 책은 필자가 교수생활을 하면서 비영리단체에서 봉사했던 경험을 바탕으로 조직관리, 예산 등 경영전반에 대한 문제점을 심도있게 분석하고 개선방안을 제시했다. 전문가들과의 대담을 통해 경영의 효율성을 높이기 위한 여러가지 방안이 눈길을 끈다.

신국판 / 8,000원

21세기 지식경영

피터 드러커 지음 / 이재규 옮김

새로운 경영 패러다임이 경영의 원칙과 관련한 기본가정을 어떻게 변화시켜 왔는지, 또 어떻게 계속 변화시킬 것인지에 대해 통찰하고 있다. 앞으로 수십년 아니 수년내에 틀림없이 일어날 여러 문제에 대처하지 못하면 혼란의 시대, 구조변화의 시대, 전환기의 시대에 생존할 수 없다는 드러커의 마지막 경고는 반드시 귀담아 들어야 할 것이다.

양장 / 13,000원

미래의 조직

피터 드러커 외 지음 / 이재규 옮김

경영학의 두 거물인 피터 드러커가 서문을 쓰고 찰스 핸디가 결론을 내린 미래조직의 최종완성판! 당대 최고의 경영학자, 실무자, 컨설턴트가 참여한 이 책에는 미래 조직이 존속하고 번영하려면 조직과 지도자가 어디에 언제, 그리고 어떻게 변해야 하는지 각 분야별로 실질적인 조언을 하고 있다. 특히 정부, 기업, 사회단체 등 모든 인간조직의 미래모습에 대해 통찰력있는 비전을 제시하고 있다.

양장 / 13,000원

자본주의 이후 사회의 지식경영자

피터 드러커 지음 / 이재규 옮김

20세기가 낳은 가장 위대한 경영학자인 드러커 교수는 정보(information)가 권위를 대신하고 보고(report)가 사라진 조직에서 적응하기 위해 경영자들이 어떻게 해야 하는지 그 해답을 제시한다. 새롭게 도래하고 있는 미래 조직에서의 효과적인 의사결정방법, 경영혁신의 체계적 관리와 함께 지식경제에서 경영자가 직면할 구체적인 도전, 지식근로자의 생산성 향상을 위한 동기부여에 대해 충고하고 있다.

양장 / 10,000원

트러스트

프랜시스 후쿠야마 지음 / 구승회 옮김

한 나라의 경제는 규모만으로는 설명될 수 없고 문화적 요인이 중요하다. 이 문화적 요인이 사회적 자본이며 가장 중요한 덕목이 바로 신뢰다. 저자는 이 책에서 개인주의, 가족주의에 기반을 둔 저신뢰 사회의 특성을 혹독하게 비판하면서 건강한 사회가 되려면 공동체적 연대와 결속의 기술을 터득해야 하며 신뢰는 경제와 사회, 문화를 아우르는 놀라운 가치라고 강조한다.

양장 / 12,000원

코피티션

배리 네일버프 외 지음 / 김광전 옮김

비즈니스 게임은 끊임없이 변하므로 전략도 당연히 변해야 한다. 경쟁(competition)과 협력(cooperation)에 관한 과거의 법칙들을 넘어서서 양자의 장점을 결합한 코피티션 전략은 기존의 비즈니스 게임을 혁신할 혁명적인 신사고다. 저자들은 게임 자체를 변화시켜서 이득을 최대화하는 방법을 보여주는 5가지 요소(전략의 PARTS)의 비즈니스 전략을 체계적으로 제시했다.

양장 / 9,000원

회사인간의 흥망

앤소니 샘슨 지음 / 이재규 옮김

이 책은 17세기 동인도 회사에서 현재의 마이크로소프트사에 이르기까지 기업의 변화과정과 직장인들의 문화변천사를 통해 회사인간이란 무엇인가를 규명했다. 생생한 인물묘사와 인터뷰, 사례를 곁들이면서 전혀 도전받을 일이 없을 듯이 보였던 「기업관료들」이 어떻게 레이더스, 모험기업가, 일본의 경쟁자들, 컴퓨터, 여자 회사인간들에 의해 차례차례 공격당했는가를 밝히고 있다.

양장 / 9,800원

팝 인터내셔널리즘

폴 크루먼 지음 / 김광전 옮김

산업위축과 실업증가, 실질소득 향상의 둔화를 비롯해 소득격차의 확대, 산업시설의 유출 등 선진 경제가 지닌 문제점을 상세히 분석하고 그 원인이 개발도상국과의 교역에 있는 것이 아니라 선진국의 산업구조 변화와 기술발전에 있다고 밝히고 있다. 레스터 서로에 필적하는 20세기 최고의 경제학자인 저자가 지적하는 개도국 성장 비결은 우리에게 시사하는 바가 크다.

신국판 / 7,000원

2020년

해미시 맥레이 지음 / 김광전 옮김

다양한 인종만큼이나 상이한 정치 · 경제체제와 독특한 문화양식을 지니고 있는 세계 각국은 저마다의 주무기를 앞세워 미래를 설계하고 있다. 경제평론가인 저자는 앞으로 국가경쟁력을 결정짓는 요인은 기술이 아니라 문화라고 강조한다. 현재 세계 각국이 처해있는 상황을 바탕으로 치밀하게 전망한 2020년경의 세계 각국의 모습에서 우리의 진로는 어떻게 모색해야 할 것인가?

양장 / 9,000원

제4물결

허먼 메이너드 2세, 수전 E.머턴스 지음 / 한영환 옮김

21세기 범세계적 기업을 위한 낙관적 비전을 제시하고 있는 이 책은 한마디로 앨빈 토플러의 《제3물결》을 넘어 장기적 미래의 비전에 집중하고 있다. 지금 우리는 공업화를 상징하는 「제2물결」에서 탈공업화적인 「제3물결」로 전이하고 있지만, 머지 않은 곳에서 새로운 차원의 「제4물결」이 밀려오고 있다고 진단하고 있다.

양장 / 4×6판 / 5,000원

소명으로서의 기업

마이클 노박 지음 / 김진현 감역

실업과 빈곤의 해결책은 무엇일까. 마이클 노박은 종교적 윤리 기반위에 선 민간기업만이 그 해결책이 될 것이라고 명쾌하게 주장한다. 민주자본주의하에서 신학적 · 윤리적 기초를 갖춘 기업이야말로 이윤창출기관인 동시에 민주주의와 인권을 증진시키는 기관이며 사회 공동체를 만드는 기관이다. 기업의 위치, 정신의 설정과 사회관계 정립에 등불이 될 내용들이 가득하다.

신국판 / 7,000원

21세기 오디세이

마이클 더투조스 지음 / 이재규 옮김

20년 동안 기술 전도사, 기업가, 경영 컨설턴트로서 정보혁명을 이끌어온 마이클 더투조스는 농업혁명과 산업혁명을 밀어낼 제3의 정보혁명에 대해 보다 폭넓은 관점을 제시한다. 저자는 21세기 글로벌 정보시장의 생생한 모습을 보여 주는 한편, 그 기술적인 문제점들을 폭로하고 한편으로 해결책을 제시하여, 영감에 가득찬 미래의 청사진을 제공한다. 보디넷, 전자 코, 촉각 인터페이스의 미래를……

양장 / 12,000원

21세기를 여는 7가지 키워드

오마에 겐이치 지음 / 임승혁 옮김

다가오는 21세기에는 서구 선진국의 뒤만을 쫓을 수는 없다. 그들을 앞서 나가기 위해서는 지금까지와는 다른 창의적인 발상, 새로운 전략, 확실한 준비가 필요하다. 21세기를 능동적으로 맞이하려는 사람들에게 띄우는 오마에 겐이치의 독특한 키워드. 1.시각축 발상 2.신커뮤니케이션론 3.자유재량시간 4.글로벌경쟁시대 5.정보발신시스템 6.이미지전략 7.네트워크의 힘

양장 / 4×6판 / 6,500원

신창조론

이면우 지음

미증유의 경제위기를 맞은 한국, 한국인, 한국기업은 어디로 가야 하는가? IMF는 변화를 모르는 기업전통, 말만 많은 우매한 현자들의 득세, 재벌의 출혈경쟁, 모방으로 날새는 제조업, 부서이기주의에 찌든 업무절차 등 우리의 병세를 알려 준 고마운 의사다. 난장의 활기, 국가적 비전, 중소기업 활성화, 가상연구소, 동북아 경제 네트워크(신창조론)가 강력한 치료약이 될 것이다.

신국판 / 8,000원

내 인생 내가 살지

서상록 지음

예순둘의 나이에 대기업 그룹 부회장에서 식당 견습웨이터로 변신한 서상록씨의 자전에세이. 그는 이 책을 통해 왜 최고경영자의 위치에서 모두들 하찮게 여기는 식당 견습웨이터를 하게 되었는지, 그의 평범하지 않은 인생을 감칠맛나게 들려주고 있다. 더불어 인생의 눈높이를 낮춰 하고 싶은 일을 하면서 누구보다 즐겁게 살라는 충고도 들려준다.

신국판 / 7,800원

유머인생 1~6

한국경제신문 출판부 편

많은 독자들이 1980년 12월부터 본지에 연재되고 있는 「해외유머」를 책으로 출판하면 어떨지, 그런 계획은 없는지 물어왔다. 이 책은 독자들의 그러한 성원에 보답하자는 취지로 출판되었으며 우스갯소리 가운데서 인생의 묘미도 느끼고 영어공부도 할 수 있게끔 어려운 단어나 어구에는 주석을 달아 독자들의 이해를 돕고자 노력했다.

4×6판 / 각권 4,500원

성공적인 점포경영 33선

류광선 지음

5,000만원 정도의 소자본으로, 심지어 무자본으로도 사업을 시작할 수 있는 아이디어를 담았다. 저자가 현장을 발로 뛰면서 바로 개업하기에 유망한 33개 업종을 선별, 입지선정부터 개업절차·경영 비법까지 최신 노하우를 총집결시켰다. 경영지침이나 사업의 성패진단법은 물론 직접 점포를 운영하는 사람들의 현장 목소리를 담아 차별화를 꾀했다.

신국판 / 9,000원

실전 부동산 경매

전철 지음

법원경매든 성업공사 공매든 경매는 이제 누구나 쉽게 배우고 참여할 수 있게 되었다. 경매물건에 대한 마음가짐을 얼마나 유연하고 객관적인 자세로 평가할 수 있느냐가 성공의 지름길이다. 이 책은 부동산 경매에 대한 전반적인 원리를 누구나 알기쉽게 배울 수 있도록 설명했다. 실전사례중심으로 실패없는 부동산 경매 방법을 체계적으로 정리한 실전 가이드.

신국판 / 12,000원

사장님을 위한 5분 경제

손정식 지음

경영일선에 있는 경영자가 매일매일 직면하는 경제·경영현상에 대해 기본적인 원리를 설명한 이 책은 경제현상을 올바로 이해하여 기업경영의 이론적 토대를 튼튼히 하는데 보탬이 되는 경제상식들만 모았다. 가격관리와 비용관리에서부터 기업전략, 경쟁과 윤리, 기업과 금융, 국제무역과 국제금융에 이르기까지 꼭 알고 있어야 할 경제원리들을 강의하듯 풀어서 설명했다.

신국판 / 8,500원

새노동법 해설

(개정판)

윤호현 지음

노동법이 전면 개정되었다. 개정 노동법은 개별적 노동관계법의 대명사인 근로기준법상의 변형근로시간제, 정리해고제 등을 도입하고 집단적 노동관계법에서 금지됐던 복수노조, 제3자개입, 정치활동 등을 허용했다. 이 책은 저자가 현장에서 직접 느끼고 체험한 노사간의 문제점들을 살펴보고 개정 노동법 전반을 알기 쉽게 해설한 책이다.

신국판 / 11,000원

금융시장 예측

김성우 지음

주식, 금리, 상품 등의 현물시장은 물론 선물 및 옵션 등의 파생상품시장에서도 생존할 수 있는 방법을 다양하게 제시하고 있다. 20여년간 외환시장 등 다양한 시장에서 딜러, 투자가, 분석가로 활동하며 풍부한 현장경험을 가지고 있는 저자가 시장상황에 따른 기술적 지표의 분석요령과 심리적 동요의 극복방안을 현장사례 중심으로 상세히 설명하고 있다.

양장 / 12,000원

걱정하지 말고 살아라
리쳐드 칼슨 지음 / 채선영 옮김

스트레스 컨설턴트이자, 강연가인 리처드 칼슨이 풍요롭고 즐거운 인생을 창조하는 100가지 아이디어를 알려준다. 걱정이 사라졌을 때 어떤 멋진 인생이 펼쳐질지 따뜻하면서도 설득력있는 문체로 읽는 사람을 격려하고 있는 이 책은 걱정과 불안으로 마음을 어지럽힐 것이 아니라 결심과 실천으로 이어지도록 마술과도 같은 삶의 방법들을 제공하고 있다.

신국판 / 8,000원

시간이동
스테판 레트사폰 지음 / 형선호 옮김

사람들에게 있어서 시간은 객관적인 것이 아니라 주관적인 것이다. 이 책에서 저자는 시간에 대한 사고방식을 바꿈으로써 자신의 인생에 대한 통제를 되찾을 수 있다고 강조한다. 그 과정을 통해 우리는 인생을 최대한 즐길 수 있으며 많은 시간을 자신과 가족과 함께 더 한층 고양된 삶의 의미를 느낄 수 있다. 이 책은 명상서로서 자신의 삶을 컨트롤하는 방법을 제시한다.

신국판 / 9,000원

마음을 치유하는 79가지 지혜
레이첼 나오미 레멘 지음 / 채선영 옮김

정신분석학자로서 영혼의 연금술사로 평가받는 저자는 보다 큰 평화를 가져다주는 것은 우리가 서 있는 바로 이곳, 또 이곳에서 만나는 사람들을 있는 그대로 받아들일 수 있게 해줄 치료제, 즉 영혼을 위한 약이 필요하다는데 초점을 맞추고 있다. 저자의 따뜻한 식탁의자에서 영혼이 충만한 의사와 환자, 그리고 동료들이 둘러앉아 나누는 그들의 삶은 무한한 가능성의 목소리로 들린다.

신국판 / 7,500원

밀레니엄
펠리프 페르난데스 아메스토 지음 / 허종열 옮김

지난 1000년을 마감하고 다음 1000년을 준비하기 위해, 한 시대를 평가하기 보다는 새로운 시대를 창조하려는 의도로 쓴 이 책은 유럽 중심적인 위장된 세계사가 아닌 진정한 세계사 정립을 위해 역사 이면에 자리매김하려고 노력했다. 인류역사의 주도권, 즉 민족의 힘은 태평양 주변국가에서 대서양으로 다시 태평양으로 옮아가고 있다고 주장하고 있다.

전2권 / 양장 / 각권 12,000원

복잡계란 무엇인가
요시나가 요시마사 지음 / 주명갑 옮김

『무수한 구성요소로 이루어진 한 덩어리의 집단으로 각 부분의 움직임이 총화이상으로 무엇인가 독자적인 행동을 보이는 것』으로 정의되는 복잡계, 복잡계 과학은 『잃어버린 세계로의 여행』이 될 것이다. 복잡계의 과학은 그 꿈을 현실화시킬지도 모른다. 21세기를 주도하게 될 최첨단 키워드, 복잡계의 모든 것을 담았다.

양장 / 4×6판 / 7,000원

복잡계 경영
다사카 히로시 지음 / 주명갑 옮김

복잡계 이론이 예언하는 21세기적 경영의 모든 것이 여기 있다. 복잡계는 세기말의 혼돈 속에 지식의 최첨단 이론으로 등장, 구미지역에서 폭발적인 관심을 끌고 있다. 이 이론은 세계를 몇 개의 단순한 요소로 환원할 수 없는 '부분 이상의 총화', 자기조직화의 동적 프로세스로 이해한다. 또 세계관의 근본적인 변화를 통해 탈근대시대의 새로운 경영, 경영자를 위한 경영학의 혁명을 꿈꾼다.

양장 / 4×6판 / 6,500원

세계를 움직인 경제학 명저 88
네이 마사히로 지음 / 이균 옮김

한치 앞도 예측하기 어려운 경제. 환율, 주가, 금리… 어느 하나 앞을 내다보기 어렵기만 하다. 지금까지의 경제논리로는 더이상 예측하기 불가능하다. 여기 17세기의 페티에서 20세기 경제학의 거두 스티글리츠까지 경제의 흐름을 읽기 위해, 그리고 예측하기 위해 고뇌했던 수많은 경제학자들이 있다. 세상을 움직이던 일류 경제학자들이 피와 땀으로 써내려 간 역작들을 통해 경제의 흐름을 짚어볼 수 있다.

신국판 / 9,500원

비즈니스 사회에서 가르쳐주지 않는 60가지
나카타니 아키히로 지음 / 이선희 옮김

회사에서는 학교처럼 음식을 입에다 떠먹여주듯이 친절하게 가르쳐주지 않는다. 회사는 방대한 교과서와 같다. 그곳에서 배우느냐, 배우지 못하느냐는 것은 모두 이 책을 읽는 당신에게 달려 있다. 이 책에는 회사인으로서 최소한 지켜야 할, 최소한 알아야 할, 그리고 최소한 갖추어야 할 비즈니스 사회에 필요한 성공발상을 저자 특유의 감각적인 문체로 펼쳐보이고 있다.

신국판 / 7,500원

리스크

피터 번스타인 지음 /
안진환 외 옮김

세계적인 경영 컨설턴트인 저자가 리스크의 역사와 발전과정을 담았다. 탁월한 통찰력으로 현재의 시점에서 미래를 다루는 방법을 밝혀낸 여러 사상들의 이야기가 담겨 있다. 그리스시대부터 현재까지 인류의 다양한 위기의 순간들과 이를 헤쳐나가는 과정을 역사와 철학, 경제학 관점에서 돌아본다. 투자나 선택이 일상인 경영자들을 위한 책이다.

양장/12,000원

중산층이 살아야 나라가 산다

에드먼드 펠프스 지음/신동욱 옮김

자본주의의 야수성과 복지제도의 단견에서 비롯된 중산층의 붕괴는 우리를 당황하게 한다. 이 책은 바로 중산층이 살아야 내가 살고 지역사회가 살고 나라가 살고 더 나아가 민주주의와 자본주의가 산다는 인식 위에서 씌어졌다. 국민의 정부 제2기 복지정책의 기초가 된 이 책은 장기적으로 인류 모두에게 혜택을 줄 자유시장 경제체제와 기술진보를 가능케 해주는 유일한 길을 설파하고 있다.

신국판/8,500원

지구의 변경지대

로버트 케이플런 지음/황 건 옮김

베일에 가려져 있던 서아프리카에서 중동을 거쳐 러시아의 외곽지대인 중앙아시아, 중국, 인도를 거쳐 캄보디아, 태국, 베트남에 이르는 대장정을 끝내고 저자가 내린 결론은 한마디로 암울하다는 것이다. 저자는 새로운 분쟁지역으로 떠오르고 있는 지구 곳곳을 다니면서 문제점을 지적하고 혼란에 빠진 이들에게도 따뜻한 시선을 보내자고 제안하고 있다.

양장/12,000원

대기업을 이기는 벤처비즈니스

마키노 노보루·강동우 지음 /
유세준 옮김

첨단 기술력과 재빠른 정보수집력을 갖춘 모험심 강한 중소기업이 대기업보다 훨씬 더 유연하게 시장상황에 대처하고 있으며 성공하고 있다. 마이크로소프트, 인텔 등이 그 예다. 이 책은 재편되고 있는 경제구조 속에서 앞서 나가고 있는 일본 벤처기업들의 사례와 실리콘밸리의 성공전략을 살펴보고 틈새시장을 공략하는 요령과 아이디어, 국제적 제휴전략 등을 다루고 있다.

신국판/5,500원

경제학은 없다

미첼 무솔리노 지음 / 김천우 옮김

경제학자들의 수많은 예측의 오류 중에는 몇몇은 유명해졌고 그보다 많은 수의 오류는 잊혀졌다. 프랑스에서 화제를 불러 일으켰던 이 책에서 저자는 20세기 모든 위대한 예견과 모든 환상을 신랄하게 공격한다. 주류 경제학의 일반론을 분해하고 실업과 생산성에 대한 허튼소리와 거짓말, 그리고 시장법칙에 이르기까지 현대 초자본주의의 속성들을 발가벗기고 있다.

신국판/8,000원

기업경영에 창의력을 길러주는 50가지 키워드

톰 램버트 지음 / 정규석 옮김

이 책은 기업에 관여하는 사람이 기회나 문제에 직면했을 때 잘못된 것을 바로잡고 창의력을 고양시킬 수 있게 해주는 문제해결기법으로 가득하다. 경영자들이 최저의 노력과 최저의 비용으로 최단시간내에 필수적인 과제들을 해결하는데 필요한 도구와 점검목록, 직무 지시사항이 담겨 있다. 내일 성공하려면 벤치마킹하지 말고 오늘 도약하라는 것이 이 책의 결론이다.

신국판/10,000원

골프란 무엇인가

김흥구 지음

세계에서 가장 쉽고 재미있는 골프책을 목표로 연애소설을 쓰듯이 재미있게 쓴 책이다. 80대 초반 굳히기, 70대 진입하기 등 현 수준에서의 구체적 도약 방법이 설명된다. 완결편은 통계나 속성 차원에서 접근한 상당한 수준의 골프 분석이다. 입문자라면 처음부터, 구력이 5년 이상됐고 성질이 급한 골퍼는 13번홀부터, 프로만큼의 플레이를 하려면 16번홀로, 머리가 아프면 4번홀로 가서 마음껏 웃으면 된다.

양장/11,000원

타이거 우즈 스윙의 비밀

존 안드리사니 지음 / 김흥구 옮김

타이거 우즈의 스윙 테크닉은 너무도 쉽기 때문에 어떤 아마추어 골퍼라도 응용할 수 있다. 우즈는 아놀드 파머와 같은 카리스마와 벤 호건의 집중력, 샘 스니드의 운동 능력, 잭 니클로스의 멘탈 지배력, 닉 팔도의 탁월한 매니지먼트 능력을 그대로 간직하고 있다. 우즈 스윙의 모든 비밀이 담겨 있는 이 책을 통해 우즈 스윙을 카피하게 된다면 당신의 볼은 두말할 것 없이 까마득히 날아갈 것이다.

양장/4×6판/9,000원

주식시장 흐름 읽는 법
우라가미 구니오 지음 / 박승원 옮김

언뜻 보기에 무질서하고 예측이 불가능해 보이는 주식시장도 장기적으로 보면 특정한 네 개의 국면을 반복하고 있다는 것을 알 수 있다. 이 책은 이 네 개의 국면이 어떤 요인에 의해 순환되고 각각의 국면에서 어떤 종목이 활약하는가를 숙지할 수 있는 안목을 제시해주고 주식투자시 리스크를 피하는 방법에 대해서도 설명하고 있다.

신국판 / 5,500원

증시테마 알아야 주식투자 성공한다
안창희 지음

이 책은 주식투자자들이 어떤 상황에서 어떤 종목을 사고 팔아야 수익을 올릴 수 있는지 그 구체적인 방법을 제시한다. 더불어 투자이론이 실제 상황에서는 어떻게 적용되고, 앞으로 전개될 상황에서는 어떻게 대응해야 할지를 분석, 정리했다. 특히 실제 일어났던 증시상황에 대한 분석은 물론, 전망까지 곁들여 주식초보자라도 쉽게 이해할 수 있도록 했다.

신국판 / 9,800원

주식@ 살 때와 팔 때
한국경제신문 증권부 지음

증권투자는 사는 기술이 아니라 파는 예술이다. 기관투자가를 두려워할 필요는 없다. 수익률이 오르지 않아 밤잠을 못이루는 것은 오히려 그들이다. 단기필마야말로 혼돈의 전쟁터에서 자신을 지키는 방법이며 주식투자로 성공할 확률은 개인투자자들이 높다. 한국경제신문 증권부가 개인투자가들을 지원하기 위해 펴낸 이 책을 통해 확실한 재테크의 길을 찾아보자.

신국판 / 9,000원

선물시장 흐름 읽는 법
현대선물 지음

이제 선물을 모르고는 주식, 채권 등 투자를 제대로 할 수 없는 세상이 되었다. 선물시장은 특정상품의 가격 수준에 대해 생각을 달리하는 사람들이 생사를 건 전쟁터이다. 그동안 어렵게만 느껴졌던 선물거래를 일반인들이 이해하기 쉽도록 만화로 꾸몄다. 읽다보면 선물거래의 기본개념에서부터 선물거래의 실전투자 및 매매 타이밍까지 단번에 이해할 수 있도록 재미있는 스토리를 곁들여 설명했다.

신국판 / 7,000원

금융혁명 ABS
자산유동화 실무위원회 지음

자산유동화(ABS)제도에 대해 자산유동화 거래실무에 종사하는 국내외 금융기관의 담당자, 전문변호사, 정책입안을 담당하는 재경부와 금융감독원의 관계자들이 함께 참여하여 알기 쉽게 종합적으로 풀어썼다. ABS에 관련된 각 분야를 사례중심으로 현장감 있게 분석 정리했고 법률 축조해설까지 곁들여 누구나 쉽게 실전에 활용할 수 있도록 했다.

양장 / 20,000원

월가 천재소년의 100가지 투자법칙
맷 세토 지음 / 형선호 옮김

10대 천재소년 맷 세토가 세운 뮤추얼 펀드의 연간 수익률은 단연 압도적이다. 이 소년은 〈월 스트리트 저널〉의 표지인물로 등장한 바 있으며, 전세계 투자자들이 조언을 듣기 위해 애쓴다. 17세에 억대 부자가 된 맷 세토가 100가지의 성공적인 주식투자 비법을 소개한다. 신선하고 반짝이는 그의 투자전략은 폭락과 반전을 거듭하는 우리 주식시장에서 성공을 보장할 것이다.

신국판 / 8,500원

뮤추얼펀드 투자가이드
한국펀드평가 지음

뮤추얼펀드는 주식형수익증권, 외국인과 함께 주식시장의 큰손이다. 그들이 어떤 종목에 관심을 갖고 매수하며 어느 정도 보유한 뒤 매도하는가? 한국펀드평가(주)가 국내 최초로 뮤추얼펀드 69개를 집중 분석한 이 책은 펀드매니저는 물론이고 증권사 종사자, 뮤추얼펀드에 새로 가입하려는 투자자에게 매우 유익한 지침서가 될 것이다. 국내최초의 펴낸 뮤추얼펀드 종합 분석 전략 가이드.

신국판 / 15,000원

맥킨지 금융보고서
맥킨지 금융팀 지음

20년간 아시아 금융시스템을 분석, 컨설팅해온 맥킨지 금융팀은 21세기 한국을 비롯한 아시아의 은행 및 금융시스템이 어떤 도전을 받을 것이며 어떤 새로운 기회가 도래할 것인지 2010년까지의 금융 패러다임을 예측하고 있다. 금융시장의 어제와 오늘 그리고 미래를 열어가는데 없어서는 안 될 미래지향적 금융산업 구축에 과연 무엇이 필요한지 그 비결을 담고 있다.

신국판 / 18,000원